Diário do Conde d'Eu

DIÁRIO DO CONDE d'EU

comandante em chefe das tropas brasileiras em operação na

REPÚBLICA DO PARAGUAI

Organização, tradução e notas
Rodrigo Goyena Soares

Prefácio
Ricardo Salles

Posfácio
Lilia Moritz Schwarcz

1ª edição

Paz & Terra

Rio de Janeiro | São Paulo
2017

Copyright © Rodrigo Goyena Soares, 2017

Diagramação
Aline Martins | Sem Serifa

Capa
COPA (Rodrigo Moreira e Steffania Paola)

Imagem de capa
Montagem a partir de: Conde d'Eu, foto de Léon Chapelin, Museu Imperial/Arquivo Histórico; logo da Photographia Allemã Alberto Henschel & Cia – Photographos da Casa Imperial, que consta da contracapa do diário original do Conde d'Eu, Museu Imperial/Arquivo Histórico; acampamento das forças brasileiras em Lambaré, Fundação Biblioteca Nacional.

Direitos de edição da obra em língua portuguesa no Brasil adquiridos pela EDITORA PAZ E TERRA. Todos os direitos reservados. Nenhuma parte desta obra pode ser apropriada e estocada em sistema de bancos de dados ou processo similar, em qualquer forma ou meio, seja eletrônico, de fotocópia, gravação etc., sem a permissão do detentor do copyright.

Editora Paz e Terra Ltda.
Rua do Paraíso, 139, 10º andar, conjunto 101 – Paraíso
São Paulo, SP – 04103-000
http://www.record.com.br

Seja um leitor preferencial Record.
Cadastre-se e receba informações sobre nossos lançamentos e nossas promoções.

Atendimento e venda direta ao leitor:
mdireto@record.com.br ou (21) 2585-2002.

Texto revisado segundo o novo Acordo Ortográfico da Língua Portuguesa.

CIP-BRASIL. CATALOGAÇÃO NA FONTE
SINDICATO NACIONAL DOS EDITORES DE LIVROS, RJ

D529

Diário do Conde d'Eu, comandante em chefe das tropas brasileiras em operação na República do Paraguai/organização, tradução e notas Rodrigo Goyena Soares. – 1ª ed. – Rio de Janeiro/São Paulo: Paz e Terra, 2017.

336 p.: il.; 23 cm.
ISBN 978-85-7753-347-3

1. Paraguai, Guerra do, 1865-1870. 2. Brasil - História. I. Goyena Soares, Rodrigo.

16-38612   CDD 989.205
              CDU 94(89.2)'1865/1870'

Impresso no Brasil
2017

Nota editorial

Algumas diretrizes para a transcrição e a tradução foram adotadas com a intenção de tornar o manuscrito, originalmente em francês, acessível ao leitor de hoje sem perder o espírito da época. A ortografia em português foi atualizada conforme o Acordo Ortográfico da Língua Portuguesa de 1990, inclusive a dos nomes próprios. A grafia dos nomes estrangeiros foi preservada, com exceção dos topônimos, que também foram adaptados. Abreviações de palavras e fórmulas de tratamento foram desdobradas. Maiúsculas foram mantidas. A separação em parágrafos também foi preservada. Nos eventuais casos em que houve erro ortográfico em francês, estes foram corrigidos na tradução ao português. Palavras mutiladas ou ilegíveis foram assinaladas entre colchetes.

Buscou-se reproduzir os registros linguísticos na tradução, mantendo, portanto, o tom coloquial ou formal, quando julgado necessário. Exceção nesse aspecto foi a colocação pronominal: optou-se por seguir o Acordo Ortográfico de 1990, sem atender à associação geralmente feita, no Brasil, entre a próclise e o registro informal. O leitor interessado no manuscrito original poderá encontrá-lo no Arquivo Histórico do Museu Imperial, em Petrópolis, no Estado do Rio de Janeiro.

Sumário

Prefácio — 9
Ricardo Salles

Razões e sentidos do Conde d'Eu na Guerra do Paraguai — 15
Rodrigo Goyena Soares

Diário do comandante em chefe no Paraguai — 59

Preâmbulo a meu comando das forças em operação no Paraguai — 61

1869 — 63
  Março — 63
  Abril — 65
  Maio — 90
  Junho — 104
  Julho — 119
  Agosto — 130
  Setembro — 151
  Outubro — 163
  Novembro — 174
  Dezembro — 187
  Notas — 198

1870 — 211
  Janeiro — 211
  Fevereiro — 222
  Março — 232
  Abril — 245
  Notas — 259

Posfácio 263
Lilia Moritz Schwarcz

Apêndice 271

Cronologia da Guerra do Paraguai 311

Agradecimentos 319

Lista de ilustrações e créditos do caderno de fotos 321

Índice onomástico 325

Prefácio

Ricardo Salles

Ler diários é sempre uma tentação, talvez até maior do que escrevê-los, certamente mais fácil, se não mais prazerosa. Quando o autor do diário é uma pessoa importante então, nem se fala. As razões do interesse podem variar, ou se combinar, da mera curiosidade ao desejo de conhecer mais profundamente as motivações, os estados de espírito, as avaliações de personagens históricos nos momentos em que "faziam" história. O "faziam" vem entre aspas porque tanto esses personagens fizeram a história quanto por ela foram feitos. Desvendar a medida em que essa troca aconteceu e quanto os ditos personagens estavam conscientes de seu papel é a grande questão, de ordem pessoal e historiográfica, suscitada pela leitura de seus diários.

Possivelmente o foi também para esses personagens quando se lançaram na empreitada de escrever, muitas vezes em meio a outros afazeres que lhes consumiam as energias, em meio a uma guerra, por exemplo, como no caso do nosso diarista. É razoável supor que esses diaristas – estadistas, políticos, reis, líderes de movimentos políticos ou sociais, generais, escritores, artistas – tivessem em mente que estavam fazendo a história e que suas anotações, um dia, seriam lidas. Mesmo quando escreviam apenas com o propósito de usar o material posteriormente, para um futuro livro de memórias ou que narrasse a história dos acontecimentos que protagonizavam, sabiam que seus diários tinham todas as chances de serem lidos em sua forma bruta. Talvez até por isso, como nos lembra Rodrigo Goyena Soares, logo de saída, em seu estudo introdutório ao diário de campanha do Conde d'Eu, eles nunca tenham sido tão brutos assim, sempre antevendo sua recepção pela posteridade.

Foi assim para o Conde? Difícil avaliar, mas o fato é que, antes de partir para comandar as forças da Tríplice Aliança no Paraguai, ele iniciou a feitura de um diário. O Conde era neto do deposto Rei francês Luís Felipe I e Príncipe Consorte de Isabel, a filha mais velha e primeira na linha de sucessão do Imperador Pedro II. O Conde já estava no Brasil havia cinco anos, às vésperas de completar 27 anos. Certamente já conhecia alguma coisa além do ambiente restrito e acanhado, para padrões europeus, da Corte imperial. Não lhe eram estranhos a escravidão negra e africana, o poder dos barões do café, que nessa altura estavam no auge de sua riqueza e de seu prestígio social, a vastidão do país ao qual amarrara seu destino e a pujança de sua natureza tropical. Em certa medida, o entrelaçamento de seu destino com o destino do país de sua noiva começou com a guerra que então entrava em seu quinto ano.

Em 16 de outubro de 1864, um dia depois de seu casamento com a Princesa Isabel, o Brasil invadiu o Uruguai. O Paraguai, como já havia avisado que faria, cumpriu seus acordos com o governo daquele país e, praticamente dois meses depois, declarou guerra e invadiu o Brasil. A viagem do jovem casal à Europa foi interrompida pela convocação do Imperador para que o genro retornasse ao país que adotara. Em setembro de 1865, juntamente com seu primo e marido da Princesa Leopoldina, irmã de Isabel, o Duque Saxe-Coburgo-Gota, o Conde d'Eu acompanhou a comitiva de Pedro II que recebeu a rendição das forças guaranis em Uruguaiana, no sul do país.

O Conde, que já tinha experiência em combate, adquirida com o Exército espanhol no Marrocos, e que recebera a patente de marechal do Exército imperial, insistiu em ser enviado ao Paraguai. Seu pedido foi negado, e com frequência, pelo Imperador, secundado pela maioria de seu Conselho de Estado. As razões para isso eram inúmeras, umas mais explícitas, outras nem tanto. Qual reação causaria, perante as repúblicas americanas, a nomeação de um Príncipe, ainda mais de estirpe europeia, para comandar as tropas imperiais em guerra com uma delas? Por outro lado, seria adequado um Príncipe imperial e marechal do Exército submeter-se ao comando do presidente da Argentina, Bartolomé Mitre, que era, por força das disposições do tratado da Tríplice Aliança, o comandante em chefe das forças aliadas até janeiro de 1868? Não seria arriscado comprometer o prestígio do Príncipe Consorte da futura Imperatriz do Brasil em uma guerra ainda incerta? Teria o jovem a capacidade para exercer o comando das forças brasileiras, e logo das forças aliadas? Como submetê-lo ao comando de outro oficial de menor posição na hierarquia militar?

A guerra seguiu, lenta, sangrenta, desgastante, corroendo reputações militares e o prestígio do governo e da própria monarquia. Depois de uma grande vitória na Batalha Campal de Tuiuti, em 24 de maio de 1866, já em território paraguaio, os exércitos aliados detiveram-se diante da fortaleza de Humaitá. O nadir veio com a derrota acachapante das forças aliadas em Curupaiti, em setembro do mesmo ano. Aos 66 anos, o Marquês de Caxias, prócer militar e político conservador, foi chamado para comandar as forças brasileiras, apesar de o governo ser liberal. Fez um longo trabalho de reorganização do Exército e de recuperação de sua capacidade operacional ofensiva. Finalmente, e já então no comando de todas as forças aliadas, Caxias tomou Humaitá em julho de 1868. Em uma série de batalhas, derrotou e destroçou o que restava do Exército paraguaio em dezembro. López escapou, acompanhado por um punhado de seguidores. Em 1º de janeiro de 1869, Assunção foi tomada. Então o velho Marquês, com a saúde comprometida e considerando que o prosseguimento da guerra só interessava aos rivais argentinos, retira-se, em decisão unilateral, do comando e embarca de volta para a Corte no Rio de Janeiro.

Nesse meio-tempo, o Conde desinteressara-se da guerra. Pois foi exatamente nesse momento que o Imperador considerou que ele deveria assumir o comando das forças aliadas em operação no Paraguai. Dom Pedro, contra a opinião de muitos, insistia que a guerra prosseguisse até que López fosse expulso do Paraguai, fosse capturado ou morto. O Conde fez o que pôde para se esquivar dessa missão. Tudo em vão. O Imperador estava determinado, apesar da oposição do governo – desde 1868, conservador –, que não queria ver o Príncipe, suspeito de simpatia com os liberais, assumir os louros da vitória.

Em 30 de março de 1869, Gastão de Orléans, o Conde d'Eu, partiu para o Paraguai. Dois dias antes ele iniciou seu diário. A última anotação é de 29 de abril de 1870, quando o navio que o conduzia de regresso ao Brasil – López já morto em Cerro Corá em 1º de março – entrou na baía de Guanabara. Sua missão fora cumprida. Ao longo desse pouco mais de um ano, Gastão tomou notas quase todos os dias, mesmo para dizer, como no dia 30 de maio de 1869: "Houve nevoeiro nos morros. O dia foi tomado para a correspondência com o Rio." Ou ainda, mais laconicamente, no dia 26 de agosto, "[n]ão houve nenhum acontecimento", seguido de *idem* para o dia seguinte. Porém, no mais das vezes, as anotações do Conde são de grande valor histórico-social, militar e político, ou ainda antropológico e psicológico, para os que, especialistas ou não, se interessam pela Guerra da Tríplice Aliança contra o Paraguai e pela história do Segundo Reinado.

Nesse sentido, lemos em uma das primeiras anotações, de 16 de abril de 1869:

> O aspecto geral do Exército me satisfez: estão todos armados, vestidos e calçados de maneira completa. E, considerando-se o estado passado das tropas, houve total transformação após Uruguaiana. Não quero dizer, contudo, que o aspecto seja igual ao dos Exércitos europeus. Essa inferioridade advém de duas causas: 1. o detestável corte de nossos uniformes; 2. a imensa preponderância numérica (na infantaria) de mulatos, que, de forma geral, não oferecem bons espécimes para a humanidade, embora haja tambores-mores negros que são magníficos.

Aqui, há um mundo para os historiadores: o Exército, ao contrário do que acontecera no começo da guerra, encontrava-se aparelhado, confirmando que o trabalho de Caxias fora, de fato – ainda que o Conde não o mencionasse –, fundamental; a constatação dessa verdade, sabida pelas pedras, mas ainda invisível em boa parte da historiografia, na memória oficial e coletiva, nos monumentos celebrativos, de que a guerra foi feita, em sua "imensa preponderância" pelos "mulatos", cujos descendentes afro-brasileiros ainda hoje lutam por obter seu lugar ao sol em nossa sociedade. Vemos ainda o preconceito contra esses mesmos "mulatos", que não ofereceriam "bons espécimes para a humanidade", também na anotação de 28 de junho, quando, dirigindo-se a Luque para "sacudir" um batalhão de artilharia ali estacionado, o Conde refletiu: "O comandante é Manuel José Pereira Júnior, mulato muito inteligente e bravo. Ele pareceu-me estar sofrendo de tuberculose pulmonar. Por causa disso ou por falta de razão mesmo – o que é frequente nos mulatos, inclusive nos mais distinguidos –, seu batalhão anda mal." Pouco adiante, na mesma anotação, mas em chave positiva, afirmou que, na vistoria de um hospital, não deixara de notar que ele se estava em muito bom estado, "graças ao doutor Firmino José Dória, um mulato quase negro…" Teria notado a cor do doutor fosse ele branco?

Com o tempo, a julgar por suas anotações, o Conde acostumou-se com a presença afrodescendente nas tropas brasileiras, uma vez que esse tipo de consideração desapareceu de seu diário. (Como parece também esvanecer de nossa memória coletiva.)

Esses são apenas exemplos do manancial de informações que constitui o diário do Conde, depositado no Museu Imperial de Petrópolis, que Rodrigo Goyena Soares nos apresenta em primorosa tradução do original em francês. Somam-se ao documento mais de duzentas eruditas notas de esclarecimento que acompanham o diário. Muitas das quais lançam mão de pesquisa cuidadosa em outros documentos depositados no Arquivo Histórico do Museu Imperial, notadamente a correspondência do Conde. Para exemplificar, vejamos o que a pesquisa de Rodrigo revela sobre o famoso episódio da execução sumária de Pablo Caballero, comandante paraguaio, e Patricio Marecos, chefe político da localidade, imediatamente após o término da Batalha de Peribebuí. Os dois teriam sido degolados, depois de terem entregado a espada às forças brasileiras. Enfurecido com a perda em combate do brigadeiro João Manuel Mena Barreto, o Conde d'Eu teria ordenado a execução dos dois e ainda de outros prisioneiros. As fontes para essa história são algumas versões paraguaias e uma anotação no *Diário do Exército*, redigido por Alfredo Taunay, membro do Estado-Maior do Conde. O fato de que o Conde silencie sobre o assunto em seu diário, ainda que dedique grande espaço à consternação causada pela morte de Mena Barreto, parece corroborar essa versão.

Contudo, amparado em cuidadosa pesquisa, Rodrigo Goyena mostra que talvez as coisas não se tenham passado dessa forma. Em primeiro lugar, consultando o *Diário do Exército*, constatou que não há referência explícita à responsabilidade do Conde nas degolas. O mesmo se dando com suas *Memórias*. A sequência dos acontecimentos da batalha, por sua vez, mostra que o Conde só chegou ao local depois dos combates terminados e da execução dos prisioneiros. No entanto, o mais importante é uma carta do Conde ao Imperador, de 29 de agosto de 1869, portanto pouco mais de duas semanas após a tomada de Peribebuí, encontrada no Arquivo Histórico do Museu Imperial. Nela o Conde relata a execução de Pablo Caballero, que teria acontecido sem seu conhecimento ou consentimento. Na missiva ele sugere a responsabilidade da ação odienta, por ele veementemente condenada, a

Vitorino José Carneiro Monteiro e Antônio Tibúrcio Ferreira de Sousa, oficiais graduados que acompanhavam Mena Barreto. Trata-se de uma nova revelação, que promete suscitar debates.

Finalmente, mas não menos importante, é digno de menção o alentado estudo introdutório que abre o volume e que não se restringe a apresentar o diário. Nesse ensaio, Rodrigo Goyena situa a atuação do Conde d'Eu, entre o momento que antecede sua ida ao Paraguai e o período que se segue ao seu retorno para o Brasil. Ele elucida importantes questões do complexo contexto histórico que se abriu com a Guerra do Paraguai, com especial atenção à política imperial, às disputas entre liberais e conservadores e à questão da escravidão e da emancipação. Vemos que o enredamento do Conde nas disputas políticas do momento, com sua clara aversão aos conservadores e sua predileção pelos liberais, era muito mais intenso do que se supunha. Acompanhamos seu empenho para que a questão da emancipação dos escravos se tornasse um tema ativo da política imperial.

Ganham, e muito, os estudos sobre o Império. É tudo isso que recomenda o volume que o leitor e o estudioso da história do nosso século XIX têm em mãos.

Razões e sentidos do Conde d'Eu na Guerra do Paraguai

Rodrigo Goyena Soares

Diários íntimos costumam ser objeto de desconfiança. Embora escritos na intimidade e guardados a sete chaves, esses testemunhos são mais do que relatos dirigidos àqueles que os expõem. E isso, sobretudo, quando seus autores ocuparam altos cargos políticos. Ser lido é uma possibilidade raramente desconsiderada por esses personagens. Ou teria Santo Agostinho feito suas *Confissões* a ninguém outro que àquele que já as conhece? O leitor é sempre destinatário do autor, o que não quer dizer que o cotidiano, nos diários íntimos e à diferença das autobiografias, esteja escrito com intenção fundada preteritamente.

O diário de campanha não foi o último relato memorial do Conde d'Eu. As viagens posteriores do Príncipe Consorte, pelo Brasil, pela América do Sul ou pela Europa, foram narradas em diários íntimos. Seu dia a dia na Corte também. Era um homem afeito ao registro no calor da hora. Ou seja, as memórias do Conde d'Eu sobre a Guerra do Paraguai não são uma retrospectiva refletida de sua atuação militar. O leitor de hoje, graças às descrições do Conde, sente o cheiro dos acampamentos e o frio das manhãs. Imagina a lentidão dos seis dias que durava, por barco, o trajeto do Rio de Janeiro à porção mais meridional do Brasil; ou, ainda, descobre a ansiedade em que ficava o Príncipe por ter de aguardar quase um mês para receber cartas pessoais da Corte. Que dirá, então, dos quarenta e tantos dias para ter em mãos a correspondência vinda de seus parentes franceses.

Apesar da subjetividade intrínseca à narrativa pessoalíssima, diários íntimos têm inegável lealdade aos acontecimentos. Escrever dia após dia, como é o caso, quase sempre, no diário de campanha do Conde d'Eu, afasta a suposição de uma deliberada seleção dos fatos. Ficaria claro que algo estaria faltando na ordem dos episódios, caso uma invenção se interpusesse entre dois eventos que coincidem em espaço e em tempo. Os riscos de contradição poderiam ser demasiado grandes, e arrancar as páginas não seria remédio eficaz.

É certo que há silêncios escolhidos a dedo, mas seus porquês são detectáveis pelo historiador no confronto de fontes. E há ruídos que, embora mais inocentes à época, o são menos para o olhar de hoje. Quem poderia suspeitar de que, no cansaço dos acampamentos, se ergueram palcos de teatro e que, lá, se encenaram representações das batalhas ainda no decurso da guerra? Quem poderia supor que foram organizados casamentos entre soldados brasileiros e desamparadas paraguaias e que, assim, elas migraram para a Corte? Ou ainda, quem poderia prever que, em um aperto de fome, os Voluntários da Pátria do Norte e do Nordeste improvisaram moendas para preparar caldo de cana? Os maranhenses e as comemorações do boi-bumbá ou os baianos e as do Dois de Julho são retalhos de um cotidiano das tropas, descritos pelo Conde d'Eu, que matizam a suspicácia do historiador e dão crédito à genuinidade do diário. A intenção das palavras que seguem, no entanto, não é entrar no mérito do diário, mas situá-lo em seu contexto histórico, atendendo para o sentido político da atuação do Conde d'Eu na campanha militar.

* * *

A participação no conflito de Gastão de Orléans, o Conde d'Eu, foi permeada de expectativas e de frustrações, como a de qualquer outro veterano. Para quem desde maio de 1866 solicitava ir ao Prata, a nomeação tardia para comandante em chefe das forças brasileiras, em março de 1869, trouxe consigo mais dúvidas do que certezas. Não somente conservadores e liberais se desentenderam quanto à participação do Conde d'Eu na guerra, mas a Coroa também. Primeiro recalcitrante, Dom Pedro II concordou com a nomeação do Conde d'Eu após uma série de batalhas que marcou a retração das tropas paraguaias e a tomada de Assunção pelo Império e seus aliados em dezembro de 1868. A Dezembrada, como ficaram conhecidas as Batalhas de Itororó, Avaí, Lomas Valentinas e Angostura, pôs fim à gestão militar de Caxias, que alegava, então, estar o conflito terminado. Daí em diante, dizia Caxias, a guerra seria mera caça a Solano López.

Desgastado fisicamente pelo combate, o sexagenário marechal solicitou ao governo o retorno à Corte. Após alguma hesitação quanto a quem o substituiria, a Coroa interveio a favor da nomeação do Conde d'Eu. Não que a guerra estivesse terminada, mas certamente o cenário de 1869 não era o mesmo daquele de 1866, quando as tropas pareciam exauridas em Curupaiti. Os riscos de derrota militar eram menores, ou praticamente inexistentes: a capital inimiga estava tomada e a força militar paraguaia, quase destruída. Para a Coroa, portanto, a assunção do comando-geral das forças brasileiras pelo Conde d'Eu, marido da Princesa Isabel, conferiria popularidade ao Príncipe Consorte e, por tabela, ao futuro terceiro reinado. Para um estrangeiro que chegara ao Brasil em setembro de 1864, recolher os louros da campanha do Paraguai seria crédito político.

Os conservadores, no entanto, não enxergaram com bons olhos a nomeação do Conde d'Eu, que julgavam ser um Príncipe afeito aos liberais. Desde a dissolução da Câmara em julho de 1868 e o consequente afastamento do liberal Zacarias de Góis e Vasconcelos em benefício do gabinete conservador do Visconde de Itaboraí, tinha-se dado carta branca às ações militares de Caxias. A reorganização das Forças Armadas entabulada quando o marechal assumiu o comando militar imperial, em novembro de 1866, colhera bons frutos. A fortaleza paraguaia de Humaitá, quiçá o maior obstáculo interposto ao Brasil durante a Guerra do Paraguai, tombou em 25 de julho de 1868, apenas nove dias depois da constituição do gabinete de Itaboraí. Para os conservadores, o acontecimento ratificava a primazia que Dom Pedro II dera ao conservador Caxias sobre o gabinete de Zacarias de Góis e Vasconcelos. Os ganhos políticos do cerco de Humaitá e as subsequentes vitórias de Caxias, pensavam os conservadores, poderiam ser capturados pelos liberais, caso o Conde d'Eu liderasse as tropas até o final da guerra.

Se, antes, o governo liberal de Zacarias tivera de lidar com um comandante em chefe conservador, o Marquês de Caxias, agora, o governo conservador de Itaboraí tinha de conviver, à frente das tropas, com um Príncipe que julgava liberal. Embora a Coroa buscasse mostrar que o Conde d'Eu, por ser membro da família imperial, era imparcial em termos partidários, não descuidou das insatisfações do Partido Conservador. Apenas um dia após a nomeação do Príncipe Consorte, em 22 de março de 1869,

Caxias ganhou o título de Duque. Não era somente maneira de reconhecer o esforço de guerra. A proximidade do Conde d'Eu com políticos liberais, notadamente o abolicionista André Rebouças, era matéria de recorrente desconfiança para os conservadores. Os impactos dessas desconfianças na condução da guerra não foram poucos: o recrutamento de combatentes, o abastecimento das tropas e o retorno dos veteranos foram motivo de desentendimentos partidários. Comecemos por compreender as razões que obstruíram os constantes pedidos do Conde d'Eu para ir à guerra, para em seguida analisar o significado político da atuação militar do Príncipe Consorte. Assim, haverá maior clareza para entender os embates a respeito do regresso das tropas.

A Guerra do Paraguai estourou pouco após a celebração da união entre a Princesa Isabel e o Conde d'Eu. O casal encontrava-se então na Europa, para onde viajara em lua de mel. Para quem havia lutado como oficial subalterno pela Espanha na guerra contra o Marrocos (1859-1860), os apelos do Imperador para regressar ao Brasil não poderiam ser ignorados. O Conde d'Eu regressou rapidamente ao Império. No transcurso dos últimos meses de 1865, encontrou seu primo, o Duque de Saxe, e Dom Pedro II em Uruguaiana. Em novembro do mesmo ano, foi nomeado comandante-geral de artilharia e presidente da Comissão de Melhoramentos do Exército. Mas a participação na guerra como marechal do Exército imperial, título conferido à época do casamento com a Princesa Isabel, demorou mais do que o esperado, para desconforto do Conde d'Eu.

A primeira solicitação formal, endereçada em 24 de maio de 1866 a Silva Ferraz, então ministro da Guerra, foi negada sumariamente, o que surpreendeu o Príncipe Consorte. A única razão alegada, confessava Gastão a seu sogro, era a necessidade de mantê-lo no comando da artilharia e na presidência da Comissão de Melhoramentos.[1] Na Corte, portanto. O desgosto causado por essa negativa levou o Conde a insistir no pedido ao Imperador. Dizia que a razão verdadeira não era a alegada por Silva Ferraz. Acusava a pasta da Guerra de considerá-lo estrangeiro e de evitar seu nome em razão de ciúmes do generalato imperial.[2]

Pedro II, em tom paternal, buscou acalmar o genro, alegando que as razões que tolhiam o pedido do Conde d'Eu não eram individuais, mas de ordem política. A participação do Conde d'Eu traria problemas para a Coroa, na opinião do Imperador, por três razões. Em primeiro lugar, os recentes desentendimentos entre o general Osório, então no comando das forças brasileiras, e o presidente Mitre, da Argentina, indicavam que não seria adequado substituir o general brasileiro pelo Príncipe Consorte. Caso os desentendimentos persistissem numa hipotética nomeação do Conde d'Eu para o comando das forças brasileiras, a oposição entre o Império e a Argentina teria impactos mais severos sobre a aliança. Em segundo lugar, uma derrota militar das forças imperiais traria questionamentos quanto à legitimidade do Príncipe Consorte. E, ainda, caso o Conde viesse a contrair doença qualquer nos acampamentos, agravando o cenário de suspeita sobre a infertilidade do casal imperial, a sucessão dinástica estaria em risco.[3]

As ponderações de Dom Pedro II mostraram-se acertadas. A cólera vitimou as tropas brasileiras, os desentendimentos entre Osório e Mitre não arrefeceram e, mais grave para o Império, os aliados perderam a Batalha de Curupaiti em setembro de 1866. Insatisfeito com a monopolização das estratégias militares pelo gabinete liberal de Zacarias de Góis e Vasconcelos, o Partido Conservador sugeriu a nomeação de Caxias. O histórico militar do marechal chamado a assumir o comando das tropas brasileiras conferia-lhe credibilidade. Caxias fora vitorioso nas revoltas internas da Farroupilha (1835-1845) e da Balaiada (1838-1841), nas insurreições liberais de 1842 e na guerra contra Oribe e Rosas (1851-1852). Para os conservadores do Rio de Janeiro, a reorganização do Exército que Caxias, então, anunciava promover seria prova da incapacidade militar do gabinete liberal e de seus oficiais superiores, como Osório.

Para o Conde d'Eu, o momento de indecisão era oportuno. Haveria possibilidade de renovar a solicitação de participar na guerra. Buscou primeiro o Imperador, para que intercedesse a seu favor na pasta dos Negócios da Guerra. A tradição militar da família Orléans pesou no pedido do jovem Conde d'Eu, então com 24 anos, embora não fosse a razão principal de sua insistência. Com apenas 16 anos, o Duque de Montpensier, tio de Gastão, havia sido ajudante de ordens de Luís Felipe I, que, aos 18, fora nomeado coronel-general da infantaria francesa, para combater as tropas austríacas e prussianas nas Batalhas de Valmy e de Jemappes, ambas em 1792. Luís Felipe I de Orléans, cujo reinado durou de 1830 a 1848, era avô do Conde d'Eu. O fato era constantemente recordado a Pedro II por seu genro. O Conde d'Eu dizia-se defensor da *paix à tout prix*, assim como Luís Felipe I.[4]

O motivo principal da insistência, no entanto, era outro. O Comando-Geral de artilharia e a presidência da Comissão de Melhoramentos do Exército eram sinecuras para o Conde d'Eu. Gastão alegava que "para chegar à massa da nação, [era] preciso outra coisa para além dos resultados de uma comissão".[5] Sua participação na guerra, dizia ao Imperador, era fundamental para, a um só tempo, apagar o estigma de estrangeiro e demonstrar quão ligado estava ao Brasil. A insistência do Conde acompanhou-se de uma série de promessas. Como membro da família real, Gastão jurava poder reanimar o patriotismo das tropas. Dizia ser capaz de recrudescer o alistamento da Guarda Nacional e dos Voluntários da Pátria. Para tanto, estaria disposto a sacudir os alunos da Escola Central e a empreender viagem às províncias. Incentivaria, ainda, os fazendeiros do Império a libertar escravos para combater no Paraguai.[6]

Temeroso da decisão de Pedro II, Gastão encerrou a carta ao sogro sugerindo, caso houvesse deferimento do pedido, que fosse nomeado comandante de artilharia do Exército em operações, sob ordens de Caxias.[7] O que, em outras palavras, revelava o fato de o Conde d'Eu saber que a indicação de Caxias já era realidade antes do anúncio oficial. A dramaticidade da solicitação teve por ato final uma ameaça de Gastão: ele deixaria o Comando-Geral de artilharia e a presidência da Comissão de Melhoramentos do Exército caso seu pedido fosse negado. O Imperador não se mostrou favorável, embora tampouco tenha feito oposição frontal. Preferiu que a questão fosse resolvida pelo Conselho de Estado, quiçá antevendo a negativa que dali viria.

Em sessão de 12 de outubro de 1866, um mês e pouco antes de Caxias assumir o comando das forças brasileiras no Paraguai, o Conselho de Estado negou a participação do Conde d'Eu na guerra.[8] Três motivos principais foram apresentados. Em primeiro lugar, os conselheiros alegaram possíveis desagrados por parte dos aliados, em especial, da Argentina. Segundo, a possibilidade de haver desencontros entre Caxias e o Conde d'Eu oporia o Exército à Coroa, o que deveria ser evitado a todo custo em momento no qual as tropas brasileiras claudicavam em campanha. Por fim, afirmou-se que o Conde não gozava da experiência militar do marechal Caxias. Dos doze conselheiros de Estado presentes na sessão, apenas Francisco Jê Acaiaba de Montezuma, o Visconde de Jequitinhonha, votou a favor. Não por acaso, tratava-se de um liberal.

Os pareceres do Visconde de Abaeté, do Visconde de Itaboraí, do Visconde de Sapucaí, de Pimenta Bueno e de José Maria da Silva Paranhos, todos conservadores, foram orientados pelos riscos que traria a participação do Conde d'Eu na guerra em relação aos aliados. Justificaram suas posições afirmando que, na Argentina e no Uruguai, havia grande preconceito contra o Brasil. Existiriam planos de anexação territorial e de promoção da monarquia na região que antes pertencia ao Vice-Reino do Rio da Prata. A desconfiança não era infundada. Felipe Varela, caudilho da província argentina de Catamarca e um dos mentores da sublevação de Cuyo contra o governo de Mitre em 1866, acusava Buenos Aires de traição aos primados republicanos da Argentina e de conluio com a monarquia brasileira.[9]

Por um lado, a aliança com o Império do Brasil e, por outro, a negativa da ajuda ao Chile e ao Peru, ameaçados então pela armada real espanhola, indicavam que Mitre, pelo menos aos olhos de Varela, estaria fomentando um complô monárquico na região. Além disso, as províncias do norte argentino suspeitavam das reais intenções brasileiras quanto ao Paraguai: a presença maciça de forças do Império dava augúrios de permanência na região e, portanto, de possível anexação do Paraguai, Estado com o qual o norte argentino tinha relações socioculturais intensas. Para os conselheiros de Estado, portanto, ter o Príncipe Consorte na região não traria bons presságios quanto à pacificação da Argentina.

A opinião conservadora foi redobrada pelos pareceres de Eusébio de Queirós e de Silva Ferraz, antes ministro da Guerra e agora senador e conselheiro de Estado. Ambos afirmaram que a partida do Conde d'Eu para o Paraguai iria de encontro à nomeação de Caxias. Isso porque o Conde possuía, relativamente, menor experiência militar. Não estaria maduro o suficiente para liderar as tropas brasileiras. E, caso fosse enviado como comandante de artilharia sob ordens de Caxias, haveria risco de quebra de hierarquia, opondo a Coroa a Caxias e, em decorrência, ao Partido Conservador. As posições de Queirós e de Silva Ferraz, que já havia mostrado antipatia pelo Conde d'Eu em carta confidencial a Nabuco de Araújo[10] e na primeira negação a seu pedido de ir à guerra, inclinaram-se pelos ganhos políticos que traria o comando absoluto de Caxias no Paraguai. Embora seja certo que os conservadores vislumbravam em Caxias a força militar que requeria o difícil momento na guerra, pesava o fato de o Marquês e marechal do Exército ser senador pelo Partido Conservador desde 1846. Caxias, no fundo, era tão militar quanto civil, e a importância de sua nomeação para o comando das tropas estava no desequilíbrio a favor dos conservadores que causaria no gabinete liberal de Zacarias, caso a condução da guerra viesse a melhorar.

Os liberais que votaram contra a partida do Conde d'Eu foram Nabuco de Araújo, Bernardo de Sousa Franco e Francisco de Sales Torres Homem. Embora o parecer dos liberais girasse em torno de Caxias, o argumento foi tomado pelo avesso. A primazia no comando não poderia ser de Caxias, caso o Conde d'Eu fosse para a guerra. Nabuco de Araújo fez questão de salientar o prestígio que conferiria a participação do Conde d'Eu na guerra ao reinado da futura Imperatriz: seria glória para a Coroa, e a glória "é o móvel mais poderoso da admiração e do entusiasmo do povo".[11] Em seu parecer, Nabuco de Araújo afirmou que fora favorável, em 1865, à nomeação do Conde d'Eu para comandante em chefe do Exército, visto que a qualidade de Príncipe imporia silêncio às rivalidades dos generais e às influências políticas. A presença do Príncipe Consorte no Rio Grande do Sul, continuava Nabuco de Araújo, tinha dado provas no sentido da imparcialidade da Coroa no que se referia aos partidos políticos.[12] À indicação de Caxias, no entanto, sendo prioridade do Imperador e do Partido Conservador, qualquer posição contrária traria mais prejuízos ao fragilizado gabinete liberal de Zacarias. O voto contrário de Nabuco de Araújo, de Sousa Franco e de Torres Homem era menos a favor de Caxias e mais em benefício do Conde. Afinal, o Príncipe Consorte não poderia ser um general de papel.

O Visconde de Jequitinhonha, no entanto, destoou do coro liberal. Para ele, a participação do Conde d'Eu contribuiria para consolidar o espírito militar entre os brasileiros. Seria, em palavras não ditas, mecanismo para incentivar o alistamento de Voluntários da Pátria e de Guardas Nacionais. Dizia, em seu parecer,

> Senhor! O fim da guerra é o alvo das vistas do governo de Vossa Majestade Imperial e da nação inteira. A guerra deve acabar com um triunfo completo; e para este fim devem ser empregados todos os meios. Cumpre saber se a presença do Príncipe contribuirá para sua feliz conclusão. [...] A nação brasileira é brava, senhores, mas não tem espírito militar; é necessário criá-lo. Ora, nada pode melhor concorrer para isso como o sacrifício a que se propõe o senhor Conde d'Eu.[13]

A posição de Jequitinhonha deixava entrever que a vitória na Guerra do Paraguai deveria ser atribuída ao Príncipe Consorte. Nisso, concordava com Nabuco de Araújo, Sousa Franco e Torres Homem. Ganharia muito o terceiro reinado com uma vitória comandada pelo Conde d'Eu nos campos de batalha.

A decisão do Conselho de Estado desconcertou o jovem Príncipe. Em carta a Dom Pedro II, rebateu, um por um, todos os argumentos apresentados pelos conselheiros. Dizia não compreender por que sua presença nos acampamentos haveria de ser pretexto para romper os laços que unem os aliados à mesma causa. Era tolice, para ele, pensar que haveria pretensões imperiais em estabelecer um reino em Buenos Aires ou em Assunção. O Império já deixara claro no Tratado da Tríplice Aliança, de maio de 1865, que não era do interesse brasileiro anexar região alguma, e que a guerra era contra López, e não contra o Paraguai. Prosseguiu a carta recordando, mais uma vez, seu tio e seu avô, que, antes dos 20 anos, eram oficiais superiores. O próprio Solano López havia sido nomeado marechal aos 18, dizia o Príncipe. E, ainda, as acusações no que concernia à experiência de combate eram infundadas, visto que a participação na guerra da Espanha contra o Marrocos lhe teria conferido maturidade militar. Descontente, o Conde d'Eu concluiu a carta a seu sogro em novo tom de ameaça: "Se tudo for em vão, se o Poder Executivo persistir em recusar meus serviços, saberei pelo menos a quem atribuir o propósito de meu pesar e a ferida dificilmente se fechará no meu coração."[14]

Em que pesem as tentativas de acalmar o genro, Pedro II não conseguiu impedi-lo de apresentar ao Ministério da Guerra, em 16 de novembro de 1866, pedido de demissão da Comissão de Melhoramentos do Exército e do Comando-Geral de artilharia. Dois dias depois, Paranaguá, na pasta da Guerra, negou o pedido do Conde d'Eu, compreendendo que se tratava mais de mostrar o descontentamento com o Conselho de Estado do que uma recusa às instituições do Exército. Paranaguá e o Imperador escreveram ao Conde, para deixar claro que não o abandonariam em suas pretensões quanto à guerra, mas que, por ora, era preciso acatar a vontade dos conselheiros da Coroa.[15]

Sem explicitá-lo, como se os dois o soubessem de antemão, Pedro II dizia ao genro haver um verdadeiro motivo da oposição no Conselho de Estado.[16] As questões das alianças platinas poderiam gerar embaraços, mas não eram suficientes para desfazer a aliança. O problema era a filiação partidária do então Marquês de Caxias. Em outubro de 1866, o Conde d'Eu revelou ao pai, o Duque de Nemours, que o partido majoritário no Conselho de Estado tolhia seus desejos de ir à guerra.

> Homens de uma certa idade e pertencentes todos ao Partido Conservador, a preocupação constante dos conselheiros de Estado é afastar tudo o que foge à rotina ordinária. São eles que, consultados sobre a questão da escravidão e da liberdade de navegação do Amazonas, respondem que o mais sábio é postergar indefinidamente essas questões. E são eles que, outrora, rejeitaram a proposta da companhia Collins para estabelecer um telégrafo daqui aos Estados Unidos; e, para particularizar as coisas, é bem certo que o Imperador não teria ido, o ano passado, libertar a província do Rio Grande do Sul, se tivesse imaginado consultar o Conselho de Estado antes de tomar esta resolução.[17]

A desconfiança entre o Conde d'Eu e o Partido Conservador em muito se relacionou, em um primeiro momento, à preferência por Caxias, manifestada em 1866 pelo Conselho de Estado. O Príncipe Consorte confessou reiteradas vezes a Pedro II os ciúmes que sentiria ao ver Caxias liderando a vitória brasileira no Paraguai.[18] A partir de então, o Conde d'Eu procurou aproximar-se de políticos liberais, entre eles, Sousa Franco, Torres Homem, Jequitinhonha e Nabuco de Araújo. Mas também de liberais de menor envergadura política, como André Rebouças e Joaquim Manuel de Macedo. A afinidade com os liberais, no entanto, não foi oportunismo da hora.

Desde sua chegada ao Brasil, em 1864, o Conde d'Eu mostrou sinais de mudança intelectual. A correspondência dele com o pai revela inclinação liberal, o que não foi o caso durante a adolescência. Um de seus mais admirados educadores, Jules Gauthier, certamente não era um historiador liberal. As aulas giraram em torno das línguas e dos ensinamentos clássicos, não indo além de 1789 no que concerne às lições de História.[19] O que poderia haver de liberal, portanto, em alguém mais íntimo de Xenofonte, de Tucídides e de Tácito do que de Mirabeau, de Montesquieu ou de Voltaire?

Na França, a formação da Union Libérale, partido de oposição a Napoleão III, havia alcançado notória representação parlamentar em 1863, elegendo ninguém menos do que o liberal orleanista Adolphe Thiers: a própria base partidária da Union Libérale era francamente orleanista. Quando chegou ao Brasil, então, o Conde d'Eu havia deixado uma França em transição para um regime menos autoritário e mais liberal, no qual os bonapartistas eram contestados pelos orleanistas. A causa liberal influenciou o jovem Príncipe Consorte, que, no Brasil, passou a advogar projeto de Estado liberal, sobretudo no que dizia respeito à escravidão.

Os políticos com os quais o Conde d'Eu desenvolveu vínculos pessoais eram emancipacionistas – ou seja, advogados da libertação gradual dos escravos, e não total e irrestrita, o que lhes daria marca abolicionista –, e isso em que pesem possíveis mudanças partidárias, como foi o caso do liberal Torres Homem, que se tornou conservador na legislatura do Senado de 1868. Para Gastão, a aproximação com os liberais não era vínculo manifesto com as Ligas Progressistas, coalizão dos liberais no poder desde maio de 1862. Era maneira de levar adiante, a um só tempo, o projeto de participar na Guerra do Paraguai e a libertação dos escravos. Inclusive, maior aproximação com os raros conservadores emancipacionistas, tais como Pimenta Bueno, que votou contra a ida do Conde à guerra, poderia fazê-los mudar de opinião. Para os liberais, o fortalecimento político do Conde d'Eu serviria bem à causa da emancipação. O ponto de contato entre o Príncipe, os liberais e os poucos conservadores emancipacionistas, portanto, era a condição dos cativos. A libertação de escravos para lutar no Prata, entabulada em novembro de 1866, viria bem a calhar.

Nos três primeiros meses de 1867, o Conde d'Eu tornou a insistir a respeito de sua participação na Guerra do Paraguai. Mobilizou, para tanto, seus aliados emancipacionistas, obtendo o aval dos conselheiros de Estado Sousa Franco e Jequitinhonha.[20] Procurou igualmente o conselheiro Pimenta Bueno, que, do ponto de vista político, se mostrou inclinado a favorecer o Conde, embora desaconselhasse, pessoalmente, a ida do Príncipe Consorte para o Paraguai.[21] Pimenta Bueno prometeu enviar cartas aos demais conselheiros de Estado, o que provavelmente não aconteceu. Não era hora, acreditava o conselheiro, de suscitar entraves ao prestígio galgado por Caxias no combate. O Conde d'Eu buscou também testar novamente a postura da oposição mais ferrenha a seu desejo de ir à guerra. Enviou carta pessoal ao conservador Visconde de Itaboraí, que rejeitou o pedido sumariamente.[22]

O renovado parecer desfavorável do Conselho do Estado, reunido em 18 de março de 1867, foi do tamanho da frustração do Conde d'Eu. Até a queda do gabinete liberal de Zacarias de Góis e Vasconcelos, o Príncipe Consorte procurou afastar-se da Corte. Em março de 1867, pouco após a decisão do Conselho de Estado, solicitou autorização ao Imperador para ir à Europa, o que lhe foi negado. O cenário de guerra, acreditava Pedro II, não era propício para gastos extraordinários com a Coroa. O Conde renovou, em 25 de maio de 1868, pela terceira vez, o pedido de demissão da Comissão de Melhoramentos do Exército e do Comando-Geral de artilharia. Assim como em 16 de outubro de 1866 e em 21 de janeiro de 1867, teve nova negativa.[23]

De março de 1867 a janeiro de 1868, os jornais do Império, em especial os da Corte, polemizaram no que concernia à vontade do casal d'Eu de partir para a Europa. Boletins de protesto foram distribuídos nas ruas da capital contra a viagem dos herdeiros da Coroa. A esse respeito, alguns jornais acusaram o Príncipe Consorte de reiterados desentendimentos com o Imperador, que teriam sua raiz na negação à participação na Guerra do Paraguai.[24] Em meio ao frenesi que pairava sobre a família real, e por sugestão de Pedro II, o Conde d'Eu e a Princesa Isabel desistiram da viagem à Europa, mas em 1868 empreenderam viagem às então chamadas Águas Virtuosas de Campanha (mais tarde, Lambari), passando por Barra do Piraí, Barra Mansa, Resende e, em Minas Gerais, Pouso Alto. Os desconfortos com o Partido Conservador, apesar da viagem para espairecer, não foram esquecidos pelo Conde d'Eu. Deixou isso claro a Joaquim Manuel de Macedo, em julho de 1868:

> Desejaria ouvir de Vossa Excelência, como um dos representantes proeminentes do Partido Liberal e um dos melhores que conta nessas distintas fileiras, se ou a vontade do governo, ou o exclusivismo do Partido Conservador ou enfim a repugnância nacional não me consentiram prestar à pátria que adotei e que tanto amo os serviços que eu desejaria [...], motivos de saúde impelir-me-ão a ir, com a Princesa, fixar por algum tempo minha residência na província de Minas Gerais, e é o que impeliu a me dirigir a Vossa Excelência por carta pedindo-lhe aquelas informações por quais fico grato.[25]

A bucólica viagem pela província fluminense e a tranquilidade de Caxambu foram breves parênteses entre dois momentos de agitação política para o Conde d'Eu. Ao regressar à Corte, ele foi surpreendido, em 20 de fevereiro de 1869, com a indicação do Imperador para chefiar as tropas brasileiras no Paraguai. Em carta ao pai, Gastão de Orléans mostrou-se desconfiado da impaciência de Pedro II para que partisse tão logo fosse possível: "Por que, agora, ninguém quer consultar o Conselho de Estado?", concluiu.[26] Para quem havia desistido de ir à guerra,[27] a nomeação vinha realmente de supetão.

Três dias após o anúncio informal, o Conde d'Eu escreveu ao conselheiro Paranhos solicitando esclarecimentos a respeito da decisão do Imperador. Comedido, Paranhos redarguiu que, com a renúncia de Caxias em dezembro de 1868, ora se considerava a guerra acabada, como queria o marechal conservador, ora se prosseguia com a caça a Solano López.[28] A resposta não trazia mais elucidações do que essas. É possível que Dom Pedro II buscasse evitar que mais desencontros partidários caracterizassem a nomeação do novo comandante em chefe das tropas brasileiras. Bastavam-lhe os dissabores na política interna causados pela dissolução do gabinete liberal de Zacarias em benefício da manutenção de Caxias no comando das forças imperiais. É razoável, ainda, que o Imperador vislumbrasse no Conde d'Eu o ânimo que faltava aos generais indicados para suceder a Caxias. Polidoro tinha 66 anos e encontrava-se extenuado pela guerra. Porto Alegre e Osório, ambos também sexagenários, eram generais liberais, o que seria inconveniente político para o gabinete conservador de Itaboraí. Por sua vez, Guilherme Xavier de Sousa, o nome mais cotado para assumir o comando das tropas, tinha 51 anos e, ferido, não podia montar a cavalo. Todos estavam em campanha desde o início da guerra, ou quase.

A razão mais provável, no entanto, relaciona-se à situação bélica. O Conde d'Eu, a respeito da impaciência do Imperador em vê-lo comandante em chefe das forças imperiais, ponderou, perante o Duque de Nemours, que não haveria glória militar em ganhar uma guerra que mais se parecia a uma caçada. Não haveria manobras militares em campo aberto, não haveria investidas contra fortalezas, não se esperavam estratégias napoleônicas dos paraguaios.[29] Os últimos meses da Guerra do Paraguai mostrariam que o Conde se enganara; contudo, nessas ponderações estava a razão da impaciência do Imperador. Com a guerra praticamente terminada, e vencida, a nomeação do Príncipe Consorte dar-lhe-ia popularidade. Melhor, a Coroa seria diretamente responsabilizada pela vitória, e um membro da família real, pela caça a Solano López, o que era obstinação de Pedro II. Pouco importavam as súplicas da Princesa Isabel ao Imperador para impedir a nomeação de Gastão. A partida do Príncipe Consorte era negócio de Estado, e não haveria lugar para queixas do coração.[30]

Para o Conde d'Eu, sua indicação guardava relação com os descontentamentos no Exército. Conforme relatou ao Duque de Nemours em abril de 1869, apenas a imparcialidade de monarca poderia pôr termo às rusgas partidárias entre oficiais superiores e animar as tropas exauridas pelo combate.[31] Malgrado a desconfiança, a possibilidade de liderar as tropas à vitória animou-o sobremaneira. Ganharia assim aquilo que Saldanha da Gama, monarquista convicto e oficial da Marinha, dizia ser-lhe de direito em abril de 1868: "A população da Corte […] senti[u] a sua ausência por ocasião dos festejos grandiosos e essencialmente patrióticos, que aqui se fizeram pelo triunfo […] em Humaitá. Teria sido bom para vossa popularidade."[32]

A participação do Príncipe Consorte na Guerra do Paraguai teve sentido político para ambos os partidos. A interferência no Exército e na

Marinha, liderada pelo Conde d'Eu, poderia ser grande, já que, pelo ato de nomeação, eram conferidos plenos poderes no que concernia à escolha de oficiais.[33] Não por acaso, o liberal Osório apressou-se em manifestar desejo de voltar à guerra. Dizia-se recuperado das feridas que lhe partiram o maxilar na Batalha de Avaí.[34] O Príncipe Consorte mostrou-se mais do que disposto a cooperar com Osório, general que gozava de grande popularidade no Exército.[35]

A sintonia entre o Conde d'Eu e o general Osório simbolizava uma retomada de confiança das alas liberais pouco depois de o gabinete de Zacarias de Góis e Vasconcelos ser alijado do poder. Embora Gastão de Orléans afirmasse que a alternância na presidência do Conselho de Ministros era saudável para a política imperial, nem por isso deixou de criticar o comando de Caxias.[36] A esse respeito, faziam-lhe coro os liberais Sousa Franco, Nabuco de Araújo, Francisco Otaviano – que dirigiu, pouco depois, o jornal *A Reforma* – e Saldanha Marinho, um dos signatários do Manifesto Republicano de 1870. Quando o Conde d'Eu foi nomeado comandante em chefe das tropas brasileiras, os liberais não tardaram em apoiar a decisão do Imperador. Acreditava-se que a legitimidade perdida com a dissolução do gabinete de Zacarias seria, quiçá, recobrada com o Príncipe Consorte.

A reforma no Partido Liberal após a assunção do conservador Itaboraí fundava-se, precisamente, em questões de legitimidade. Dos púlpitos do Senado, Nabuco de Araújo não cessou de indicar que o Poder Moderador, embora prerrogativa constitucional do Imperador, desfizera a legitimidade do poder, já que o gabinete conservador chamado a governar fora derrotado nas urnas em 1867.[37] A Câmara era de maioria liberal, ainda que fosse uma maioria magra e repleta de dissidências. O discurso de Nabuco de Araújo tinha como propósito conclamar a reunião dos liberais históricos e dos liberais progressistas contra o que chamava de abusos do Poder Moderador. A intenção era pôr em xeque a legitimidade do Partido Conservador agora no poder. Alcançou-se o objetivo esperado, conquanto o discurso inflamado de Nabuco de Araújo tenha precipitado a dissolução da Câmara pelo Imperador, o que resultou numa composição legislativa conservadora. Os liberais abstiveram-se do pleito que deu unanimidade ao Partido Conservador na Câmara, e muitos entre eles reagruparam-se, em 3 de outubro de 1868, no Centro Liberal. Em março de 1869, quando o Conde d'Eu era chamado a liderar o Brasil no Paraguai em momento no qual Assunção estava tomada e em que não havia a turbulência política interna de julho de 1868, o Centro apresentou manifesto ao gabinete Itaboraí, reclamando reformas imediatas no que era concernente ao regime representativo.

Daí em diante, o Conde d'Eu passou a ser, pelo menos aos olhos dos liberais, o braço externo do Centro, transformado em Partido Liberal em 16 de maio de 1869. Nabuco de Araújo, ao longo desse ano, promoveu debates no Senado, nos quais o Conde d'Eu era exaltado em relação a Caxias. Os liberais pensavam que a suposta imparcialidade que lhe conferia ser membro da família imperial somente engrandeceria o Príncipe Consorte.[38] Na Corte, Joaquim Manuel de Macedo tornou-se o interlocutor predileto do Conde d'Eu quanto à reorganização dos liberais. O Clube da Reforma, que surgiu do Centro Liberal em 7 de abril de 1869 em alusão à formação da Regência em 7 de abril de 1831 e ao avanço liberal que sucedeu até 1837, aplaudia o Conde, que em resposta desejava longa vida ao Clube.[39] No Paraguai, o Príncipe Consorte comentava com seu amigo Macedo, sem dispensar críticas a Caxias, as impressões sobre o Exército:

> A impressão causada por minha chegada ao Exército tem sido, creio eu, boa: despertou esperanças de maior atividade nas operações e, sobretudo, de alguma reparação das injustiças passadas. [...] O difícil, na minha posição, é vir ao conhecimento de todas as queixas, de todas as determinações menos justas, para poder atender àquelas, prevenir e corrigir estas. Procurei repartir as atribuições dos cargos principais, por forma a não ser reduzidas a um só ouvido: pois o tempo assaz longo que diariamente destino à audiência geral nunca chegou para ouvir todas as representações, muitas vezes fúteis, de oficiais e soldados. [...] Esqueci-me de dizer que esta terrível falta de cavalgaduras teve por principal origem uma célebre ordem que, entre outras, se lembrou o senhor Caxias de expedir em janeiro, reduzindo à metade a ração de todos os animais.[40]

De todas as propostas de reforma que caracterizaram o programa do Partido Liberal de maio de 1869 – entre essas, também, a responsabilidade ministerial, a descentralização política e a extinção da vitaliciedade do Senado –, três delas encontraram eco no Conde d'Eu: a suspensão do recrutamento forçado, o fim da Guarda Nacional e a emancipação dos escravos. No que concerniu às duas primeiras, elas foram objeto de repetidos projetos de reforma escritos do punho do Conde após o fim da guerra. A terceira proposta, a mais delicada, começou a ser tratada ainda no decurso do conflito pelo Príncipe Consorte. O interesse de Gastão de Orléans pelas propostas dos liberais dava claros indícios de que esses não haviam errado ao apoiar a nomeação do Conde para o comando das forças brasileiras e que tampouco se enganaram quanto à expectativa de fortalecimento político, em parte, por obra do Príncipe.

Celebrando no Rio de Janeiro cada vitória do Conde na campanha do Paraguai, André Rebouças preparava o Príncipe para torná-lo o artífice da libertação do ventre escravo. Certamente não era o único emancipacionista a buscar aliança com o Conde d'Eu, mas a interlocução constante entre os dois, de 1868 a 1870, permitia entrever a importância de Rebouças nesse processo. A posição emancipacionista do Príncipe Consorte deixava poucas dúvidas quanto à liderança que poderia exercer nos projetos que visavam à alforria do ventre escravo. Em fevereiro de 1869, o Conde comentava com seu preceptor francês, o general Dumas, que "no que concerne à escravidão... se voltar vitorioso do Paraguai, iremos pôr ordem, em que pese a todos os conservadores desta terra".[41] A posição não era desconhecida de Rebouças, que propôs ao Conde d'Eu a organização de uma Sociedade Protetora dos Emancipados tão logo a lei de libertação do ventre escravo fosse sancionada. Concluía suas ponderações, desejando que "se realiz[asse] um conjunto de circunstâncias, que lev[asse] Vossa Alteza a dirigir com tão bom êxito o movimento emancipador como a conclusão da Guerra do Paraguai".[42]

A lei à qual Rebouças se referia estava em tramitação política. Em abril de 1867, Dom Pedro II encarregara o conselheiro Pimenta Bueno de apresentar ao Conselho de Estado projeto de emancipação dos nascituros. Pouco depois, provavelmente em razão dos incômodos que trazia aos conselheiros conservadores discutir a emancipação ou a abolição, Pimenta Bueno propôs aos Príncipes imperiais levar a cabo projeto de lei para que pudessem ter participação no Conselho de Estado.[43] Conselheiro conservador heterodoxo, Pimenta Bueno queria levar a termo o projeto emancipacionista; para tanto, o Conde d'Eu poderia contribuir, e a ação militar no Paraguai também.

A popularização do Conde d'Eu na Corte, passados os primeiros meses no comando das tropas no Paraguai, causou inquietações. Joaquim Manuel de Macedo alertou o Príncipe Consorte a respeito de quão problemática era a permanência de um gabinete conservador ortodoxo, tal como o de Itaboraí. A popularidade do Conde teria de agir no sentido contrário, visto que, segundo Macedo, o domínio conservador intranquilizava demais os liberais de feição mais radical. Em que pesem os esforços do Clube da Reforma em agrupar liberais históricos e progressistas, desenhava-se uma ala francamente radical, oriunda de alguns poucos progressistas. Alicerçavam-se, e o nome não era um acaso, no Clube Radical, fundado em maio de 1868. Eram jovens descrentes quanto à manutenção da monarquia. Para eles, a popularidade do Conde d'Eu poderia vir a ser problemática. Foi nesse sentido que Macedo vislumbrava no Conde a possibilidade de reverter o gabinete conservador e, assim, acalmar os ânimos dos radicais. Nas palavras de Macedo, em carta de abril de 1869:

> Considero que a monarquia brasileira precisa apoiar-se franca e decididamente no Partido Liberal monarquista, e isso sem longa demora, porque os radicais serão republicanos. [...] Nós estamos fazendo o que podemos. A 7 de abril, fundamos o Clube da Reforma, para juntar liberais históricos e progressistas. A monarquia constitucional deve apoiar-se nas reformas liberais.[44]

E continuou, em carta de julho de 1869:

> Vossa Alteza populariza-se na Corte. [...] As conferências do Clube Radical vão perdendo o interesse que excitavam. [...] Mas o domínio conservador unifica ainda as ideias mais exageradas. Vossa Alteza há de ver que em prazo mais ou menos breve a salvação da monarquia no Brasil dependerá somente do Partido Liberal moderado. Deus queira que os cálculos da sabedoria humana não fervam, excedendo os limites da oportunidade.[45]

O ano de 1869 fechou-se com uma pequena revolta de estudantes, críticos de uma série de reformas nos exames gerais de medicina, que redundou em vivas à república no Clube Radical.⁴⁶ Embora não fosse fator de alarme, como tampouco o era, por enquanto, a efervescência política dos liberais radicais, Joaquim Manuel de Macedo acertava ao acusar o domínio conservador, pelo menos no que dizia respeito à radicalização na política interna e à morosidade da externa. Internamente, os radicais viam pouco sentido no prolongamento de uma guerra que julgavam vencida; externamente, e agindo no sentido contrário, os conservadores não trabalhariam pela renovação do ânimo das tropas comandadas pelo Conde d'Eu.

As inquietações do Partido Conservador quanto à popularidade do Conde d'Eu tornaram-se visíveis nas medidas de recrutamento e de abastecimento dos combatentes. De abril a dezembro de 1869, o Conde d'Eu queixou-se repetidamente das escassas remessas de soldados para a guerra. Dizia ter conhecimento de combatentes prontos nos quartéis do Rio de Janeiro e, todavia, as Forças Armadas imperiais não tinham recebido, "desde que se retirou Caxias, […] um só recruta".⁴⁷ Joaquim Manuel de Macedo justificou o fato, alegando que o governo era contra o envio de novas levas: a influência de Caxias, continuou o interlocutor do Conde d'Eu na Corte, era grande sobre os comandos do Exército.⁴⁸ Apesar da dificuldade em promover novas ondas de recrutamento na última etapa da guerra, visto o pouco entusiasmo que causava, e apesar da dificuldade orçamentária do Império após mais de quatro anos em combate, as vitórias do Conde d'Eu no Paraguai eram recebidas com frieza pelo gabinete de Itaboraí, assim como suas reiteradas solicitações. Joaquim Manuel de Macedo, presente nas sessões do Senado de agosto de 1869, comentou com o Conde d'Eu a desinteligência entre senadores liberais e conservadores a respeito dos logros e dos requerimentos das Forças Armadas em campanha.⁴⁹

A questão do abastecimento das tropas não era distinta daquela do recrutamento. As queixas do Conde d'Eu sobre a falta de víveres, de cavalaria e de equipamento militar marcaram seus primeiros meses em campanha. Novamente, o Partido Conservador mostrou-se lento em atender aos pedidos do Conde d'Eu. Mais delicada, contudo, era a interferência do Príncipe Consorte nos assuntos das Forças Armadas. Em junho de 1869, Gastão de Orléans propôs ao ministro da Guerra, o conservador

Barão de Muritiba, reformas nas regras de promoção, o pagamento imediato dos soldos atrasados e o retorno das primeiras levas de Voluntários da Pátria, caso houvesse outras enviadas ao Paraguai.[50] Pouco depois, o Conde queixou-se ao general Dumas da lentidão, no Senado, na concessão de pensões a militares feridos e a viúvas.[51] Eram todas propostas que se relacionavam ao regresso dos veteranos. Até o início de 1870, as solicitações de reformas do Conde d'Eu permaneceram letra morta. Não restava dúvida, o Príncipe Consorte era problemático para o gabinete de Itaboraí, que, inclusive, cogitou retirá-lo da campanha em agosto de 1869, depois da vitória em Peribebuí.[52]

Cuidar da popularidade alcançada em campanha era matéria de preocupação constante tanto para Gastão quanto para os liberais reformistas. Na Corte, Joaquim Manuel de Macedo encarregou-se de excitar os ânimos. O Conde, dizia-se então, teria mostrado capacidade de estrategista, de administrador militar e de afabilidade com os inferiores.[53] Cada vitória era parabenizada publicamente: "a pátria e a monarquia constitucional agradecem", arrematou Macedo.[54] Francisco Otaviano, a seu turno, assinava artigo após artigo nos jornais, comparando o Príncipe Consorte a Henrique IV da França (1553-1610). E isso não sem alfinetar a gestão pretérita de Caxias.[55] O próprio Conde buscou evitar qualquer deslocamento de tropas que pudesse ser julgado excessivo pelos conservadores do Rio de Janeiro. Em janeiro de 1870, quando empreendia movimento decisivo em direção a Cerro Corá, a alta oficialidade militar recomendou chamar reforços de Assunção, o que o Príncipe descartou imediatamente, conforme se lê em seu diário de campanha: o movimento de tropas seria explorado, no gabinete de Itaboraí, para assinalar fraquezas militares.

O tamanho do problema que representava o Conde d'Eu para os conservadores veio à baila quando o regresso dos combatentes se tornou a principal pauta do dia. Em setembro e outubro de 1869, Gastão de Orléans alertou Muritiba que, tão logo o governo imperial expedisse ordens para retirar as tropas, deveriam ser privilegiados os Voluntários da Pátria, em cumprimento às promessas feitas quando do alistamento em janeiro de 1865.[56] Nas entrelinhas, o comandante em chefe deixava claro que desejava retornar com as primeiras levas dos Voluntários. Caso assim se procedesse, pensaram os conservadores, não somente as vitórias de Caxias poderiam perder-se na memória da guerra, mas o êxito final seria angariado por um liberal que, agravando a situação, era membro da família imperial. Nesse sentido, o terremoto político que causou a nomeação do ministério de 16 de julho de 1868, o de Itaboraí, poderia reverter-se contra os conservadores. O retorno do Conde d'Eu e das primeiras levas de Voluntários não era assunto de logística de guerra, mas de embate partidário. Não era, portanto, matéria de política externa, mas de política interna, se é que há diferença entre elas.

Os liberais apressaram-se em organizar o regresso. Em dezembro de 1869, André Rebouças enviou carta ao Conde d'Eu na qual se dizia pronto para auxiliar o desembarque dos Voluntários na praia Vermelha, conforme solicitara o Príncipe a Pedro II e a Macedo pouco antes.[57] Gastão sabia que a guerra não estava inteiramente terminada, mas a oportunidade de comandar o regresso não poderia escapar de suas mãos. Em novembro, consultou o Imperador sobre a concessão de licença para ir ao Rio de Janeiro. Não se tratava de abandonar definitivamente o comando das Forças Armadas: o próprio Conde deixava claro a seu sogro que voltaria ao Paraguai depois de desembarcar os primeiros Voluntários na praia Vermelha. Dizia que as tropas não estavam prontas para perder a força moral de alguém que falava alto contra o governo. O general Câmara poderia ficar em seu lugar, até que ele voltasse para consolidar as bases do Governo Provisório paraguaio, cujo protocolo de fundação datava de 2 de junho de 1869.[58] A questão essencial era não perder o primeiro ato do final da guerra.

A insistência de Gastão de Orléans em liderar o retorno dos combatentes devia-se a duas razões. Em primeiro lugar, não era qualquer grupo de soldados que inauguraria o regresso ao Brasil. Teriam de ser os Voluntários da Pátria, conforme queria o Príncipe, o que significava reconhecimento público a cidadãos comuns. Seria maneira de vincular o Príncipe ao cumprimento das promessas feitas aos Voluntários no início da guerra: terras, soldos, gratificações, pensões e empregos públicos. Nada mais importante para a legitimidade de um eventual terceiro reinado. Em segundo lugar, nas próprias palavras do Conde, caso não voltasse com eles, "o assunto [do regresso] se gastar[ia] e já não causar[ia] impressão favorável".[59] Dizia o Conde bastarem quatro mil soldados para vigiar o lado de Capivari, três mil para proteger Conceição e outros cinco mil ou seis mil para a operação principal.[60]

A resposta conservadora veio a galope. Quem teve de refrear os anseios do Conde d'Eu foi o conselheiro Paranhos, então em missão especial em Assunção. A habilidade do diplomata teria de ser empregada para impedir que os liberais usassem em proveito próprio o regresso do Conde d'Eu. O que não era tarefa fácil, visto que, desde setembro de 1869, Gastão buscava diálogo constante com Paranhos para entabular os primeiros festejos do final da guerra.[61] Entre fins de outubro e começo de novembro, certo de que o retorno dos Voluntários ocorreria prontamente, o Príncipe ordenou a reorganização das tropas, para separar as praças de linha dos Voluntários da Pátria. Grande número de batalhões regulares, naquela altura, estavam compostos por Voluntários. Para além da melhor identificação destes, e, assim, dos direitos que cabiam a cada grupo militar, a reorganização permitiria, nas ponderações do Conde d'Eu, resolver as recorrentes crises de fome. As tropas que partissem para o Brasil deixariam maior número de víveres para as que ficassem; afinal, pedia-se para retornar com cinco mil ou seis mil Voluntários da Pátria.[62]

O Conde estava certo de que, uma vez ocupado o Panadero, nada mais poderia fazer contra López, pelo menos por enquanto, pois o marechal paraguaio iria se encastelar na serra de Maracaju. Previa-se longa demora até a captura de López, visto que as novas posições inimigas requereriam às tropas aliadas montar cerco, quiçá, tão laborioso quanto aquele de Humaitá. Portanto, acreditava o Príncipe Consorte:

> […] esta é a ocasião que quero aproveitar para ir ao Rio de Janeiro. Eu desejo ardentemente, como disse ao senhor Muritiba. Também confio em que Vossa Excelência ajudará a conseguir que façamos no Rio de Janeiro entrada triunfal com os Voluntários da Pátria, e que assim daremos ao povo o dia de alegria que tivemos a infelicidade de não achar nem na tomada de Humaitá, nem na de Lomas Valentinas, nem na ocupação de Assunção, nem tampouco na de Ascurra ou na de Iguatemi. Se me for negado voltar ao Rio de Janeiro com estes primeiros Voluntários, o tomarei como uma ofensa gratuita.[63]

A habilidade de Paranhos, para quem o Príncipe endereçou a carta, foi testada a ferro e fogo. Por um lado, o diplomata não poderia dizer ao Conde que a guerra ainda estava em pleno curso e que, assim, não seria conveniente que o comandante em chefe retornasse ao Brasil. Seria, a um só tempo, deslegitimar a ação militar de Caxias, julgado pelo gabinete de Itaboraí como aquele que realmente terminou a guerra, e sobrestimar a essencialidade do Conde d'Eu, precisamente o que os conservadores queriam evitar. Por outro lado, Paranhos não poderia desagradar completamente o Príncipe, ofuscando-o na primeira leva do regresso.

O pedido formal do Conde d'Eu para retirar-se com os Voluntários da Pátria chegou ao Rio de Janeiro em 10 de dezembro de 1869. Paranhos, no entanto, desde novembro de 1869, preparava o terreno para acalmar o Príncipe. Dizia-se contrário ao plano de redistribuição de tropas e de víveres. Se para o Conde d'Eu a posição parecia retratar a "loucura instantânea que se tem apoderado de Paranhos",[64] para o diplomata, era a maneira de enfatizar que a captura de Solano López ainda estava em curso. Poderia haver remoção de combatentes para o Brasil, mas nos limites do que exigia o suposto encastelamento de López na serra de Maracaju. Não se tratava mais de uma guerra, mas de uma caçada: os riscos da imprevisibilidade, nesse sentido, eram grandes.

Quanto à essencialidade do Conde d'Eu no comando das tropas, Paranhos encontrou a estratégia de confrontá-lo com o alto oficialato do Exército. A permanência do Príncipe à frente das tropas era fundamental para evitar rusgas entre os oficiais Câmara e Vitorino, que poderiam trazer inconvenientes ao desenrolar da caça a Solano López. Nada poderia parecer mais inverossímil aos olhos do Príncipe, já que Câmara e Vitorino, ambos liberais, além de se entenderem bem, eram, respectivamente, brigadeiro e marechal de campo. Distintos em ordem hierárquica, portanto. Paranhos concluía suas considerações alarmando o Príncipe: haveria quem desconfiasse de seu comando militar no Exército.[65] De alguma forma, o diplomata dizia a Gastão que não era o estágio atual da caça a López que exigia sua presença no Paraguai, nem sua capacidade de estrategista militar, mas os desajustes logísticos que sua retirada poderia produzir. O objetivo era político, mas o argumento, técnico.

A intensa troca de cartas terminou com o diplomata pedindo paciência ao Príncipe. As tropas seriam retiradas brevemente, mas o deslocamento não poderia dar ares de debandada. Recomendou que as remoções não se fizessem sem antes haver fiscalização de munições e de arsenais. Os veteranos não poderiam voltar armados ao Brasil. Exigiu que se constituísse força militar própria ao Governo Provisório do Paraguai, para acostumar os paraguaios a lutar contra López. Paranhos ainda reconfortou o Príncipe, dizendo que seu retorno não seria imediato, mas que viria em algum momento; e que, enfim, não haveria razão em preocupar-se com as glórias do retorno, visto que "o povo brasileiro não é belicoso, as festas militares não são as que mais exaltam".[66]

Os desentendimentos entre o Conde d'Eu e Paranhos apenas começavam. Nos últimos dias de dezembro de 1869, o vapor *Galgo* trouxe ofício de Muritiba que muito explica o mau humor atribuído pelo Príncipe, em seu diário de campanha, aos calos nos pés e às malfadadas festas de boi-bumbá nas vésperas do Natal. O Ministério da Guerra informava que a retirada das tropas se daria por fragmentos de batalhão, e não por batalhões inteiros. Nenhum oficial poderia vir à frente das tropas de veteranos, mas atrás dos retalhos de batalhão, que, quanto ao mais, seriam formados por Voluntários e por praças de linha. Para os conservadores, era maneira de evitar a politização dos batalhões e, sobretudo, de seus oficiais, que poderiam vislumbrar nos vivas da população fermento para exigir rapidamente as promessas feitas aos Voluntários em janeiro de 1865. O Conde d'Eu não silenciou sua frustração. Em 21 de dezembro, endereçou ríspida carta a Paranhos, cujas palavras destoam em muito da prática epistolar de então.

> Mas aí não se quer que vá nem um só batalhão [ao Rio de Janeiro], senão troços de batalhão desorganizados. A explicação mais favorável que se possa dar de semelhante aberração é a que Vossa Excelência indica: um pensamento de economia. Mas assim mesmo é uma economia mesquinha e indigna, quando se trata de uma ocasião única na história do Brasil. Infelizmente, porém, ela não basta para explicar certas prescrições, como, por exemplo, ficarem atrás os comandantes com as bandeiras e os músicos, para irem nos segundos contingentes, e intercalar-se uma remessa de tropa

de linha entre duas de voluntários [...]. Tudo isso ou é uma paixão política que repugno supor: o desejo de tirar a todo custo a auréola da instituição dos Voluntários da Pátria, ou então é uma desconfiança ofensiva e injustificável, porque não tem motivo e nem razão de ser; mas, em um ou outro caso, é uma das maiores ingratidões que a história possa registrar. [...] O Partido Conservador, já que não teve a felicidade de ser quem provocou e acoroçoou esse grande e nobre movimento nacional [da retirada das tropas], não há de querer atrair sobre si a nódoa odiosa de forcejar para extinguir a lembrança daqueles dias de entusiasmo. Uma coisa é certa, é que eu não serei quem dê ordens para o embarque como se acha prescrito nas tais instruções.[67]

Não era um pensamento de economia, o Conde d'Eu entendeu-o corretamente. Sabia que o Conselho de Ministros não desejava que os batalhões voltassem organizados e, muito menos, sob liderança imperial... e liberal. Ele mesmo tinha escrito ao pai, pouco antes da famigerada carta de 21 de dezembro a Paranhos, que o ministério o enxergava como elemento perigoso, vistos seu *prestígio nos campos de batalhas* e suas *ideias revolucionárias*.[68] O retorno de levas espaçadas e desorganizadas de 1.600 homens, conforme exigia o ofício de Muritiba, era pouco, ou quase nada, para quem vislumbrava grande festa cívica para o retorno dos Voluntários. Despreocupado quanto a López, que julgava derrotado após as vitórias de Peribebuí e Campo Grande, em agosto de 1869, o Conde d'Eu colocou seu comando militar e político à prova: pediria exoneração do cargo caso as disposições de Muritiba não fossem flexibilizadas.[69]

Quinze dias depois, o Príncipe retraiu-se. Escreveu formal pedido de desculpas a Paranhos pelas duras palavras do 21 de dezembro, culpando a febre e a fome. Dizia que a hipótese aventada por Paranhos de crise ministerial oriunda da questão dos Voluntários feria-o como um raio. Cedeu em sua posição, embora parcialmente. O número de egressos poderia ser menor e ele permaneceria no Paraguai, conforme queria o Conselho de Ministros, mas os comandantes, as bandeiras e os músicos teriam de vir em primeira linha. Somente consentiria integralmente com o ofício de Muritiba, para surpresa e desconforto de Paranhos, caso os Voluntários fossem consultados por sufrágio.[70]

Enquanto aguardava resposta de Paranhos, o Conde d'Eu voltou-se para seu conselheiro pessoal, Joaquim Manuel de Macedo, que, a seu turno, e como prova de incondicional amizade, lhe mandava os originais de *A luneta mágica*. Buscava o Conde maiores esclarecimentos sobre o desenrolar da política interna no Rio de Janeiro. Macedo recomendou evitar maior desgaste com o Partido Conservador; para tanto, nada melhor do que propor ao gabinete de Itaboraí a entrada na Corte dos Voluntários acompanhados por Paranhos.[71] Quiçá assim, queria Macedo, os conservadores cederiam, e o Príncipe poderia, também, retornar com as primeiras levas. Era essencial garantir que o regresso, conforme conjecturas feitas quando da indicação de Gastão para o comando em chefe, redundasse na consolidação da popularidade dos herdeiros da Coroa.

As posições de Macedo pareceram sensatas aos olhos do Príncipe Consorte. Uma franca vinculação aos liberais reformistas apenas radicalizaria a posição dos conservadores. Em caso de crise ministerial, havia dito o Conde d'Eu a Paranhos, não haveria preferência por nenhum dos partidos: romper com os conservadores não era o melhor a fazer para ganhar espaço na política imperial. No entanto, o retraimento completo na hora de encaminhar ao Rio de Janeiro os primeiros veteranos do Prata desfiguraria a popularidade que o Conde d'Eu desejava robustecer para vindouro terceiro reinado.

Gastão sabia que Domingo Faustino Sarmiento, então presidente da Argentina, já tinha festejado o regresso de seus soldados.[72] E era mais do que mero respeito ao convênio de 24 de novembro de 1869, assinado por Paranhos e por Mariano Adrián Varela, ministro das Relações Exteriores da Argentina, para a redução das forças aliadas no Paraguai. Tratava-se de evitar que, valendo-se de um descaso com os soldados argentinos, os caudilhos do Norte promovessem nova resistência federalista contra os liberais de Buenos Aires. O temor de Sarmiento não era infundado; afinal, no fim da década de 1860, a primazia liberal-nacionalista, ligada a Bartolomé Mitre, foi corroída nas províncias do interior argentino. Os governos provinciais alinharam-se a uma coalizão de governadores, cuja tradição política era federalista, vinculada ao Partido Nacional.

Muito influenciado por Macedo, o Conde d'Eu vislumbrava nos festejos do regresso a preservação das instituições monárquicas. No Brasil, a ameaça não vinha de província alguma, mas do Rio de Janeiro, onde os radicais poderiam recrudescer a posição republicana. Em relação a esses, Macedo voltou a sugerir que o Conde mostrasse seu rosto liberal atrás de uma máscara politicamente imparcial:

> O desembarque de Vossa Alteza com os Voluntários na praia Vermelha [...] me parece muito bem pensado, principalmente, se o senhor conselheiro Paranhos vier com Vossa Alteza, a quem muito convém não parecer ligado a nenhum dos partidos políticos. [...] Eu pressinto cada dia mais grave a situação política no Brasil, e os mínimos sintomas da decadência do poder de Napoleão III e a possibilidade de revolução em sentido republicano na França muito me assustam hoje, embora seja um dos irreconciliáveis com Luís Napoleão. Em meu egoísmo, não desejaria tão cedo o governo para meu partido, mas, ou me engano muito, ou a monarquia brasileira precisa, para salvar-se, dos sacrifícios dos liberais moderados no governo. No Brasil não havia, e agora há, nascente e já numeroso Partido Republicano. O comando em chefe de Caxias na Guerra do Paraguai e o consequente 16 de julho ainda podem ser fatais. No meio do furor dos partidos, Vossa Alteza provou ser liberal de ideias; mas sem comprometimentos com partidos pode prestar grandes serviços ao Imperador e ao trono, que será algum dia de sua augusta esposa. Depois de trazer a fronte coroada com os louros das vitórias, Vossa Alteza tem outra campanha em que entrar, é a da fácil conquista da nova geração, da mocidade herdeira do futuro, exaltando-a na animação das letras e das artes, e Vossa Alteza e a Princesa imperial têm, eu o asseguro, o condão de avassalar todos os corações.[73]

Não resta dúvida de que Joaquim Manuel de Macedo enxergava na aproximação com o Conde d'Eu possibilidade de alcançar maior quinhão político; mas não era inócua a estratégia de angariar apoio dos radicais. Assim como ocorreu quando da nomeação do Conde para o Paraguai, os festejos do regresso, com um Príncipe liberal à frente, seria maneira, para Macedo, de evitar a definitiva cisão entre os liberais. E, caso os festejos não ocorressem, fustigar continuadamente os conservadores seria maneira de aproximar os radicais dos reformistas. O instrumento predileto para promover uma união por oposição comum ao gabinete conservador foi o jornal *A Reforma*. Órgão do Partido Liberal, o periódico surgiu com o

Centro Liberal, em outubro de 1868, e seu objetivo era evitar a divisão entre radicais e liberais, julgada artificial e prejudicial à causa democrática por Nabuco de Araújo.[74] A trama política dos radicais e dos liberais teria de ser vista como equivalente. Muitas das reivindicações eram comuns aos dois grupos: promover reformas servis, desvincular o Estado da Igreja, universalizar a instrução, promover as eleições diretas e o fim da vitaliciedade do Senado.

Os redatores de *A Reforma* sabiam, no entanto, que havia matizes entre radicais e liberais, a começar pelo republicanismo daqueles. Nada poderia ser melhor do que usar a questão dos Voluntários para dar coloração única ao bloco anticonservador. Pelo menos assim pensavam os redatores principais do jornal, Afonso Celso de Assis Figueiredo – o futuro Visconde de Ouro Preto –, Anfrísio Fialho, Joaquim Manuel de Macedo, Silveira Martins e Francisco Otaviano. Em janeiro de 1870, o periódico liberal tomou a questão do regresso dos combatentes para si. Diariamente, escreveram-se artigos, expostos em primeira página, nos quais se açoitava o Partido Conservador pela demora na remessa das levas.

As quinze mil praças de linha que, segundo os redatores, estavam no teatro de guerra eram suficientes para concluir uma guerra contra paraguaios mal armados, famintos e extenuados pela fuga: "Não é a resistência de López, nem a defesa de nossa bandeira o que retarda a volta dos Guardas Nacionais e dos Voluntários da Pátria", concluía o periódico em 18 de janeiro de 1870, assim como o fez semanas antes e semanas depois.[75] A cada justificativa elencada no *Jornal do Commercio* ou no *Diário do Rio de Janeiro* sobre atrasos na realização do convênio de 24 de novembro de 1869, que dizia respeito à redução das tropas aliadas, os redatores de *A Reforma* vislumbravam artifício político contra os liberais, fossem eles reformistas ou radicais.

A ladainha sobre os porquês de o Conde d'Eu não poder regressar à frente dos Voluntários da Pátria foi matéria constante no *Jornal do Commercio*. Dizia-se, também, que os gastos do deslocamento de seis mil ou mais veteranos seriam altos demais para o Tesouro Imperial, muito endividado pelos cinco anos de combate. Ou, ainda, que o retorno apressurado de combatentes redundaria em surtos de febre amarela e de cólera-morbo na capital, como acontecera em Buenos Aires. O caso argentino era por demais emblemático para os redatores do *Jornal do Commercio*. Sem soldos e inclinados naturalmente à embriaguez, dizia o periódico, os veteranos argentinos teriam se tornado marginais: "Os portenhos estão sentindo os inconvenientes desses mil que regressaram, o que dizer dos cariocas quando receberem um corpo de seis mil?",[76] potenciais criminosos, poderia ter concluído o jornal mais explicitamente.

Em resposta, os liberais metralhavam palavras de enaltecimento ao Conde d'Eu, zeloso de seus oficiais e popular entre os soldados, e aos Voluntários da Pátria, que, depois de dar o sangue para defender o Brasil, voltariam agora, nos porões das embarcações, a um país escravocrata e pouco afeito a cumprir suas promessas, a começar por aquelas de 1865.[77] A referência ao navio negreiro era evidente. Secundava-a suposta intenção do Conde d'Eu de promover reformas com vistas a libertar os escravos brasileiros. A chegada do Príncipe Luís Felipe, Conde de Paris, ao Paraguai em março de 1870 somente reforçou a certeza dos liberais. Primo de Gastão e primeiro na linha de sucessão orleanista na França, Felipe atracou em Assunção depois de combater os Estados escravocratas na Guerra de Secessão americana (1861-1865) junto às tropas de Abraham Lincoln, presidente dos Estados Unidos durante o conflito. Felipe era ferrenho abolicionista.[78]

Quanto aos argumentos do *Jornal do Commercio* sobre as doenças e o caos público que poderiam engendrar os veteranos brasileiros, os liberais respondiam que eram falácias para evitar irremediável ajuste de contas:

> Como Buenos Aires, o Brasil tem goivos e saudades para espargir sobre as sepulturas, e loiros e coroas para cingir a fronte dos bravos que, mutilados ou sãos, voltam do campo de batalha. O governo sabe disso, e outros são os motivos por que afasta da Corte os soldados valentes, que ela tanto festejou na hora da partida, e não poderá ver indiferente em sua entrada triunfante. Não seria necessário que saísse dos cofres públicos a despesa injustificável dos foguetes e das flores, dos hinos e das palmas. A despesa do transporte seria quase a mesma, porque raros navios dos que conduzirem os Voluntários deixarão de tocar na Corte; e os bravos, que tantos sacrifícios fizeram pela honra da nação, merecem de ela também algumas migalhas do grosso cabedal que o governo reparte pelos parentes e amigos. Muito diversa é a razão pela qual foi rejeitada a ideia patriótica que dizem sugerida pelo Conde d'Eu. Na Corte é que os Voluntários deveriam ajustar suas contas; e

o governo lhes prepara um calote. Cada um deles tem direito não só a uma gratificação pecuniária, como a uma posse de terra nas colônias militares ou agrícolas. As reclamações de alguns milhares de homens poderiam incomodar o gabinete, que, absorvido pelos cuidados de arranjar a parentela, ainda não cuidou dos meios de satisfazer aquelas dívidas sagradas. Não convém, pois, reuni-los na Corte, onde a opinião pública poderia apoiá-los contra a deslealdade do governo. Disseminados pelas províncias, hão de reconhecer a conveniência de poupar o selo dos requerimentos.[79]

Em poucas palavras, os liberais mostravam aos conservadores que tinham o Exército a seu lado. Pelo menos assim acreditavam. Seriam a voz política dos veteranos quando viesse o momento de reivindicar as promessas de campanha. Havia alguma razão para pensar-se assim. As principais lideranças de terra eram liberais: Osório, Porto Alegre, Câmara e Vitorino. *A Reforma* era o jornal mais popular entre as tropas brasileiras no Paraguai.[80] E, ainda, o Conde d'Eu mostrava-se empenhado em dar as recompensas de guerra.[81]

Paranhos voltou à carga com a questão do regresso, embora, desta vez, menos defensivo quanto à posição conservadora. Durante as últimas duas semanas de janeiro de 1870, Paranhos estranhou-se com Muritiba.[82] O retorno dos veteranos teria de ocorrer, malgrado a cólera-morbo ou a falta de acomodação para recebê-los. Manter o oficialato em segunda linha nos cortejos festivos, separar os corpos de Voluntários em brigadas constituídas, também, por praças de linha ou enviá-los diretamente para suas províncias, como queria Muritiba, seriam tiros pela culatra. Essas medidas não resultariam em menor politização do Exército, mas, precisamente, o contrário.

Mais grave ainda era a questão das promessas. A enxurrada de requerimentos que acompanharia o retorno dos Voluntários seria inevitável. Ignorá-la, mais do que reforçar o laço entre o Exército e os liberais, seria dar voz própria aos militares. Essa era a questão central para Paranhos, que, diferentemente de Muritiba, estava no Paraguai, trafegando de Assunção a Vila do Rosário constantemente. O contato do diplomata com o oficialato brasileiro permitiu-lhe compreender que as rusgas partidárias quanto ao regresso dos Voluntários não eram desconhecidas no Exército e, quanto ao mais, que oficiais e soldados tinham posição independente no assunto.[83]

Consultá-los por sufrágio sobre o regresso, consoante sugestão do Conde d'Eu, era a última das opções. Ou melhor, não era opção, porque seria dar canal de expressão à insatisfação já vislumbrada no Exército.

Qual não foi o espanto de Paranhos ao ver, no decurso do mês de fevereiro, a sucessão de peças teatrais protagonizadas por oficiais e por soldados brasileiros. Narrava-se a guerra ainda nos acampamentos do Paraguai, e os temas e os enredos eram escolhidos com cuidado. Encenaram-se vitórias comandadas pelos *briosos filhos do Norte*, cujos atores faziam parte dos batalhões de Voluntários do Norte e do Nordeste. Não eram representações inocentes. Entre acrobacias e sátiras, os roteiros improvisados deixavam entrever que as expectativas quanto ao regresso eram altas. E, mais do que isso, que a politização dos batalhões não era mera suspeita de Paranhos. Poucos dias antes de embarcar o 30º Batalhão de Voluntários Pernambucanos para o Brasil, o major Francisco Rodrigues Pessoa de Melo enalteceu as figuras de Felipe Camarão e de Henrique Dias, heróis da Batalha dos Guararapes (1648-1649) durante a ocupação do Recife por tropas da Companhia Neerlandesa das Índias Ocidentais.[84]

As louvações, para maior inquietação de Paranhos, também eram dirigidas a Pedro Ivo e a Nunes Machado, ambos líderes da Revolução Praieira (1848-1850), que irrompeu contra a nomeação do gabinete conservador de Pedro Araújo Lima, então Visconde de Olinda, para o Conselho de Ministros. Em 1849, os praieiros lançavam mão do Manifesto ao Mundo, no qual, algo imbuídos do socialismo utópico corrente na Europa, exigiram a adoção do sufrágio universal (masculino) no Brasil, a liberdade de imprensa, a extinção do Poder Moderador e a organização federativa do Estado, entre outras reivindicações não menos relevantes, como o encaminhamento da questão servil.[85] A mobilização das memórias não só da Guerra do Paraguai poderia redundar em organização política do Exército com o retorno das tropas; a concessão das recompensas de guerra, nesse sentido, seria forma de acalmar as vozes do Exército. Paranhos sabia disso. Não por acaso, buscou acelerar o ritmo do cumprimento das promessas aos veteranos quando presidiu o Conselho de Ministros, entre 1871 e 1875.

O exemplo argentino era instrutivo a respeito do retorno dos combatentes. A guerra externa não foi suficiente para amarrar o Exército argentino, muito disperso em rivalidades provinciais. A atenção de Sarmiento aos veteranos argentinos, no entanto, tinha dado bons frutos, pelo menos em Buenos Aires. Era estratégia política para disciplinar a caserna. Embora as lideranças federalistas de Córdoba e de Corrientes tivessem sido sufocadas em 1868, Entre Ríos causou nova preocupação em 1870. A política de apaziguamento promovida por Urquiza entre Paraná, capital de Entre Ríos, e Buenos Aires, muito simbolizada pela recepção de Sarmiento no Palácio San José, resultou no levante de Ricardo López Jordán. Urquiza foi assassinado em abril de 1870. Sarmiento respondeu à altura, mobilizando, propositadamente, os antigos combatentes do Paraguai. Docilizados pelos festejos patrióticos e, ainda em 1869, pela criação do Colegio Militar de la Nación, os veteranos argentinos não se opuseram a tomar Entre Ríos das mãos de Jordán.[86]

Em fevereiro de 1870, Paranhos não poderia saber dos acontecimentos de abril em Entre Ríos. Mas não era indiferente à estratégia política de Sarmiento, entabulada a partir de 1869. A tão aguardada resposta de Paranhos às inquietações do Conde d'Eu veio nos últimos dias de janeiro de 1870. Entre um charuto e outro, o velho ministro da Guerra, Muritiba, havia cedido. Pelo menos parcialmente. A decisão de 19 de janeiro de 1870 confirmava que, embora viessem em levas de 1.500 homens, os Voluntários regressariam à Corte, armados e organizados em batalhões, com a pompa de seus comandantes à frente, para depois serem redistribuídos pelas províncias.[87] E as promessas seriam atendidas. A questão do Conde d'Eu ficaria intocada, no entanto. Visto que o Imperador não interferiu a favor do genro, preferindo evitar imiscuir-se no debate partidário, os conservadores julgaram possível deixar o Príncipe Consorte em seu lugar, isto é, no Paraguai.[88]

A decisão de Muritiba, como era de esperar, frustrou os liberais. Joaquim Manuel de Macedo e André Rebouças lamentaram a permanência do Príncipe longe da Corte e as magras levas a serem remetidas ao Brasil. Haviam organizado espetáculos gratuitos no Teatro Lírico para receber seis mil Voluntários, repartidos entre o 23º e o 27º batalhões da Corte, o 30º de Pernambuco e o 40º e o 46º da Bahia.[89] Os planos foram por água abaixo.

Dos treze transportes solicitados para o retorno dos combatentes, somente três rumaram para o Paraguai, o *São José*, o *Galgo* e o *Presidente*, nos quais foram embarcados os batalhões 17º, de Minas Gerais, 40º, da Bahia, e 53º, de Pernambuco.[90] Atrás do Rio Grande do Sul – cujos batalhões de Voluntários se encaminharam diretamente para Porto Alegre –, a Bahia, a

Corte, o Rio de Janeiro e Pernambuco foram as províncias e o município que mais contribuíram em número de tropas.[91] Era natural, portanto, que a escolha dos primeiros batalhões a retornar à Corte mirasse essas províncias. A exceção foi Minas Gerais: visto que as tropas do 17º Batalhão estavam arregimentadas em Humaitá, decidiu-se que os fluminenses e os cariocas ficariam para a segunda leva.[92]

Em 3 de fevereiro de 1870, os três vapores deixaram o Paraguai em direção ao Brasil. Os Voluntários embarcaram entusiasmados com discursos patrióticos proferidos pouco antes. Fizeram rápida escala em Desterro no dia 15 de fevereiro. Ao chegarem à baía de Guanabara, debaixo de um sol de seis da tarde, no dia 23 de fevereiro de 1870, a Fortaleza de Santa Cruz disparou salva de 21 tiros. A diretoria do Arsenal de Guerra fez zarpar conduções, para que os Voluntários desembarcassem no Arsenal da Marinha, localizado na ilha das Cobras. Ali, foi erguido um arco triunfal, em cujas fachadas liam-se, em letras de ouro: "A pátria agradecida às falanges vitoriosas", e, no reverso, "Viva o Imperador". O arco era prolongado até o porão do Arsenal por vinte colunas, cada uma representando vitórias na guerra. Imediatamente após o desembarque, a Fortaleza de Villegagnon respondeu com outros 21 tiros.[93]

Uniformizados e acompanhados por bandas militares, em meio à multidão exaltada, os Voluntários foram recebidos pelo Imperador debaixo do arco triunfal. Com sóbrias palavras, Dom Pedro II agradeceu aos combatentes em nome do Brasil:

> Senhores comandantes de brigada e comandantes de batalhões de Voluntários. Aceitai este abraço, que transmitireis a vossos camaradas, em testemunho de meu júbilo ao ver-vos de volta, com tanta glória, a nossa pátria. Queira Deus que este sucesso seja o feliz prenúncio da breve terminação da guerra, como tanto merecem os brasileiros por seus constantes esforços em defesa da honra nacional.[94]

Depois disso, Pedro II abraçou os três comandantes, o que não era de sua índole comedida, e exclamou vivas aos Voluntários da Pátria, ao Exército e à Marinha. Alguns devem ter pensado que, apesar das discretas palavras, o Imperador se deixara levar pelo momento. Ruidosa, a multidão acompanhou os vivas do Imperador. Subiram girândolas e foguetes ao ar, tocaram-se os sinos e dois coretos repicaram o Hino Nacional. Então, os Voluntários empreenderam marcha entre as colunas sob aplausos inflamados. Na saída do Arsenal da Marinha, alguns poucos inválidos de guerra os esperavam com os braços abertos. Começava assim o desfile oficial.

Marcharam em direção à rua Direita, atual rua Primeiro de Março, dia da morte de Solano López. Dali, passaram pela rua São Pedro, atual lado par da avenida Presidente Vargas, até alcançarem o Campo da Aclamação, hoje Campo de Santana. O cortejo passou em frente à Câmara Municipal e, depois, pela praça da Constituição, que mais tarde, após a proclamação da República, ganhou o nome de Tiradentes. Seguiram pelo largo de São Francisco, pela rua do Ouvidor e, finalmente, estacionaram no largo do Paço, onde foram apanhados, para recolherem-se aos quartéis. As ruas e as praças do Rio de Janeiro estavam apinhadas de gente. Das janelas adornadas, as senhoras lançaram pétalas de rosas e agitaram lenços brancos. Donos de cafés e de quitandas ornaram seus espaços com grinaldas de flores e quadros comemorativos das batalhas. Naquele começo de noite, a cidade tinha-se iluminado, em ambos os sentidos.

O espírito de união, que qualquer transeunte pôde verificar, tinha sua face partidária, no entanto. Ainda quando passavam pela rua do Ouvidor, às nove da noite, os Voluntários foram convidados pelos liberais para atos comemorativos na redação de *A Reforma*. Ali, o recifense e ainda estudante Joaquim Nabuco, filho de Nabuco de Araújo, saudou os batalhões, em especial o pernambucano: rememorava-se, mais uma vez, a guerra contra os holandeses. Concluiu dizendo: "Há uma cruzada tão nobre como essa que vocês terminaram no Sul." E continuava: "Os povos que se dizem livres também precisam de quem lhes quebre os ferros. Esse valor, essa energia, essa coragem que vocês mostraram no Sul devem ser garantia para a pátria de que está próxima a revolução tranquila, a revolução das ideias."[95]

Caso algum político conservador estivesse presente naquele momento, os vivas ao Partido Liberal que acompanharam o discurso emancipacionista de Joaquim Nabuco poderiam ter redundado em confronto. Naquela hora, parecia haver uma quase intimidade entre os Voluntários e os liberais reformistas, que tomavam para si a causa dos veteranos. Ainda ali, na rua do Ouvidor, panfletos começaram a correr entre as mãos dos Voluntários, trazendo informações sobre a cobrança das promessas. Advogados distribuíram, também, cartões de visita especialmente feitos para a ocasião. Ofereciam serviços jurídicos gratuitos para os Voluntários, oficiais e soldados que tivessem petições e reclamações a fazer perante o governo imperial.[96]

Dois dias depois, Muritiba deu ordens para proceder à redistribuição provincial dos batalhões. Enviou ofício aos presidentes das províncias da Bahia, de Minas Gerais e de Pernambuco, para que se oferecesse transporte imediato dos Voluntários às diferentes localidades de origem, uma vez desembarcados nas capitais provinciais. As armas deveriam ser recolhidas nos arsenais de guerra, e os batalhões, definitivamente dissolvidos.[97] O temor do ministro da Guerra não era infundado. Ocorreram incidentes com os Voluntários, que se negaram a entregar as armas em um primeiro momento. Ainda em 16 de fevereiro, prevendo o pior, Muritiba ordenou que todo o material militar do Arsenal de Guerra fosse distribuído na Fortaleza de Santa Cruz e de Tamandaré da Laje,[98] longe, portanto, dos quartéis onde ficaram os hóspedes do Prata.

Enquanto preparava o envio de novas remessas de combatentes, o Conde d'Eu ouviu os ecos da chegada dos primeiros Voluntários. O Príncipe recebeu os exemplares de *A Reforma* e dos rivais, *Jornal do Commercio* e *Diário do Rio de Janeiro*, conforme escreve em seu diário. Sabia, portanto, do discurso de Joaquim Nabuco, da crise na Fortaleza de Santa Cruz e das tensões sobre o encaminhamento das promessas. Seu retorno, certo com a morte de López em 1º de março de 1870, teria de servir não só para acalmar as disputas partidárias, mas também para arrefecer o possível descontentamento nas Forças Armadas. Assim como Paranhos, Joaquim Manuel de Macedo notou que os militares se politizavam, o que, embora servisse para fragilizar o já desgastado ministério conservador de Itaboraí, poderia favorecer a exaltação radical e republicana. Com voz própria, as Forças Armadas seriam menos controláveis:

> Deus queira que os bálsamos da paz curem algumas das grandes feridas do Estado. Tenho poucas esperanças. A ruína do tesouro é profunda, os ódios políticos são ardentes; o desgosto do Exército, ou pelo menos de muitos oficiais, vai talvez fazer-se sentir; ideias exageradas, perigosas, espalham-se pela população, e o vento que vem soprando da Europa não é favorável à derrota que está levando a nau do Estado.[99]

Anos mais tarde, em 1899, Joaquim Nabuco enxergou no retorno dos veteranos do Paraguai uma das causas da Proclamação da República. Dizia que as tropas brasileiras haviam sido contagiadas, ainda na guerra, pelo modelo republicano dos aliados, a Argentina e o Uruguai.[100] A bem da verdade, a associação de Nabuco foi rápida demais. Não havia espírito republicano entre os veteranos em 1870, mas sim a possibilidade de as Forças Armadas sentirem-se acolhidas pelos radicais tão bem quanto pelos reformistas. Era o que Macedo estava dizendo em fevereiro de 1870; foi o problema que Nabuco sobrestimou em 1899.

A calorosa recepção que a Corte organizou para o regresso do Conde d'Eu, em 19 de abril de 1870, não escondeu as dificuldades políticas que o esperavam. O fato de Muritiba ter enviado seu filho para receber o Conde na escala em Desterro era por demais simbólico. Quando o Príncipe Consorte chegou ao Rio de Janeiro, militares vieram saudá-lo, assim como estudantes, professores, vereadores, presidentes de província, parlamentares e, naturalmente, a família imperial. Uma multidão ovacionou-o nas ruas. Organizaram-se declamações de poesia, cantou-se um te-déum e emanciparam-se crianças cativas. Alguns outros organizaram subscrições para adquirir uma espada de ouro que seria presenteada ao Príncipe. "Vossa Alteza é um Osório", disseram-lhe em tom alto e forte.[101] O Rio de Janeiro parecia estar em festa.

No entanto, uma vez mais, o espírito de união era apenas aparente. Herói de guerra, Príncipe Consorte e conselheiro de Estado em 6 de julho de 1870, o Conde d'Eu teria à frente difícil agenda política. Em primeiro lugar, levar adiante a questão servil contra os conservadores ortodoxos. Era o que esperavam os reformistas daquele que alforriara o Paraguai da escravidão.

A segunda tarefa era docilizar os radicais, contagiados pela onda republicana na França. Em maio 1869, Paris foi palco de motins sangrentos. Os cem mil exemplares de jornais republicanos que circulavam na capital francesa deram seus resultados, assim como o Programme de Belleville, que, em muitos aspectos, se assemelhava ao temário dos radicais brasileiros: aplicação do sufrágio universal, ampliação da instrução pública e separação entre o Estado e a Igreja. Nas eleições francesas de 1869, os bonapartistas voltaram a perder cadeiras na Assembleia em benefício dos republicanos e dos liberais. A nomeação de Émile Ollivier para chefiar informalmente o parlamento francês em janeiro de 1870, todavia, alijou os republicanos do governo. O movimento operário francês, descontente com a ilegalidade da seção francesa da Internacional Comunista, não tardou em aliar-se com a oposição republicana contra Ollivier e contra os liberais. Poucos anos depois, Émile Zola faria sucesso ao lançar *Germinal*, em notória referência à primavera no calendário republicano e, não por acaso, ao despertar da consciência operária.

Os relatos sobre a situação política francesa transitaram da Bushy House, na Inglaterra, onde vivia o pai do Conde d'Eu, até o Paraguai. Junto a eles, eram assuntos prementes as referências de Macedo a Napoleão III e à potencialidade explosiva dos radicais brasileiros. Como boa parte dos liberais franceses que expulsaram os republicanos do governo, Gastão era orleanista. Sua origem dinástica, nessa hora, não era o que lhe servia de melhor no Brasil.

O terceiro tema da agenda política ligava-se, também, à questão dos radicais brasileiros. O vínculo oposicionista entre os operários e os republicanos franceses poderia, ainda que com grupos políticos diferentes, reproduzir-se no Rio de Janeiro. É certo que não havia movimento operário organizado no Brasil, nem eram os radicais tão numerosos quanto os republicanos franceses. Mas, caso ocorresse a possibilidade vislumbrada por Macedo de uma união entre militares e radicais, as semelhanças entre a França e o Brasil seriam mais profundas. Quiçá mais graves para este lado do Atlântico, visto que, por definição, militares estão armados, enquanto operários, não. Daí a preocupação do Conde d'Eu, após o regresso, em evitar a politização das Forças Armadas, atendendo à ressocialização civil dos veteranos e às reivindicações da caserna. Era o que o Conde escrevera em sua última ordem do dia.[102] Os veteranos não eram potenciais criminosos, como diziam Muritiba e a Junta de Higiene do Rio de Janeiro,[103] mas potenciais rebeldes. As Forças Armadas terminaram tomando seu curso próprio, não se alinhando com reformistas nem com radicais. Em abril de 1870, no entanto, a política parecia dar hora e vez para o Conde d'Eu. A querela do regresso apenas começava.

Cosme Velho, maio de 2017.

Notas

1. Arquivo Histórico do Museu Imperial, Petrópolis (AHMI) – Maço 146, doc. 7086. Carta confidencial do Conde d'Eu a Dom Pedro II, Rio de Janeiro, 9 de outubro de 1866.
2. *Idem.*
3. AHMI – Maço 139, doc. 6811. Carta do Conde d'Eu a Pedro II, Rio de Janeiro, 10 de outubro de 1866.
4. *Idem.*
5. AHMI – Maço 146, doc. 7086. Carta do Conde d'Eu a Pedro II, Rio de Janeiro, 9 de outubro de 1866.
6. *Idem.*
7. *Ibid.*
8. Sessão de Conselho de Estado de 12 de outubro de 1866. Atas do Terceiro Conselho de Estado 1865-1867. Brasília: Senado Federal. Disponível em: <http://www.senado.gov.br/publicacoes/anais/asp/AT_AtasDoConselhoDeEstado.asp>. Acesso em: 1º de outubro de 2014.
9. Ver: PAZ, Gustavo L. Buenos Aires y la reacción del interior (1862-1870). In: GELMAN, Jorge, FRADKIN, Raúl O. e CARAVAGLIA, Juan Carlos (orgs.), *Argentina, la Construcción Nacional. América Latina en la Historia Contemporánea.* Vol. II (1830-1880). Buenos Aires: Fundación MAPFRE – Taurus, 2011, pp. 59-67.
10. A carta encontra-se parcialmente reproduzida em: NABUCO, Joaquim. *Um estadista no Império. Nabuco de Araújo, sua vida, suas opiniões, sua época.* Tomo III. Rio de Janeiro: Ed. H. Garnier, 1899, p. 266.
11. Sessão de Conselho de Estado de 12 de outubro de 1866. Atas do Terceiro Conselho de Estado 1865-1867. Brasília: Senado Federal. Disponível em: <http://www.senado.gov.br/publicacoes/anais/asp/AT_AtasDoConselhoDeEstado.asp>. Acesso em: 1º de outubro de 2014.
12. NABUCO, Joaquim. *Um estadista no Império. Nabuco de Araújo, sua vida, suas opiniões, sua época.* Tomo III. Rio de Janeiro: Ed. H. Garnier, 1899, p. 261.
13. Sessão de Conselho de Estado de 12 de outubro de 1866. Atas do Terceiro Conselho de Estado 1865-1867. Brasília: Senado Federal. Disponível em: <http://www.senado.gov.br/publicacoes/anais/asp/AT_AtasDoConselhoDeEstado.asp>. Acesso em: 1º de outubro de 2014.
14. AHMI – Maço 139, doc. 6811. Carta do Conde d'Eu a Pedro II, Rio de Janeiro, 13 de outubro de 1866.
15. AHMI – Maço 146, doc. 7086. Carta de Pedro II ao Conde d'Eu, Rio de Janeiro, 19 de novembro de 1866.
16. *Idem.*

17. *Apud* RANGEL, Alberto. *Gastão de Orléans, o último Conde d'Eu*. São Paulo: Companhia Editora Nacional, 1935, p. 151.
18. AHMI – Maço 139, doc. 6811. Carta do Conde d'Eu a Pedro II, Rio de Janeiro, 13 de outubro de 1866.
19. RANGEL, Alberto. *Gastão de Orléans, o último Conde d'Eu*. São Paulo: Companhia Editora Nacional, 1935, p. 60-85.
20. AHMI – Maço 140, doc. 6862. Carta de Bernardo de Sousa Franco ao Conde d'Eu, Rio de Janeiro, 18 de março de 1867.
21. AHMI – Maço 140, doc. 6867. Carta de Pimenta Bueno ao Conde d'Eu, Rio de Janeiro, 18 de março de 1867.
22. AHMI – Maço 140, doc. 6868. Carta do Conde d'Eu ao Visconde de Itaboraí, 18 de março de 1867.
23. AHMI – Maço 143, doc. 6999. Carta do Conde d'Eu ao Barão de Muritiba, Rio de Janeiro, Quartel-General de artilharia, 18 de agosto de 1868.
24. *Apud* RANGEL, Alberto. *Gastão de Orléans, o último Conde d'Eu*. São Paulo: Companhia Editora Nacional, 1935, p. 179.
25. AHMI – Carta do Conde d'Eu a Joaquim Manuel de Macedo, Macaé, 4 de julho de 1868.
26. *Apud* RANGEL, Alberto. *Gastão de Orléans, o último Conde d'Eu*. São Paulo: Companhia Editora Nacional, 1935, p. 201.
27. AHMI – Maço 146, doc. 7056. Carta do Conde d'Eu a Dom Pedro II, Rio de Janeiro, fevereiro de 1869.
28. *Apud* RANGEL, Alberto. *Gastão de Orléans, o último Conde d'Eu*. São Paulo: Companhia Editora Nacional, 1935, p. 201.
29. *Idem*.
30. VIEIRA, Hermes. *Princesa Isabel, uma vida de luzes e sombras*. São Paulo: Edições GDR, 1990, p. 56; BARMAN, Roderick. *Princess Isabel of Brazil: Gender and Power in the Nineteenth Century*. Wilmington: SR Books, 2002; e ECHEVERRIA, Regina. *A história da Princesa Isabel: amor, liberdade e exílio*. Rio de Janeiro: Versal, 2014.
31. *Apud* RANGEL, Alberto. *Gastão de Orléans, o último Conde d'Eu*. São Paulo: Companhia Editora Nacional, 1935, p. 228.
32. AHMI – Maço 142, doc. 6978. Carta de Saldanha da Gama ao Conde d'Eu, Rio de Janeiro, 10 de abril de 1868.
33. AHMI – Maço 145, doc. 7064. Carta de Dom Pedro II ao Conde d'Eu, Rio de Janeiro, 20 de fevereiro de 1869.
34. AHMI – Maço 154, doc. 7236. Carta de Osório ao Conde d'Eu, Pelotas, 22 de abril de 1869.
35. AHMI – Maço 145, doc. 7075. Carta do Conde d'Eu a Osório, Rio de Janeiro, 24 de abril de 1869.

36. *Apud* RANGEL, Alberto. *Gastão de Orléans, o último Conde d'Eu*. São Paulo: Companhia Editora Nacional, 1935, p. 200.
37. Anais do Senado Federal, 17 de julho de 1868. Brasília: Senado Federal. Disponível em: <http://www.senado.gov.br/publicacoes/anais>. Acesso em: 1º de julho de 2014.
38. AHMI – Maço 145, doc. 7238. Carta de Joaquim Manuel de Macedo ao Conde d'Eu, Rio de Janeiro, 30 de junho de 1869.
39. AHMI – Maço 147, doc. 7120. Carta de Joaquim Manuel de Macedo ao Conde d'Eu, Rio de Janeiro, 14 de outubro de 1869; e carta do Conde d'Eu a Joaquim Manuel de Macedo, Luque, 15 de maio de 1869.
40. AHMI – Maço 147, doc. 7120. Carta do Conde d'Eu para Joaquim Manuel de Macedo, Luque, 29 de abril de 1869.
41. *Apud* RANGEL, Alberto. *Gastão de Orléans, o último Conde d'Eu*. São Paulo: Companhia Editora Nacional, 1935, p. 369.
42. AHMI – Maço 152, doc. 7229. Carta de André Rebouças ao Conde d'Eu, sem lugar, sem data.
43. *Apud* RANGEL, Alberto. *Gastão de Orléans, o último Conde d'Eu*. São Paulo: Companhia Editora Nacional, 1935, p. 167.
44. AHMI – Maço 147, doc. 7120. Carta de Joaquim Manuel de Macedo ao Conde d'Eu, Rio de Janeiro, 26 de abril de 1869.
45. AHMI – Maço 147, doc. 7120. Carta de Joaquim Manuel de Macedo ao Conde d'Eu, Rio de Janeiro, 29 de julho de 1869.
46. AHMI – Maço 147, doc. 7120. Carta de Joaquim Manuel de Macedo ao Conde d'Eu, 29 de novembro de 1869.
47. AHMI – Maço 147, doc. 7120. Carta do Conde d'Eu a Joaquim Manuel de Macedo, sem lugar, 13 de junho de 1869.
48. AHMI – Maço 154, doc. 7238. Carta de Joaquim Manuel de Macedo ao Conde d'Eu, Rio de Janeiro, 29 de julho de 1869.
49. *Idem*.
50. AHMI – Maço 148, doc. 7185. Carta do Conde d'Eu ao Barão de Muritiba, sem lugar, 5 de junho de 1869.
51. *Apud* RANGEL, Alberto. *Gastão de Orléans, o último Conde d'Eu*. São Paulo: Companhia Editora Nacional, 1935, p. 131.
52. AHMI – Maço 154, doc. 7238. Carta de Joaquim Manuel de Macedo ao Conde d'Eu, Rio de Janeiro, 15 de agosto de 1869.
53. AHMI – Maço 147, doc. 7120. Carta de Joaquim Manuel de Macedo ao Conde d'Eu, Rio de Janeiro, 12 de junho de 1869.
54. AHMI – Maço 154, doc. 7238. Carta de Joaquim Manuel de Macedo ao Conde d'Eu, Rio de Janeiro, 29 de agosto de 1869.
55. *Idem*.

56. AHMI – Maço 148, doc. 7160. Carta do Conde d'Eu ao Visconde de Muritiba, quartel-general em Assunção, 17 de setembro de 1869; e os mesmos, quartel--general em potreiro Capivari, 20 de outubro de 1869.
57. AHMI – Maço 152, doc. 7229. Carta de André Rebouças ao Conde d'Eu, Rio de Janeiro, 29 de dezembro de 1869.
58. AHMI – Maço 147, doc. 7120. Carta do Conde d'Eu a Pedro II, potreiro Capivari, 5 de novembro de 1869.
59. AHMI – Maço 146, doc. 7056. Carta do Conde d'Eu a Pedro II, Curuguati, 12 de dezembro de 1869.
60. *Idem*.
61. AHMI – Maço 145, doc. 7065. Carta do Conde d'Eu a Paranhos, Paraguari, 1º de setembro de 1869.
62. AHMI – Maço 145, doc. 7065. Carta do Conde d'Eu a Paranhos, s/l, 6 de novembro de 1869; e AHMI – Maço 145, doc. 7065. Carta do Conde d'Eu a Paranhos, Rio Corrientes, 5 de dezembro de 1869.
63. AHMI – Maço 148, doc. 7185. Carta do Conde d'Eu a Paranhos, quartel-general de Pacová, 10 de dezembro de 1869.
64. AHMI – Maço 148, doc. 7185. Carta do Conde d'Eu a Pedro II, Capivari, 26 de novembro de 1869.
65. *Idem*.
66. AHMI – Maço 149, doc. 7212. Carta de Paranhos ao Conde d'Eu, Missão Especial do Brasil em Assunção, 10 de dezembro de 1869; e Ver: RANGEL, Alberto. *Gastão de Orléans, o último Conde d'Eu*. São Paulo: Companhia Editora Nacional, 1935, p. 282.
67. AHMI – Maço 145, doc. 7065. Carta do Conde d'Eu a Paranhos, Curuguati, 21 de dezembro de 1869.
68. AHMI – XL-II-3 (17-19). Carta do Conde d'Eu ao Duque de Nemours, s/l, 16 de dezembro de 1869.
69. AHMI – Maço 145, doc. 7065. Carta do Conde d'Eu a Paranhos, Curuguati, 21 de dezembro de 1869.
70. AHMI – Maço 145, doc. 7065. Carta do Conde d'Eu a Paranhos, Vila do Rosário, 14 de janeiro de 1870.
71. AHMI – Maço 154, doc. 7238. Carta de Joaquim Manuel de Macedo ao Conde d'Eu, Itaboraí, 29 de dezembro de 1869.
72. AHMI – Maço 145, doc. 7065. Carta do Conde d'Eu a Paranhos, Vila do Rosário, 14 de janeiro de 1870.
73. AHMI – Maço 154, doc. 7238. Carta de Joaquim Manuel de Macedo ao Conde d'Eu, Itaboraí, 29 de dezembro de 1869.
74. Ver: SALLES, Ricardo. *Joaquim Nabuco, um pensador do Império*. Rio de Janeiro: Topbooks, 2002, p. 86; e CARVALHO, José Murilo, SANDRONI, Cícero

e BETHELL, Leslie (orgs.). *Joaquim Nabuco, correspondente internacional, 1882-1889*. Vol. 1. São Paulo: Global Editora, 2013, p. 21, 22.
75. Biblioteca Nacional (BN) – *A Reforma*, 18 de janeiro de 1870.
76. BN – *Jornal do Commercio*, 28 de janeiro de 1870.
77. BN – *A Reforma*, 20 de janeiro de 1870.
78. KEEGAN, John. *La Guerre de Sécession*. Paris: Éditions Perrin. 2009, p. 213.
79. BN – *A Reforma*, 18 de janeiro de 1870.
80. AHMI – Carta do Conde d'Eu a Dom Pedro II, Capivari, 11 de novembro de 1869.
81. AHMI – Maço 175, doc. 7065. Carta do Conde d'Eu a Paranhos, Caraguataí, 1º de setembro de 1869.
82. AHMI – Maço 158, doc. 7384. Carta de Paranhos ao Conde d'Eu, Assunção, 15 de janeiro de 1870; e *idem*, 31 de janeiro de 1870.
83. AHMI – Maço 146, doc. 7086. Carta do Conde d'Eu a Dom Pedro II, Vila do Rosário, 28 de fevereiro de 1870.
84. Os episódios teatrais, assim como as louvações dos e aos veteranos quando do regresso, foram descritos pelo Conde d'Eu em seu diário de campanha, em fevereiro de 1870.
85. Ver: CARVALHO, Marcus J. M. Movimentos sociais: Pernambuco (1831-1848). IN: GRINBERG, Keila e SALLES, Ricardo (orgs.). *O Brasil Imperial, 1831-1870*. Vol. II. Rio de Janeiro: Civilização Brasileira, 2011, pp. 121-185.
86. PAZ, Gustavo L. Buenos Aires y la reacción del interior (1862-1870). In: CELMAN, Jorge, FRADKIN, Raúl e GARAVAGLIA, Juan Carlos (orgs.). *Argentina, la Construcción Nacional, 1830-1880, América Latina en la Historia Contemporánea*. Vol. II. Buenos Aires: Fundación MAPFRE – Taurus, 2011, pp. 59-67.
87. AHMI – Maço 155, doc. 7250. Carta do Conde d'Eu a Paranhos, Vila do Rosário, 27 de janeiro de 1870.
88. AHMI – Maço 157, doc. 7342. Carta de Pedro II ao Conde d'Eu, Petrópolis, 15 de janeiro de 1870.
89. AHMI – Maço 152, doc. 7229. Carta de Rebouças ao Conde d'Eu, Rio de Janeiro, 20 de fevereiro de 1870; e AHMI – Maço 155, doc. 7250. Carta do Conde d'Eu a Joaquim Manuel de Macedo, 13 de janeiro de 1870.
90. AHMI – Maço 155, doc. 7250. Carta do Conde d'Eu a Paranhos, Vila do Rosário, 27 de janeiro de 1870.
91. Ver: DORATIOTO, Francisco. *Maldita guerra. Nova história da Guerra do Paraguai*. São Paulo: Companhia das Letras, 2002, p. 460.
92. AHMI – Maço 155, doc. 7250. Carta do Conde d'Eu a Joaquim Manuel de Macedo, 13 de janeiro de 1870.
93. As descrições sobre a entrada dos Voluntários no Rio de Janeiro foram extraídas da comparação feita entre artigos publicados em *A Reforma*, no *Jornal*

do Commercio e no *Diário do Rio de Janeiro*. Ver: BN – *A Reforma, Jornal do Commercio* e *Diário do Rio de Janeiro*; 24, 25 e 26 de fevereiro de 1870.

94. BN – *A Reforma*, 24 de janeiro de 1870.
95. *Idem*.
96. BN – *A Reforma*, 25 de fevereiro de 1870.
97. Arquivo Público do Estado da Bahia – Seção Colonial e Provincial. Ministério da Guerra, maço 832.
98. BN – *A Reforma*, 16 de fevereiro de 1870.
99. AHMI – Maço 155, doc. 7263. Carta de Joaquim Manuel de Macedo ao Conde d'Eu, Itaboraí, 28 de janeiro de 1870.
100. NABUCO, Joaquim. Um estadista no Império. In: CABRAL DE MELLO, Evaldo (org.). *Joaquim Nabuco. Essencial*. São Paulo: Companhia das Letras & Penguin, 2010, p. 435, 436.
101. AHMI – Maço 159, doc. 7387. O pacote está composto por uma série de presentes dados ao Conde d'Eu por ocasião de seu regresso do Paraguai.
102. A ordem do dia foi incluída na nota de rodapé 147 no diário de campanha.
103. BN – *A Reforma*, 1º de fevereiro de 1870.

Diário do comandante em chefe no Paraguai*

---
* AHMI – Maço 150, doc. 7222. O original foi escrito em francês.

Preâmbulo a meu comando das forças em operação no Paraguai[1]

Quatro anos tinham decorrido depois que, em 1864, o ditador do Paraguai, Francisco Solano López, aprisionara à falsa fé no porto de Assunção o vapor *Marquês de Olinda* e assim atraíra sobre si as justas iras do Brasil, odiosamente agredido; quando, ao cabo desse longo período de esforços contínuos por parte das forças do Brasil e de seus aliados, um general distinto pela inteligência pouco comum, pela importância heroica feita à pátria durante sua longa carreira: excelentíssimo senhor Duque de Caxias conseguira, não sem cruéis sacrifícios de sangue, desbaratar inteiramente o Exército com que López procurara cobrir a sua capital e, assim, conduzir a Assunção nossas legiões vitoriosas. Esse fato, que em países dotados de outra organização que a do Paraguai, poderia ter sido decisivo para o êxito das lutas empenhadas, veio – para que negá-lo – até consideravelmente abalar a unanimidade com que a opinião geral dos brasileiros tinha encarado a necessidade de continuação da guerra.

Para alguns – creio que não são muitos – esse fato esplêndido da honra nacional deveria ser o sinal de pôr termo aos sacrifícios do tesouro do Brasil, e de confiar à diplomacia o remate da obra iniciada pelas armas.

Se esse pensamento não foi tampouco, como alguns inculcam, o do invicto general em chefe, pelo menos o seu mau estado de saúde, agravando-se por aquela ocasião de um modo assustador e privando-o assim de tomar qualquer deliberação ulterior, veio dar na prática o mesmo resultado. O senhor Duque de Caxias teve de deixar repentinamente o Paraguai, onde sua existência corria perigo, sem ter podido dar ordens para futuras operações. Seguiu-se, de fato, se não de direito, uma suspensão de armas que o Exército, surpreendido, encarou como a cessação da guerra a custas sustentada.

O próprio general a quem o senhor Duque de Caxias entrega-nos o comando inteiro do Exército, o marechal de campo Guilherme Xavier de

Sousa, parece ter compreendido nesse ponto a dúvida geral. E, na verdade, a guerra tal qual tinha sido feita até agora acabara: o seu objetivo fora atingido. O que se apresentava como seguimento, a não nos contentarmos com a ocupação do litoral dos rios, uma nova guerra ou, pelo menos, guerra de gênero inteiramente diverso e de condições quase totalmente desconhecidas.

As nossas operações tinham-se limitado a uma zona de terreno estreito, paralela ao curso do rio Paraguai. Acerca de todo o restante do país, reinava a mais completa ignorância. Ignorância de sua topografia e de suas defesas naturais; ignorância de seus recursos, do estado mais ou menos próspero de sua população; ignorância do número de homens que López ainda tinha em prontidão e do material bélico que consigo levava; ignorância das disposições que para com ele nutria a população paraguaia.

Diante de tantas incógnitas, que, qual teias de aranha, ocultavam o êxito final da contenda a renovar, eram lícitas certamente a dúvida e a hesitação. Tais sentimentos, entretanto, não pairaram no ânimo do governo imperial: rápida foi sua resolução em presença de nova situação, rápida e inspirada por clara apreciação de uma necessidade indeclinável.

López fora vencido nas suas posições do litoral, e tais vitórias, compradas à custa de tanto sangue brasileiro, tinham, por assim dizer, selado a impossibilidade de qualquer transação com o feroz ofensor de nossos brios, conculcador da fé internacional, algoz dos nossos irmãos prisioneiros e dos próprios concidadãos. Entretanto o seu poder não fora aniquilado; longe disso, a poucas léguas de Assunção, erguia-se ele, como sempre ameaçador. No solo paraguaio, nossas armas nada dominaram além do espaço ocupado pelo abarracamento de nossos soldados. Ilusória essa nossa ocupação, porque era a ocupação de gueixas abandonadas precipitadamente por seus donos e de casas vazias.

Os habitantes de Assunção tinham fugido meses antes de nossa entrada. A totalidade da população do Paraguai concentrava-se [interrompido].

Nota

1. AHMI – Maço 144, doc. 7039, sem data. O original foi escrito em português.

1869

Março

28 de março

Foi domingo de Páscoa. Não saí de casa. Suas Majestades vieram jantar e permaneceram aqui das quatro [da tarde] às nove [da noite]. Sua Majestade o Imperador informou-me sobre os documentos enviados pelo ministro da Marinha[1] com os relatórios oficiais do comandante da esquadra,[2] expondo as medidas por essa via tomadas para bloquear o Alto Paraná, o Tibiquari, o Manduvirá e para regrar a navegação mercante na parte superior do curso do Paraguai em direção a Assunção. Principais visitas: o senador Silveira da Mota[3] e o doutor J. M. de Macedo.[4]

29 de março

Houve jantar em São Cristóvão, onde encontramos Gousti.[5] Encontrei-me com a Baronesa de Suruí.[6] Visitas principais: o Bispo; Frei Camilo de Montserrat, diretor da Biblioteca Nacional, trazendo consigo livros sobre o Paraguai; senhora Martins Pinheiro e suas crianças; o doutor Olímpio Marcelino da Silva, que pede minha intervenção para obter a graça de 15 oficiais do corpo de Voluntários [da Pátria] de Alagoas. O Imperador remeteu-me as memórias de Mitre[7] sobre a passagem de Humaitá (1867) e diversos papéis sobre o ataque de Curupaiti (setembro de 1866). O ministro dos Negócios Estrangeiros[8] enviou o tratado da Tríplice Aliança (1º de maio de 1865) e diferentes documentos que o completam.

30 de março

Almoçamos em São Cristóvão; dali, fomos ao Arsenal da Marinha com o Imperador e Gousti. Os barcos estavam entulhados no cais. Recebi felicitações do Instituto Politécnico; houve grande diligência de todos.

Atraso de diversas pessoas. Esperamos a correspondência do ministro dos Negócios Estrangeiros; houve discussão para saber se passaríamos por Desterro. O Imperador, Gousti, o Visconde e numerosos oficiais saltaram do [vapor] *Alice* entre a ilha das Cobras e [o Forte de] Villegagnon. Enfim, deixamos a barra para trás. Fazia um tempo esplêndido. Havia nevoeiro do lado de Petrópolis, mas perfeita claridade nos morros do Município Neutro.[9]

O sol pôs-se entre nuvens de ouro, enquanto discernimos ainda as terras altas da ilha Grande e de Guaratiba.

31 de março

Às oito horas, ainda víamos, atrás de nós e à direita, a ilha de São Sebastião, terra montanhosa. Mas logo desapareceu, e pelo resto do dia não vimos terra. Fazia um dia maravilhoso; nenhuma única nuvem no céu e sol ardente. O oceano estava quase sem rugas, o que não impediu Taunay[10] de retirar-se ainda no meio do jantar sob pretexto de enjoo. Polidoro[11] alegou que esse enjoo era devido às saudades. De brincadeira em brincadeira, chegamos à famosa história do casamento por procuração de Jardim![12]

Malgrado o bom tempo, somente alcançamos a velocidade de 8 nós, de modo que foi preciso resignar-se a entrar somente amanhã em Desterro, para ali repor o carvão. À tarde, o [vapor] *Marcílio Dias* ganhou-nos em velocidade e aproximou-se muito de nós.

Abril

1º de abril

Às oito horas, distinguimos muito bem o litoral da província de Santa Catarina a partir das ilhotas das Graças. Disseram-me que elas se situam entre São Francisco do Sul e a ilha de Santa Catarina, onde se encontra a capital da província. Depois de ter ultrapassado à nossa esquerda, às onze horas, a ilhota de Arvoredo, repleta de matas, entramos pelo canal da ilha Grande e, à uma hora, estávamos em frente à cidade de Desterro. Desembarcamos e fomos ao Hospital Menino Deus. Acompanharam-nos o presidente da Municipalidade e, também, o presidente de Província (doutor C. A. Ferraz de Abreu). Examinamos, em suas companhias, uma belíssima caserna que remodelamos em 1865 e que poderia atender a mil homens; um grande depósito, onde se encontram objetos de vestuário e equipamentos para 2 mil homens; e mais seis canhões.

Antes de a noite cair, voltei a bordo, onde jantaram conosco o presidente e seu secretário.

2 de abril

Deveríamos ter zarpado durante a noite, a partir do momento em que o *Marcílio Dias* concluiu o carregamento de carvão. Qual não foi minha indignação ao acordar às sete e ver que ainda estávamos parados. Mandei chamar o Salgado[13] e ordenei-lhe fazer-nos partir imediatamente com ou sem o *Marcílio Dias*. Uma hora depois, estávamos em nosso rumo e, por volta de dez horas, passamos pela barra do Sul.

Com o vento forte vindo em nossa direção, houve enjoo geral, do qual não fui poupado. Para além dos marinheiros, somente João de Sousa,[14] [ilegível] e Hilário resistiram valentemente.

O tempo permaneceu encoberto ao longo do dia.

Entre as cinco e as seis, consegui subir ao convés por um instante. Estávamos em frente ao Cabo de Santa Marta, promontório mais austral da província de Santa Catarina.

3 de abril

Nada do *Marcílio Dias*, nem de embarcação alguma. Costeamos ao longo do dia o triste litoral da província do Rio Grande do Sul, sequência invariável de dunas de areia sem talo de vegetação algum, nem o menor sinal de população. Tibúrcio,[15] contudo, lá encontrava charme, declarando que aquilo o fazia lembrar-se da província natal do Ceará, que ele não vê há 17 anos.

O tempo abriu, o vento arrefeceu e não restava senão uma espécie de pesada onda atlântica que ia quebrar na praia. Assim, exceto dois ou três retardatários (Lassance e Geraldino), todos se apresentaram para a refeição. Como não estávamos com ânimo para estudos, passamos o tempo no convés, em conversas ociosas, nas quais tiraram vantagem a maneira de ser e a erudição desprezível do bom Taunay.

4 de abril

Fez um dia esplêndido. Salgado anunciou-me que havíamos ultrapassado, durante a noite, a barra do Rio Grande. O litoral de areia, mais afastado de nós do que na véspera, parecia uma espécie de magro fio amarelo interposto entre o azul do céu e o azul do mar; e, por volta do meio-dia, acabamos perdendo-o inteiramente de vista. No entanto, quando o sol se pôs, distinguimos, um pouco a nossa esquerda, um montículo isolado que o piloto declarou estar a uma altura próxima à embocadura do Chuí, na fronteira do Brasil.

O piloto (um velhaco de longa barba branca que contratamos em Desterro) é, ao que parece, pai de Trajano de Carvalho, que estudou na Europa e foi empregado durante muito tempo como construtor de navios no Arsenal da Marinha de Pernambuco.

5 de abril

Às oito da manhã, encontrávamo-nos em frente da pequena ilha deserta chamada Lobos por causa dos lobos-marinhos (provavelmente focas). Atrás, encontra-se a cidade de Maldonado, que possui um porto e um farol. É um litoral acidentado, mas mesquinho. De Maldonado a Montevidéu, forma-se vasta enseada arqueada, de maneira que perdemos de vista, novamente, a beira-mar, até que, nas proximidades de Montevidéu, surgiu a pequena ilha das Flores, na qual há outro farol.

Fez um vento do Sul, bastante forte, ao longo do dia: o céu anunciou temporal com pampeiro, que, contudo, não se concretizou. Às 4h30 [da tarde], flutuávamos no porto de Montevidéu, em meio a numerosas embarcações, entre as quais o pavilhão brasileiro era o mais frequente. Uma vez que nos cumprimentou a corveta *Vital de Oliveira*, a saudação foi sucessivamente imitada pelas fragatas espanholas, italianas e norte-americanas.

Rapidamente apresentaram-se a bordo os Estados-Maiores das embarcações brasileiras *Vital de Oliveira*, *Amazonas*, *Lima Barros*, *Coimbra* e *Pedro Afonso* (o comandante do *Amazonas* é Artur Silveira da Mota). Em seguida, o comandante militar brasileiro (coronel Alencastro), com seu Estado-Maior, que é também bastante numeroso; depois disso, a repartição fiscal. Um empregado oriental[16] apresentou-se igualmente para colocar à minha disposição a grande falua do presidente da República. Todavia, os diplomatas essenciais para comandar nossos movimentos não chegaram. Tardiamente, vimos despontar Gondim[17] com seu secretário de legação (J. de Almeida Vasconcelos), em seguida o Barão do Amazonas,[18] o Barão de Mauá[19] e outros brasileiros.

A princípio, queria desembarcar somente no dia seguinte, para, então, fazer a visita ao presidente. Convenceram-me as insistências de Gondim para que fosse hospedar-me na legação e a ponderação que o pampeiro poderia sobrevir ao desembarque.

Anoitecia quando alcançamos o quebra-mar. A legação está num andar térreo consideravelmente elegante na rua Buenos Aires e possui um pátio que me traz à mente lembranças de Cádiz e de Sevilha. O senhor Gondim, acompanhado de seu pai (velho inglês excêntrico da família Cochrane), de sua mãe e de três irmãs, ofereceu-nos uma ceia esplêndida.

A família Cochrane tinha deixado o Rio no dia 29 [de março] às seis da noite no [vapor] *City of Brussels*. Chegaram a Montevidéu na noite do dia 2 ou 3 [de abril], 48 horas antes de nós, portanto.

6 de abril

Passei a manhã inteira ocupado redigindo cartas para o Rio e reunindo-me com diferentes pessoas; entre outras, com o coronel honorário C.E.C. Deschamps, que me foi indicado para ser o Intendente-Geral do Exército.

Ao meio-dia, apresentaram-se dois ajudantes de ordens, em grande pompa, enviados pelo presidente na carruagem do governo para levar-me à recepção. Ambos portavam a medalha do Jataí[20] (vitória alcançada por Flores[21] sobre os paraguaios em 19 de agosto de 1865), o que deu assunto para conversa durante o trajeto.

O palácio de governo, chamado La Casa Fuerte, situa-se nos confins de um longo paço que precisa ser atravessado a pé e ao longo do qual um batalhão formava alas com bandeiras e apresentava armas enquanto se tocava o hino brasileiro. O batalhão tinha uniforme pimpão no modelo francês; mas, provavelmente, é o único com o qual hoje conta o Exército oriental.

O presidente (doutor Lorenzo Battle)[22] esperava-me numa grande sala, inteiramente apossada pelos curiosos, seguindo os costumes dos países republicanos. Depois do aperto de mãos, ele convidou-me para sentar num salão menor, a sós com seus dois ministros (o doutor Cándido Bustamante, um conhecido de Uruguaiana,[23] onde ele comandou um batalhão de boinas brancas; e o doutor Alejandro Magariños Cervantes).

Após alguns instantes, os ministros eclipsaram-se, sem nada dizer, o que achei um tanto singular; mas esses hispano-americanos não têm conhecimento algum das boas maneiras.

O presidente pareceu-me bastante inteligente, embora tenha o ar indeciso e lânguido que afeta quase todas as pessoas desses países. Disse-me que havia estado quatro anos na França, num colégio de Sorèze, e que deixara a Europa em 1830. Proferiu resolução no sentido de manter incólume o mais perfeito acordo com o Brasil, mas declarou-me que as finanças de seu país andavam muito mal.

Quando a reunião me pareceu terminada, levantei-me e apresentei-lhe, um por um, os oficiais generais e superiores de meu Estado-Maior. Atravessando a grande sala, parei para obter explicações junto aos ajudantes de ordens sobre um horrendo quadro que representava a entrada de Flores em Montevidéu (sob os auspícios do Brasil) em 20 de fevereiro de 1865. E assim se encerrou a reunião.

De volta à legação, recebi os diplomatas que se apresentaram, notadamente, Creus, o ministro da Espanha; Thompson, o encarregado de negócios argentino; e o Barão de Sousa, encarregado de negócios de Portugal. Em seguida, veio o almirante americano Davis com seu Estado-Maior. Tive uma conversa com ele, semipolítica, na qual ele me pareceu fortemente inclinado a favor de López.[24]

Eram quase três horas quando, finalmente, partimos com Polidoro, o doutor Bonifácio[25] e Alencastro, para visitar os estabelecimentos brasileiros, a saber: o escritório do comando militar, um depósito de materiais, a enfermaria e a caserna. Os três primeiros edifícios estão alugados; a caserna, onde temos meio batalhão, foi-nos emprestada gratuitamente pelo governo oriental. A enfermaria é um belíssimo edifício que foi construído para servir de hospital a uma sociedade beneficente italiana, dissolvida, creio eu. Há tão somente 35 enfermos, tanto de tropas de terra quanto de esquadra estacionada. Eles estão sob a responsabilidade de dois médicos, os doutores Rosendo Aprígio Pereira Guimarães e Reginaldo Muniz Freire. Bonifácio fez o maior elogio daquele. Um capuchinho italiano está a serviço estabelecimento.

O jantar de Gondim, ainda mais suntuoso que o da véspera, prolongou-se de tal maneira que eram mais de sete horas quando deixamos a legação, para embarcar novamente. Quase uma hora depois, levantamos âncora. O *Marcílio Dias*, que apesar do atraso em Desterro tinha-nos alcançado na véspera, partiu diretamente para o Paraguai conosco. Pereira Pinto, que comanda a estação naval, disse que desejava acompanhar-me a Buenos Aires com o [vapor] *Vital de Oliveira* e o *Amazonas*.

7 de abril

Subi ao convés às sete horas. Fazia um tempo esplêndido, mas estava frio. À direita, atrás de nós, desaparecia a terra oriental nos entornos de Colônia[26] e, rapidamente, surgiram à proa, do seio das águas – que aqui não são mais salgadas –, as torres brancas de Buenos Aires. Ainda que o olho não possa circundar, ao mesmo tempo, as duas margens, sabemos estar em pleno rio da Prata, o maior volume de água doce que a superfície da terra oferece depois do [rio] Amazonas. Os inumeráveis fragmentos de vegetação são o único sintoma de que não estamos em alto-mar; essas vegetações estão em ilhotas esparsas. É um fenômeno muito regular que este mar esteja capturado pela vegetação das pradarias.

À medida que irrompem os edifícios de Buenos Aires, fazendo brilhar ao sol seu branco resplandecente, à esquerda o litoral aparece também sob a forma de uma fileira de árvores que se refletem no espelho das águas. Por volta das nove horas, flutuávamos em frente a Buenos Aires. Não há porto natural nem artificial, mas as construções, na baía, são mais numerosas do que em Montevidéu.

Tão logo terminamos de almoçar, vieram-nos visitar nosso ministro residente (A.P. de Carvalho Borges) e um dos adidos à missão especial (A.P. de Oliveira Lisboa); mais dois ajudantes de ordens do presidente da República, trajando uniforme com patente de oficial e usando chapéu com as três armas inscritas; e, ainda, M.J. Cândido Gomes, célebre brasileiro com diversos títulos, mas sobretudo reconhecido como o mais destacado correspondente do *Jornal do Commercio*.

Após alguns instantes de confabulações, resolvemos desembarcar imediatamente na falua ou faluca do presidente, dado que, acima de tudo, os ministros da Guerra e dos Negócios Estrangeiros já estavam esperando no quebra-mar. Eram o doutor Martín de Gainza e o doutor Mariano Varela. Encontrei-os ali, com o Paranhos[27] e o restante da missão especial, que se compõe de seu filho (J. M. da S. Paranhos Júnior)[28] e de M. Alvarenga Peixoto.

Subi na carruagem com Paranhos e os dois ministros argentinos. Parecem-me muito superiores àqueles de Montevidéu; Varela, sobretudo, que foi educado no Brasil. Ele carrega o nome da numerosa família que se tornou ilustre desde a época em que seu chefe, Florencio Varela, foi assassinado pelo *mazorca* de Rosas há quase 25 anos.[29]

Fomos dar na legação; uma casa muito elegante na Calle de las Artes: no primeiro andar, há um belíssimo retrato do Imperador em pé. Os argentinos tinham-se retirado; tive uma conversa interminável com Paranhos sobre os assuntos no Paraguai; li um memorando que ele me escreveu caso não nos tivéssemos encontrado. C. Borges deu-nos uma colação.

Então, à uma hora, subimos na carruagem de quatro cavalos enviada pelo governo para a recepção. O Palácio chama-se El Fuerte também. A entrada é miserável. A carruagem parou em um pequeno pátio amontoado de hangares; depois, subimos uma pequena escada em forma de caracol. A sala de recepção havia sido mobiliada para a ocasião com fazendas de seda francesa (que pertenceram, aparentemente, a López), de forma que apresentava um aspecto "decente", que o *standard* qualifica de belo. Em cima do sofá onde sentei com Sarmiento[30] havia um bom retratinho de Rivadavia[31] segurando, na mão, a inscrição "sistema representativo". Essa reunião ocorreu em uma sala invadida pelo público, de maneira que as apresentações tiveram lugar antes que nos sentássemos. Para além dos dois ministros já mencionados, havia os de Finanças, Gorostiaga; de Culto, Avellaneda;[32] e do Interior, Vélez Sarsfield.

Sarmiento é um homem bem pequeno, a quem não restam senão poucos cabelos grisalhos; um pouco arqueado, com pequenos olhos afundados. Mas pareceu-me muito superior em inteligência a seus compatriotas, leia-se, inclusive, a Mitre. Mais do que esses personagens, Sarmiento tem movimento e vivacidade de espírito. Comprovou-se isso quando me contou, com habilidade, toda espécie de anedotas, entre outras, por exemplo, quando esteve pela primeira vez em Petrópolis: o Imperador tomou-o por um *mazorqueiro*; e, ainda, quando desenvolveu também diferentes teorias sociais, entre as quais uma que tive que combater de meu melhor, segundo a qual os missionários católicos não seriam propícios para estabelecer civilização entre os bárbaros!

Em suma, sua tagarelice prolongou a reunião cerca de uma hora, sem me deixar fazer outra coisa senão algumas poucas perguntas.

Levantei-me, enfim, para conversar alguns instantes com os ministros. O mais distinguido me pareceu ser Vélez Sarsfield, homem já idoso e cuja face, sem ser feia, apresenta um tipo bastante marcado pela raça indígena. Enquanto isso, o presidente dirigiu-se a meus oficiais e disse lembrar-se de Pinheiro Guimarães,[33] não somente de nome, mas também de cara. Ao que tudo indica, ter-se-ia ele encontrado, há muitos anos, com Pinheiro Guimarães e o irmão deste numa embarcação a caminho da Europa. Ambos, Sarmiento e Pinheiro Guimarães, eram adolescentes; e aquele, que estava numa veia brasilofóbica, publicou um pequeno relato sobre sua viagem, no qual se queixava amargamente da travessura dos meninos brasileiros.

Uma guarda permaneceu armada diante da porta do palácio desde cedo, quando do desembarque. Era uma tropa de aspecto militar, trajando sempre uniformes de corte francês, mas em tecido não curado e, por conseguinte, menos brilhante que aqueles de Montevidéu. Portavam uma bandeira muito rasgada, que o ajudante de ordens, este que me conduziu de volta à legação, disse ser do 9º Batalhão de linha. A esse ajudante de ordens (cujo nome era Peña), que declarou receber ordens do presidente para permanecer a minha disposição durante toda a estada em Buenos Aires, solicitei voltar para o jantar. Assim, fomos sós, Polidoro e eu, fazer uma visita a Mitre, que encontramos com seu antigo Estado-Maior, Gelly[34] – em uma casa repleta de objetos de bronze e outros ornamentos artísticos. Mostrou-se muito mais comunicativo do que me havia parecido em Uruguaiana: desfez-se em obséquios, ofereceu cigarros, vinho e obrigou-me a levar um belíssimo poncho em pele de vicunha. C. Borges veio, ali, buscar-nos, querendo absolutamente levar-me a passear em Palermo, lugar que se encontra à beira da água, fora de Buenos Aires, e célebre por ter sido a residência de Rosas. Teria ele erguido, ao que parece, jardins que foram depois destruídos. É agora hediondo, como todo o restante da campina portenha, plano e empoado; mas os portenhos fizeram desse bairro o lugar de passeio preferido, porque há alguns álamos e salgueiros.

O interior da cidade não é nada mau. As ruas são suficientemente largas e todas têm ângulos retos; há várias casas elegantes, um grande número de butiques muito brilhantes e numerosos mercados cobertos e entulhados de peras e de maçãs. Mas o que há de melhor é o empedrado das calçadas. Em todas as praças, há um ensaio informal de jardim; enfim, as árvores foram plantadas e, com o tempo, farão sombra. Isso deveria servir-nos de lição para nosso Campo da Aclamação. Vi duas estátuas: uma delas é de San Martín, equestre e medonha; a outra, de uma deusa da liberdade, em mármore branco, no cume de uma pequena colina.

De volta à legação, houve a visita do ministro da Espanha, Sorela, um antigo conhecido. Disse-me que os outros diplomatas quiseram fazer uma visita coletiva, mas o ministro da França, o decano, mostrou pouco entusiasmo e que, agora, já era tarde.

Depois, apresentou-se uma série de negociantes brasileiros cujos nomes não me recordo.

Então, e até o jantar, tive nova reunião com Paranhos a respeito de um mapa que ele trouxe do Paraguai. O jornal da noite noticiou que iria à ópera italiana; mas com isso pouco me preocupava.

Após o jantar, apresentou-se Mitre com seus antigos ministros, Elizalde e Eduardo Costa. Esses senhores representam uma filiação do Partido Unitário, que é considerado particularmente devoto à aliança com o Brasil. O candidato desse partido à presidência da República era Elizalde, e seu órgão é o jornal *Nación Argentina*.

8 de abril

Ao abrir a janela, às sete horas, recuei horrorizado pelo frio. Escrevi cartas para o Rio e, às 9h30, depois do café da manhã, o ajudante de ordens do presidente veio apanhar-nos para o embarque. Pouco depois, afastamo-nos da enseada de Buenos Aires, entre salvas de artilharia e vivas dos *Vital de Oliveira* e *Amazonas*.

O estuário estreitava-se à medida que o adentrávamos em direção a montante. Ocorriam, por vezes, momentos nos quais percebíamos, a um só tempo, a margem portenha e a oriental. Esta é mais alta que aquela, e o campo parece um pouco ondulado e, ainda, desprovido de qualquer vegetação.

Às três horas, estávamos em frente à Martín García, famosa ilha tomada pelo governo de Buenos Aires a despeito de não sei qual tratado que neutralizava sua posse. Veem-se a olho nu as dez peças de artilharia colocadas nas barbetas. A ilha, ainda, é perfeitamente acessível por todos os outros lados.

A duas horas de distância, o estuário solda-se com os outros dois grandes rios que o formam: à nossa direita, o Uruguai; à esquerda, o Paraná ou, antes, sua embocadura principal, visto que o rio derrama suas águas por vários outros canais. Alguns, como o [rio] Tigre, vão dar bem perto de Buenos Aires. Este canal (único apto à navegação a vapor, acredito eu) é chamado de O Guaçu, consoante o termo indígena, que significa grande.

Por ele entramos quando o sol se pôs, dourando o céu, as pradarias e as águas.

9 de abril

Foi uma manhã fria, embora o céu permanecesse sem nuvens, o que atenuou a característica lúgubre da paisagem. As ilhas do Paraná são inumeráveis e provocam incessantemente variações na largura do canal que percorremos. A maioria das ilhas parece deserta e não contém senão algumas mesquinhas árvores, que neste momento estão mais ou menos inundadas por uma extraordinária cheia. Quanto às margens verdadeiras, são geralmente altas e formam pequenas barrancas verticais, sobretudo aquelas de Entre Ríos, onde o terreno é um pouco ondulado. Ao longe, percebem-se algumas fazendas, nas quais se veem edifícios brancos cercados de pequenos matagais de laranjais ou de outras árvores. Temos aí um oásis, quase imperceptível no meio da imensidão do deserto verdejante.

Topamos com dois vapores argentinos, o *Espigador*, que vinha de Corrientes, e o *Luján*, de Rosário. Fizemos parar o primeiro, para indagar a respeito de notícias do Paraguai que não soube nos dar.

Passamos em frente à posição chamada Tonelero, onde Rosas estabelecera uma bateria que não conseguiu deter a esquadra brasileira, então comandada por Grenfell, em janeiro de 1852.[35] E, quando o sol acabava de desaparecer, passávamos por Rosário, *chef-lieu* das províncias de Santa Fé, cidade que alguns querem tornar a capital da República Argentina. Visto que não é pela margem do rio que a cidade se estende, não pudemos apreciar sua importância. Há ali certo número de embarcações, entre as quais, dois vapores. Distinguimos também a linha telegráfica que parece unir essa cidade a Buenos Aires.

Salgado devolveu-me o mapa que lhe ordenei fazer da força naval do Brasil no rio da Prata e afluentes. Segundo o trabalho, a esquadra que se encontra sob minhas ordens possui 14 encouraçados e 27 vapores de pequenas dimensões, dos quais muitos, a bem da verdade, foram indicados como estando em muito mau estado. A tripulação reunida soma 4.143 homens, e a artilharia, 144 peças, das quais 35 raiadas. Para além dessas somas, o mapa compreende ainda a estação naval de Montevidéu, a pequena esquadrilha que está no alto Uruguai e os seis porta-correios que obedecem diretamente ao Ministério da Marinha.

10 de abril

É o terceiro aniversário do combate da ilha [de Cerrito],[36] o primeiro travado em terra paraguaia. Entre os nossos que participaram do conflito, não resta senão o infatigável Tibúrcio, embora vários outros que aqui estão tenham assistido ao combate de longe. Pinheiro Guimarães descreveu o combate em linguagem harmoniosa e bem escolhida, o que lhe é característico. Às oito da manhã, passamos em frente à cidade de Paraná, *chef-lieu* de Entre Ríos e lugar que serviu de capital à Confederação Argentina durante os anos em que a província de Buenos Aires rompeu com as outras: essa situação teve fim após a Batalha de Pavón, no dia 17 de setembro de 1861. Os habitantes de Paraná, e, de forma geral, os entrerrianos, ligaram-se de maneira obstinada ao Partido Federalista, e antibrasileiro, que felizmente hoje se encontra quase extinto em Buenos Aires. Estima-se que um uniforme brasileiro não pode aparecer de noite nas ruas de Paraná sem correr o risco de assassinato. Vista do rio, esta cidade apresenta o aspecto de um vilarejo perdido entre brejos. De resto, há quem diga que está em completa decadência.

Estava lá o vapor brasileiro *Cuiabá*. Tendo deixado Assunção no dia 1º do mês, não pôde nos dar nenhuma notícia do Paraguai. Durante todo o dia, seguimos de perto o litoral de Entre Ríos, que se eleva cada vez mais, tornando-se acidentado e mais arborizado, embora as árvores estejam sempre definhadas. À nossa direita, ao contrário, as ilhas permanecem baixas e inundadas. Numa delas, distinguimos miseráveis barracas cercadas por água e gado. Foi esse o único rastro de população humana que vimos. O comandante do vapor disse-me que, nesta altura, a margem direita do rio já é considerada parte do Chaco, isto é, do deserto.

Às oito da noite, encontramos o transporte brasileiro *São José*, que tinha deixado Humaitá na véspera. Conduzia ao Brasil mais de duzentos enfermos, entre os quais 28 oficiais. O comandante veio a bordo, e cada um de nós entregou-lhe cartas para a família. Não tinha notícias de Assunção.

11 de abril

O céu estava nublado e a temperatura, amena. Navegamos no meio do labirinto de ilhas baixas, mas arborizadas. Amiúde, a distância que as separa se torna tão considerável que o manto de água parece pertencer não a um rio, mas a um lago imenso. Em decorrência do fenômeno de miragem, a linha de árvores no horizonte parece suspensa no ar. Quando nos aproximamos da margem, observamos que as árvores mais abundantes se parecem com os salgueiros da Europa. Taunay disse-me que esse tipo de árvore é frequente nos rios do Mato Grosso, onde o chamamos sarandi.

Não houve nenhum rastro de habitação até nos aproximarmos da costa correntina, num lugar chamado Rincón del Soto (nome que consta, muitas vezes, nos relatórios de 1865 de nossa esquadra). No meio de pradarias sem árvores, há uma fazenda com uma salina nas margens da água, cuja propriedade é de um inglês que, ali, faz tremular sua bandeira.

12 de abril

Às sete da manhã, estávamos nas águas que viram a memorável e gloriosa batalha naval chamada de Riachuelo, no dia 11 de junho de 1865. Procuramos em vão os restos dos vapores que foram afundados naquele dia e cujos mastros, ao que parece, ficaram visíveis por muito tempo. Hoje, o curso do tempo e do rio os fez desaparecer inteiramente. O céu estava novamente sem nuvens, e o sol, ao menos tão quente quanto o Rio de Janeiro nesta época.

Às nove horas, paramos em Corrientes. Desembarquei, para encontrar-me com o governador da província D.J.M. Guastavino (para quem tinha uma carta de Paunero),[37] jovem advogado que se mostrou amável e solícito. Parece que ele se encontrava em Uruguaiana como auditor da guerra. Dali, fomos à casa de D.J. Torrent (ministro plenipotenciário no Rio entre 1865 e 1868). Deu-nos a extraordinária notícia, embora provavelmente falsa, de que os paraguaios teriam feito uma incursão no território correntino. Ele quis, insistentemente, guiar-nos pelo restante de nosso passeio pela cidade. Percorremos as praças principais e vimos os prédios (entre os quais uma grande igreja) que serviram como hospitais brasileiros durante a ocupação de 1865 a 1868. As ruas de Corrientes são abomináveis cloacas, e as casas, na maioria das vezes, são térreas. O aspecto geral é de um grande vilarejo. Há, contudo, algumas belas butiques. O cabildo, residência do governador, está galvanizado por uma espécie de torre quadrada de aspecto imponente. Na praça do mercado, há certo número de hediondos indígenas vindos do Chaco. A maioria não compreende o espanhol. Corrientes não dispõe senão de quatro jornais. Torrent me fez constatar que nenhum deles defende mais o [Partido] Federalista ou o [pró-]Paraguai.

Retomamos nossa rota ao meio-dia e, ao cabo de quase duas horas nas quais contornamos, continuamente, a grande ilha de Atajo, chegamos ao famigerado lugar mal denominado de Três Bocas, pois é confluência apenas do Paraná e do Paraguai. Fomos saudados pelo vapor *Beberibe*, que lá estacionava.

À direita, na bruma que se havia formado, vimos o promontório de Itapiru; em seguida, costeamos o cabo de terra (hoje inundado) onde Osório[38] desembarcou com seus 12 cavalheiros no dia 16 de abril de 1866. Paramos quase em frente, para vislumbrar a ilha de Cerrito. Ao redor dos estabelecimentos brasileiros que se acumularam desde 1866, formou-se ali um vilarejo feito de madeira, de palha e de conchas. Há igualmente, além de uma enfermaria com certa quantidade de material, um estaleiro da Marinha para reparações, uma pequena fundição e oficinas mecânicas com furadeiras. O Exército de terra tinha também, ali, uma enfermaria e um depósito de material. Mas, ultimamente, tomou-se o razoável partido de concentrar tudo isso em Humaitá e, portanto, de deixar a ilha à Marinha. Não obstante, quando por ali passei, ainda havia muitos objetos que não puderam ser transferidos, entre os quais notei 203 caixas cheias de papelada arquivada, 4.500 granadas, 34 mil lança-granadas, 2,4 milhões de cartuchos de armas portáteis e 2 milhões de cápsulas.

Vi nessa ilha dois imensos tigres, com suas bocas amarradas, que foram capturados e mantidos em cativeiro.

Em frente a Cerrito, encontravam-se mais ou menos em conserto os quatro encouraçados *Herval, Cabral, Rio Grande* e *Alagoas*; e também os vapores *Maracanã, Chuí, Onze de Junho, Osório* e *Voluntários da Pátria*.

Os três primeiros, entre os vapores, foram declarados inteiramente fora de serviço. Após ter eu dado ao comandante naval, capitão de fragata Fortunato Fortes Vidal, instruções para envio dos outros vapores ao Alto Paraná, para que levem notícias e busquem outras, partimos no cair da noite.

Pouco depois, passamos em frente à entrada da célebre lagoa Pires e, às dez da noite, estacionamos em Humaitá.

Quando a noite caiu, o calor tornou-se opressivo, e os mosquitos cercaram-nos com uma obstinação que não vi em lugar algum.

13 de abril

A guarnição militar de Humaitá conta com 1.847 homens, sem mencionar os 1.163 enfermos, que são quase todos os feridos de setembro. Entre esses, há também um certo número de prisioneiras de guerra. O comandante de cavalaria do Exército em Humaitá é o coronel Agostinho Maria Piquet. Dispõe de medíocre inteligência, mas é ativo o suficiente. Lamenta, com razão, não haver em Humaitá nenhum vapor de guerra, à exceção do pequeno transporte *Argolo*. Ficamos muito surpresos em encontrar parado o famoso *Marcílio Dias*, que nos deveria ter precedido fazia tempo.

Fizemos a vistoria dos hospitais, que estão em número suficiente. Situam-se nas antigas casernas paraguaias. O chefe do serviço médico é o doutor Moreno Brandão.

Há, também, grandes depósitos de material. Entre outros objetos, há 85 canhões raiados brasileiros de diferentes sistemas. Há 25 lança-granadas e morteiros, 4.700 fuzis, 85 mil pistolas, 37 mil granadas, 9 mil caixas de metralha, 1,2 milhão de cápsulas, 6 milhões de cartuchos para armas portáteis, 3 mil barris de pólvora e 125 caixas de papelada arquivada!

A igreja não é mais senão uma ruína de nossos bombardeios. Todas as baterias foram destruídas. Neste momento, por causa da cheia do rio, a praça inteira encontra-se quase no nível da água, e a impressão que causa é aquela da mais completa impotência. Encontra-se aqui, repleto de água, um velho navio que serve de prisão, onde se encontram retidos duzentos indivíduos há anos, sem terem sido julgados e sem sabermos, para a maioria, a razão de seu encarceramento. É um estado execrável das coisas! Requeri uma lista nominal de todos eles, com descrição do pretexto do aprisionamento. Dado que, consoante nossa legislação, os crimes de certa gravidade não podem ser julgados senão com a intervenção dos magistrados civis (auditores), escrevi ao governo para que ponha à disposição maior número desses juízes. Entre esses infelizes, há grande número de comerciantes estrangeiros e duas dezenas de oficiais. Um destes, depois de ter-me confessado suas súplicas, declarou que, no tempo do senhor Marquês de Caxias, havia tempo para tudo, mesmo para fazer teatro, mas não para fazer justiça. Prestei atenção somente ao início da frase e saí, para não autorizar o que poderia tornar-se uma insubordinação.

Em Humaitá, funciona uma Junta de Justiça Militar, composta, em sua maioria, de gente caquética. O presidente é o velho brigadeiro Solidônio Antônio Pereira do Lago (não sei se ele ainda é, como outros de nossos oficiais-generais, um daqueles que invadiram a França com Wellington!). Dei ordem para que essa Junta se transfira para Assunção, onde poderei melhor controlar suas operações.

Às duas horas, levantamos âncora. Contemplamos a famosa península do Chaco, a embocadura da Zanja Honda, o Timbó e Laureles: são todos lugares atualmente inundados. Em seguida, Tayi, que está a um metro ou dois acima do nível do mar e onde subsiste um vilarejo de madeira, constituído em decorrência do acampamento de nossas tropas. A noite caiu ao passarmos por Pilar.

14 de abril

As margens do rio Paraguai, até Angostura, têm as mesmas características que aquelas do Paraná: inteiramente planas, entrelaçadas por matagais e pradarias. A largura do rio é relativamente pouca, o que nos permite melhor apreciar a vegetação. É menos triste.

Por volta das onze horas, passamos por Palmas, onde o Exército se deteve durante os meses de outubro e novembro do ano passado. Deixou ali numerosos dejetos. Em seguida, aproximamo-nos do Chaco e passamos por trás de uma grande ilha, para ver onde Tibúrcio e Itaparica[39] abriram passo. Vimos a seguir Angostura (onde se encontrava estacionado o encouraçado *Mariz e Barros*), a Guardia de Iparé e, enfim, a ponta chamada Santo Antônio, onde o Exército desembarcou no dia 5 de dezembro [de 1868]. A partir daí, o relevo é acidentado. No horizonte, sob forma de grande ondulação, surgiu Lomas Valentinas, onde por pouco escapou López, no dia 27 de dezembro [de 1868].

Entre duas e três horas, ancoramos em Assunção. Quase imediatamente, apresentou-se o chefe de esquadra Elisiário Antônio dos Santos, comandante das forças navais. Durante longa conversa que mantive com ele, o comandante da canhoneira italiana *Veloce* veio demonstrar sua cortesia com burlescas maneiras, tão próprias a sua nação. Pouco depois, vieram o comandante da guarnição brasileira, coronel de artilharia Hermes Ernesto da Fonseca,[40] e o cônsul do Brasil, Sousa Machado. Hermes é um dos sete Fonsecas que rumaram ao mesmo tempo para o Exército. Todos são filhos da mesma viúva. Dois já pereceram, e um terceiro foi encarcerado durante o combate de Curupaiti. Os demais quatro estão em seus postos.

Jantamos e, depois, desembarcamos. Hermes conduziu-me à catedral, por entre um mar de lodo, para assistir a um te-déum, cuja música é de sua composição.

Em seguida, levou-me ao palácio de um dos cunhados de López. O prédio foi rapidamente ocupado pelos oficiais da guarnição. Ali, também, se apresentou o general Guilherme Xavier de Sousa,[41] vindo de Luque pela ferrovia. Tive, até à noite, uma reunião a quatro com Polidoro, Guilherme e Elisiário. Depois, como não havia onde dormir no palácio se não fosse em dois sofás bordados em amarelo, resolvi retornar a bordo e redigi em paz minha ordem do dia.[42]

15 de abril

Desembarquei às nove horas, para fazer a vistoria dos hospitais e das casernas. Há 776 doentes no Exército e 147 na Marinha: o número cai todos os dias. O chefe de serviço da saúde é o doutor Gitahy, muito elogiado por Bonifácio.

Para além de uma brigada de cavalaria acampada fora da cidade e comandada pelo coronel da Guarda Nacional João Francisco Jardim, temos, em Assunção, dois batalhões de Voluntários [da Pátria], um de artilharia a pé e um corpo de artilharia montada. Essa força está reunida sob os cuidados do coronel A. A. de Barros Vasconcelos, comandante dos Voluntários do Maranhão.[43]

O batalhão comandado por Gonçalves da Cunha, dos Voluntários da Bahia,[44] está aquartelado num majestoso palácio que López fez construir à beira do rio e ao qual não faltam méritos arquitetônicos.[45] As esculturas da parte superior foram danificadas pelas bombas do *Barão da Passagem*, no dia 20 de fevereiro de 1868.

De retorno à casa de Barrios, fui visitado pelo comandante da canhoneira inglesa *Beacon*, pelo cônsul da França, pelo cônsul de Portugal, cuja filha ainda é prisioneira de López, por Bocaiuva, pelo vereador Cândido Ferreira, pelo corpo de oficiais de guarnição argentina (o chefe é o coronel Aguero), pelo húngaro Wisner, que foi engenheiro-chefe de López, e por uma série de oficiais paraguaios, cada qual mais embrutecido do que o outro.

Fui prestar visita ao doutor Enrique Castro, que representa aqui o pavilhão oriental, na companhia de João de Sousa e de Taunay. Ele está retirado numa chácara e tinha pensado vir me ver durante a manhã, às seis horas. Quis absolutamente reconduzir-me até meu paradeiro. Caminhamos durante uma hora.

À noite, tive de comparecer a uma representação teatral, organizada e executada por oficiais. Hermes deu-me de que jantar e onde dormir no mencionado palácio de Barrios.

16 de abril

Às sete horas, fomos à estação de trem acompanhados, mais uma vez, do doutor Enrique Castro, que havia comparecido desde a aurora do dia.

O trem transportou-nos, em quarenta minutos e em pequena velocidade, até Luque, grande vilarejo onde López havia estabelecido a sede de seu governo quando o bombardeio de 20 de fevereiro [de 1868] o obrigou a retirar-se de Assunção. Guilherme esperava-nos, e montamos a cavalo para passar em revista o 2º Corpo do Exército. Havia 8.769 homens em prontidão sob o comando do brigadeiro José Auto da Silva Guimarães:[46] a saber, uma divisão de infantaria (brigadeiro Salustiano Jerônimo dos Reis)[47] com quatro brigadas; uma divisão de cavalaria (coronel da Guarda Nacional Manuel de Oliveira Bueno) com duas brigadas; um regimento de artilharia (coronel Manuel de Almeida Gama Lobo d'Eça),[48] e, enfim, o batalhão de engenheiros (Conrado Bittencourt). Com minha designação para comandante em chefe, as ordens dadas aos oficiais-generais serão inteiramente mudadas.

O aspecto geral do Exército me satisfez: estão todos armados, vestidos e calçados de maneira completa. E, considerando-se o estado passado das tropas, houve total transformação após Uruguaiana. Não quero dizer, contudo, que o aspecto seja igual ao dos Exércitos europeus. Essa inferioridade advém de duas causas: 1. o detestável corte de nossos uniformes; 2. a imensa preponderância numérica (na infantaria) de mulatos, que, de forma geral, não oferecem bons espécimes para a humanidade, embora haja tambores-mores negros que são magníficos.

Uma vez concluída a vistoria das tropas, dispensei os estados-maiores e fui prestar visita, com Polidoro, Guilherme e João de Sousa, ao doutor Emilio Mitre, comandante do Exército argentino. Encontramo-lo acampado num matagal de laranjais. Gaúcho de estrutura colossal, é infinitamente menos distinguido que seu irmão (a quem qualifica sempre de Dom Bartolo). Lá estava seu chefe de Estado-Maior doutor Júlio Vedia, que é cunhado de Dom Bartolo e que declarou ter-me visto em Uruguaiana. Como tem nos mostrado a experiência que, quanto menos tratarmos de negócios com nossos aliados, em melhor situação estaremos, mantive a conversa com generalidades. Fiquei sabendo com surpresa, todavia, que eles já têm, em Assunção, uma locomotiva com nove vagões, enquanto nós ainda esperamos material de Buenos Aires e, portanto, utilizamos o de López. Mitre apressou-se em dizer-nos que o material argentino estava "à nossa disposição".

Guilherme serviu-nos café da manhã, e, em seguida, fui visitar uma casa da praça principal do vilarejo. Casa essa que, como todas as outras do Paraguai, exceto em Assunção, são térreas e não dispõem de mobília.

O sol estava escaldante. Durante o dia, entediou-me ter de fazer constantes discursos aos corpos de oficiais que vieram apresentar-se. Soube, não obstante, que essas alocuções tiveram grande êxito.

17 de abril

Às sete, saímos a cavalo para passar em revista o 1º Corpo e a vanguarda do Exército; seguindo ao longo da ferrovia, chegamos em menos de duas horas ao local onde estacionava o 1º Corpo. O relevo é ondulado e coberto de magníficos matagais de palmeiras e de laranjeiras. É muito pitoresco, típico do lugar, muito higiênico inclusive, porque as fontes cristalinas abundam, e todos os acampamentos estão mais ou menos na sombra. Contudo, o terreno é execrável para fazer manobras militares. As árvores não cedem suficiente espaço entre elas para que as tropas possam desfilar em minha frente.

O Corpo do Exército era comandado pelo brigadeiro João Manuel Mena Barreto,[49] velho conhecido dos tempos quando ele dirigia, em São Borja, o 1º Batalhão de Voluntários da Pátria. Ele é, acredito eu, o mais distinguido entre nossos oficiais-generais, em todos os aspectos.

Além do regimento de artilharia (comandado pelo coronel Severiano Martins da Fonseca, um dos sete irmãos),[50] havia uma divisão de infantaria com quatro brigadas e outra de cavalaria com três; a primeira comandada pelo coronel Herculano Sancho da Silva Pedra, também um conhecido de Uruguaiana, onde regera um dos batalhões que combateram em Jataí. Tanto quanto João Manuel, ele está muito mudado: estes quatro anos de campanha tornaram-lhe as barbas brancas. O comandante da divisão de cavalaria é o brigadeiro J. A. Correia da Câmara:[51] em Uruguaiana, ocupava não sei mais qual posto no Estado-Maior do Conde de Porto Alegre. Adquiriu, desde então, enorme boa disposição. É sobrinho de Dona Maria Bernarda Câmara, a amável octogenária do Rio.

Meia hora à frente do 1º Corpo, está a brigada de cavalaria de vanguarda, cujo comandante é o brigadeiro Vasco Alves Pereira.[52] Acredita-se que ele se tornou, após a morte do Barão do Triunfo,[53] o oficial mais propício para comandar as expedições a cavalo. Mas tem um horrível sotaque gaúcho que, em razão de sua surdez, pouco compreendi. Seu acampamento açambarca o pequeno rio Uruguai, onde estamos reconstruindo a ponte da ferrovia. Provisoriamente, essa estrada passa por uma ponte para barcos, na qual colocamos uma peça de artilharia. Para além do rio, o terreno está livre de árvores dos dois lados do caudal. Fui alguns quatrocentos passos adiante, onde se encontram nossas primeiras sentinelas, o que Vasco Alves acredita ser imprudente. A meu ver, o que surpreende é que essa peça de artilharia não estava suficientemente protegida contra as cargas de cavalaria de que os paraguaios tanto gostam, como eles mostraram com sucesso em 2 de maio de 1866[54] e em 3 de novembro de 1867.[55] Recomendei ao comandante do 1º Corpo construir uma fortificação provisória à frente de nossas tropas.

Informaram-me que o tenente dessa bateria é irmão do feroz ex-deputado doutor A. Felício dos Santos! Daí, descemos dos cavalos na barraca de João Manuel (miserável choupana paraguaia), para receber os corpos de oficiais e ouvir os discursos consequentes. Então, João Manuel improvisou um almoço menos suntuoso que aquele do Guilherme. O sol continuava terrivelmente quente (tal como no Rio nos meses de janeiro e fevereiro). Seguindo as sugestões sibaríticas do doutor Ribeiro,[56] enviamos telegrama a Assunção, para ordenar a vinda do trem. Antes das duas horas, estávamos de volta.

Na barraca de João Manuel, encontrei um exemplar de *Civilização e barbárie*, que foi oferecido do punho de Sarmiento ao velho López! Teria de furtar o exemplar de João Manuel!

À noite, tive de jantar com Bocaiuva e o cônsul do Brasil, Machado, que havia vindo de Assunção para assistir à revista.

O 1º Corpo e a vanguarda têm à disposição, segundo a vistoria, 9.571 homens; soma essa, é claro, que não leva em conta a bateria da ponte, a vanguarda a cavalo e todas as outras tropas de serviço. Conforme o mapa que Guilherme me deu no dia 15 [de abril], a soma total dos homens do Exército de operações prontos para combate é de 28.662.

Ao meio-dia, Mitre veio visitar-me e atordoar-me com uma história de reclamações estrangeiras a respeito da propriedade de certos objetos tomados em Assunção pelas forças aliadas.

18 de abril

Ouvimos missa do Frei Fidélis na igreja do vilarejo. Após o jantar, fiz a volta do acampamento do 2º Corpo com Polidoro. O calor era opressivo e não fez senão aumentar durante a noite, como é quase sempre o caso nestas latitudes

Visitou-me o doutor Jarbas Muniz Barreto, ex-secretário da missão especial, cunhado do conselheiro Otaviano e do doutor Inácio Galvão. Para o jantar, recebi a visita de Cândido Ferreira.

Houve uma fastidiosa cena com J. de Sousa e com Pinheiro Guimarães. Como lhes havia pedido para chegarem a um acordo sobre a divisão de suas atribuições, mal definidas no regulamento, vieram eles me dizer, ao cabo de algum tempo, que era impossível o entendimento. Tive de interpor minha autoridade, e minha decisão causou a J. de Sousa enfado do qual não o achava capaz. Declarou-me que só me restava enviá-lo para comandar uma divisão, o que neguei absolutamente.

19 de abril

Às sete horas, fui à vanguarda montado a cavalo. Voltei de trem às dez, após ter passado pela casa de Vasco Alves. Tinha bom senso, embora o expressasse numa linguagem muito antiliterária.

O dia começou frio com João de Sousa. Mas, ao trabalhar com ele, encontrei a ocasião de dizer-lhe algumas palavras que o acalmaram inteiramente: no fundo, tem o coração mole. Recebi a visita do cônsul da França, que veio, ao que tudo indica, para entreter-me, oficiosamente, com as famosas reclamações dos estrangeiros. Esquivei suas insinuações e convidei-o para jantar. Apresentou-se também o vice-cônsul da Itália, muito imbecil.

Após o jantar, fui à casa de Mitre, para dar minha resposta a respeito das reclamações dos estrangeiros. Comunicou-me que havia aparecido um paraguaio, vindo das minas de Ibicuí, segundo o qual López estaria abrigando duzentos prisioneiros de guerra. Estariam esses trabalhando na fundição de metralha.

20 de abril

Assisti, durante a manhã, aos exercícios de batalhão, o que me fez conhecer mais amplamente os comandantes. Estavam lá o 9º (comandante Floriano Peixoto),[57] o 4º (Luís José Ferreira Júnior), o 12º (E. A. da Cunha Matos, que foi prisioneiro de López do 3 de novembro de 1867 ao 27 de dezembro de 1868)⁵⁸ e o 17º (Bento Luís da Gama).

Ao meio-dia, choveu abundantemente, o que, contudo, apenas refrescou o ar sensivelmente. O doutor Ribeiro registrou, em seu termômetro, 25° C. E, como aqui não venta quase nunca, o calor é absolutamente mais pesado que no Rio quando faz a mesma temperatura.

21 de abril

Chegaram de Buenos Aires, no vapor *Leopoldo*, 347 cavalos. Parece que 120 foram prometidos a nossos aliados orientais; 34 eram especialmente destinados a mim e a meu Estado-Maior por J. Cândido Gomes; dei ordem para que o restante, isto é, 193, fosse conduzido, o mais rapidamente possível, a Rosário pelo vapor *Paissandu*.

Tive nova visita de Mitre. Propôs-me estabelecer uma polícia civil em Assunção. A ideia pareceu-me bastante imaginativa, mas, como é enfadonho discutir com ele, supliquei-lhe ter a bondade de pôr sua sugestão em papel e sob forma de regulamento.

Recebi, provavelmente por intermédio do mesmo vapor *Leopoldo*, cartas de Buenos Aires datadas do 13 [de abril]; do Rio, do 5 [de abril]; de Lisboa, do 18 [de março]; e de Gousti, do 9 de março.

Apresentou-se um escravo brasileiro que fora trazido de Miranda pelos paraguaios em 1864.

22 de abril

O dia começou com denso nevoeiro, que trouxe algum frescor. O termômetro não marcou mais do que 20°C. Às seis horas, fui à casa de Mitre, que encontrei no banho, e assinamos uma resposta à comissão internacional encarregada de devolver alguns objetos tomados em Assunção.

Estive inteiramente ocupado durante o dia, preparando a correspondência para o Rio. Fui visitado por um certo doutor Correia de Couto, ex-deputado pela província do Mato Grosso, e por um padre, cujo nome esqueço, que acaba de ser eleito deputado pela mesma província e intitula-se "notário apostólico"; ainda, veio Jarbas, o comandante e proprietário do *Alice*, que estava a caminho do Rio.

23 de abril

A manhã foi novamente brumosa. Fui passear até o acampamento do 1º Corpo, onde encontrei Guilherme, "sem novidade". Luís Alves e Salgado partiram para Buenos Aires, encarregados de acelerar a vinda dos cavalos, que são tão necessários. Visitou-me Bocaiuva.

24 de abril

Visitou-me o chefe de esquadra, que regressou ontem do Alto Paraná. Relatou-me que esperou três dias em Tranquera de Loreto, sem conseguir obter notícias de Portinho.[59] Ali, expediu três canhoneiras (se não me engano, *Henrique Martins*, *Taquari* e *Greenhalgh*) com ordens de manter-se acima de Salto de Jaciretá e de conduzir canoas e barcas em número suficiente, para efetuar a passagem da divisão em questão.

25 de abril

Tive de jantar com os generais aliados, com o comandante de esquadra, com os comandantes de nossos corpos do Exército e o chefe de Estado-Maior. Tudo aconteceu bastante alegremente: o chefe de Estado-Maior dos argentinos, Vedia, tem inteligência, e uma inteligência erudita. Ele é simpático. A Mitre tampouco faltou inteligência, ainda que seja menos delicado em sua linguagem e em suas maneiras: achei que ele se rende com honra aos licores. Quanto ao oriental doutor Enrique Castro, embora ele seja um homem excelente, não consegui arrancar-lhe uma só conversa: é um gaúcho, o mais gaúcho que possamos imaginar. Somente tomou a palavra quando, após o jantar, comentei a respeito de destruir as fortificações de Assunção. Declarou, então, que poria a minha disposição quatrocentos homens para tal serviço.

Também tivemos de resolver a questão relativa à locomotiva, porque, resolutamente, a dos argentinos já está nos trilhos, enquanto a nossa ainda está encalhada em algum lugar no Paraná! O chefe de esquadra trouxe despachos de Portinho, que aqui chegaram não sei como. Não havia neles indicação de data ou lugar!

26 de abril

Passeando, durante a manhã, cheguei até uma casa de fazenda (que pertencia, como sempre é o caso, a um dos cunhados de López) ao redor da qual está acampada pequena parte de uma legião paraguaia auxiliar. O comandante, um belo velho de longas barbas, chamado Baez, deu-nos magníficas bananas com toda cortesia castelhana. Ofereceu-nos também um de seus oficiais, para que nos indique o caminho a se tomar, entre este lugar e Luque, para atravessar a pradaria coberta de grosso mato, cheia de buracos e de pântanos. Do alto dessa casa, tem-se uma bela vista que se estende desde os contornos de Assunção até o cume da cordilheira. O rio faz, mais ou menos, a forma de um quarto de lua, serpenteando entre suas arborizadas margens.

27 de abril

Nada novo. Ao meio-dia, indo ver os exercícios, diverti-me olhando um segundo-tenente que instruía seu pelotão com extremo entusiasmo. Isso me lembrou do tempo em que fazia o mesmo em Carabanchel.[60] O comandante do batalhão (J. Pinto Homem) disse-me que era um oficial Voluntário da Pátria chamado Luís Macedo de Carvalho Júnior. Eu comentei com meus ajudantes de ordens que aquilo me dava vontade de ser novamente segundo-tenente. Eles sorriram, sem dúvida, pensando que eu tinha mau gosto, conforme ensina a lei humana que ninguém está satisfeito com sua condição.

28 de abril

Recebi visitas e parabéns de todos os tipos por ocasião deste dia.[61] O chefe de esquadra veio, também, para fazer a série de propostas e demandas, amiúde insignificantes, que lhe dita seu caráter "desassossegado".

Tive também a visita do comandante da canhoneira inglesa: ele veio dizer-me que tinha recebido de Lorde Clarendon[62] novas instruções para fazer chegar ao governo de López algumas reclamações. Posterguei a demanda dizendo-lhe que esperava em breve, a respeito desta questão sobre o trânsito de países neutros, despachos de Buenos Aires; o que é verdade, dado que Mitre me contou ter redigido, recentemente, um acordo a esse respeito entre Paranhos e o governo argentino. Convidei-o para jantar: é um inglês muito duro, mas meus vinhos, licores e churrascos acabaram amolecendo-o. Acabou retirando-se "muito penhorado".

29 de abril

Mitre veio cedo, para 1. trazer exemplar de um trabalho volumoso que mandou fazer sobre os crimes de López (não pude senão agradecer a atenção que me deu); 2. propor a nomeação de uma comissão encarregada de vistoriar domicílios em Assunção, com o intuito de apreender objetos que supomos estarem escondidos (expliquei que lhe daria uma resposta mais tarde); e 3. queixar-se, ainda que em bons termos, de soldados brasileiros que, na noite anterior, tinham atacado um guarda argentino e ferido dois homens. Naturalmente, mandei fazer um inquérito: resultou ser que o fato é verídico, mas que teria sido motivado pela conduta de argentinos que, ao passear em nosso acampamento às onze da noite e em estado de embriaguez, descarregaram seus revólveres em nossa gente, inclusive numa mulher. Foi perseguindo-os, para detê-los, que nossa patrulha, muito precipitada, encontrou-se com a guarda argentina.

30 de abril

Novo incidente. O comandante em Assunção escreveu-me, particularmente, para dizer que uma expedição de cavalaria saída de lá tinha avistado cavalaria e infantaria inimigas levando carroças em direção a São Lourenço. O relatório não poderia ser mais confuso; provavelmente, os chefes de cavalaria que temos em Assunção têm interesse qualquer em manter esse fato na escuridão. Enviei Pinheiro Guimarães, para obter dados mais precisos junto a Hermes; e, ao mesmo tempo, ordenei à cavalaria de João Manuel que fosse em expedição na direção de São Lourenço. Essa expedição não encontrou inimigo algum, embora tenha conseguido distinguir os rastros das carroças. Continuaremos à procura e, certamente, farei substituir a brigada a cavalo que está em Assunção pela que está aqui.

O comandante inglês enviou-me um telegrama dirigido ao senhor Dom Luis Caminos, ministro a serviço de Sua Majestade a Rainha[63] para os negócios estrangeiros no Paraguai, o que me surpreendeu bastante, tendo em vista o acordo ao qual chegamos. Vou deixar este assunto sem resposta por alguns dias, sempre na esperança de receber de Buenos Aires alguma coisa que me norteie melhor.

Maio

1º de maio

Chegaram notícias importantes da expedição do Manduvirá. Os vapores de López estão definitivamente encalhados. Um deles tentou cortar o passo dos nossos, mas somente conquistou a perda de cinco prisioneiros e, provavelmente, muitos mortos; enquanto nós só tivemos um vapor encalhado.[64]

Recebi notícias do Rio de Janeiro datadas até o dia 15 [de abril] pelo vapor *Werneck*.

2 de maio

Recebi notícias do Rio pelo [vapor] *Anicota*, anteriores àquelas do *Werneck*, o que é devido, creio eu, ao tempo de escala em Montevidéu. De Buenos Aires chegou, enfim, o famoso vapor *Presidente*, trazendo a locomotiva, os aparelhos telegráficos e os instrumentos para construção da ponte de Juqueri.

Fui encontrar-me com Mitre, para conversar a respeito da requisição do comandante inglês. Conviemos que eu enviaria telegrama aos paraguaios de Patinho-Cuê quando bem entendesse. Conviemos também que teríamos de fazer uma expedição de cavalaria do lado de São Lourenço e de Itá para tomar certos produtos paraguaios que ali nos disseram estarem depositados.

Recebi para o jantar os oficiais-generais, quais sejam, Polidoro, Guilherme, João Manuel, Salustiano, José Auto, José de Sousa e Câmara. Vasco Alves pediu-me desculpas por não comparecer. Os dois que comandam as divisões de infantaria, José Auto e Salustiano, têm, infelizmente, inteligência limitada.

3 de maio

Mitre apresentou-se às 7 da manhã, e o fiz assinar um acordo relativo à expedição que deveria sair, amanhã, para tomar os produtos ilícitos. Como não o esperava tão cedo, não tinha preparado o documento. De modo que o preparei sob seus olhos e de meu próprio punho, em português. Depois de tê-lo lido, Mitre fez questão de assinar o rascunho que eu acabava de escrever.

À tarde, ele enviou o comandante do regimento da cavalaria chamada San Martín, para que eu lhe dê ordens. Era um oficial de spencer hussardo muito elegante. Como não consegui extrair nada dele, enviei-o, com meu ajudante de ordens, para entender-se com Polidoro, já que eram comandantes de corpos do Exército.

Recebi a visita do cônsul da Itália: disse-me que estivera ausente, pois fora a Buenos Aires. Era da [casa de] Saboia: um personagem vulgar que vela timidamente suas simpatias por López.

4 de maio

Fui ver a vanguarda às 5h30 da manhã e, após assistir por algum tempo aos exercícios do corpo de cavalaria de Manuel Lucas de Sousa, avancei para além de Juqueri até o vilarejo de Areguá. Ali paramos à sombra de um matagal no qual abundavam as laranjas, as bananas e a cana-de-açúcar. Esperamos até as oito horas, para ver se chegava alguma notícia especial da expedição que saiu em direção ao vilarejo antes do amanhecer. Não veio ninguém. Às dez, estávamos de retorno a Juqueri, onde o trem dos argentinos nos levou até Luque. Choveu torrencialmente à noite.

5 de maio

O comandante inglês veio novamente, para indagar sobre a resposta a seu telegrama. Disse-lhe, o que é verdade, que amanhã enviaria resposta aos postos paraguaios sobre a nota dirigida a Caminos. Agradeceu-me bastante e mostrou-se a minha disposição. Somente pedi-lhe uma *union jack*, para fazer constar a neutralidade de nosso mensageiro. Respondeu que, nesse caso, ele teria que acompanhar a bandeira. Não tive objeções. Em decorrência disso, escolhi o capitão M.L. da R. Osório,[65] que me pareceu o menos agauchado entre meus ajudantes de ordens, para que levasse o inglês, amanhã, a Juqueri e a Patinho-Cuê. Ao mesmo tempo, dei ordens a Guilherme e a cinco homens da cavalaria, no intuito de que estivessem preparados para escoltar a bandeira branca. Escolhi esses cinco homens cautelosamente, para que o oficial neutro e nossos inimigos tenham boa impressão de nós.

6 de maio

Os neutros, ao que parece, tinham marcado encontro. Trazendo as recomendações de Paranhos e outras instruções tão esperadas, surgiu o capitão de fragata e chefe de Estado-Maior da Esquadra dos Estados Unidos para o Atlântico Sul, o comandante Ramsay. Também vieram outros oficiais daquele país. Mandei servir o jantar para eles, quando a noite caiu. Deixei-os, em seguida, voltar a Assunção, rogando-lhes postergar toda iniciativa até que eu soubesse o resultado obtido pelo mensageiro enviado com o inglês na manhã, visto que não tive notícias dele. Comecei a inquietar-me; enviei a Guilherme sucessão de telegramas, para saber o que tinha acontecido. Finalmente, às oito horas, apresentou-se Manuel Osório. Disse-me que os paraguaios os fizeram ir uma légua mais à frente da ponte de Patinho-Cuê: ali, os fizeram aguardar três horas antes de aceitar a carta. Exausto, o inglês solicitou, disse-me Osório, dormir na vanguarda das tropas.

Antes do jantar e a pedido destes, encaminhei os americanos a Mitre. Depois de algum tempo, voltaram, dizendo que não puderam conversar com Mitre, porque ele não fala nem inglês, nem francês. Enquanto eles ainda estavam comigo, Mitre veio e contou-me o que lhes tinha dito, a saber, que ele deixava o assunto em minhas mãos: "Eu disse-lhes que se entendam com o senhor Conde."

7 de maio

O inglês apresentou-se na hora do almoço. Afirmou que quase morreu de fome durante o dia. Ao todo, comera apenas quatro laranjas até o anoitecer. Também disse que quase morreu de frio durante a noite, visto que tinha dormido numa rede que ele chamava de mexicana.

Não houve outros acontecimentos. À noite, fui à missa que Frei Fidélis faz todas as noites na igreja repleta de oficiais e soldados. A missa é feita com diferentes hinos e de músicas impossíveis de acompanhar, em coro, pelos presentes. Terminaram com litanias à Santa Virgem. Em seguida, o bom Frei subiu num palco e fez seu sermão, com sotaque italiano, em tom cantado e num estilo ainda mais incorreto que o da música. Esta vez, ele fez um misto de não sei o que da história de Tobias, da fuga do Egito e não sei qual incidente da Revolução Napolitana de 1848! Quanto ao mais, a congregação inteira calou-se, prestando religiosa atenção.

8 de maio

Enquanto os americanos chegavam a Patinho-Cuê, conduzidos por Manuel Osório, fui a Assunção fazer a vistoria dos estabelecimentos e resolver uma série de problemas relativos à polícia da cidade e ao porto, junto ao cônsul, ao chefe de esquadra e ao comandante.

Visitou-me o Cônsul da França. Apresentou-me o senhor Laprade, capitão de artilharia do Exército francês, reformado definitivamente após ter se tornado fazendeiro em Entre Ríos. Tivemos uma conversa monossilábica a respeito do mensageiro e dos emissários norte-americanos. Encerrei a reunião: espero que, para algum destes dias, ele faça sua apresentação oficial.

Voltei a Luque às seis da noite.

9 de maio

Os americanos voltaram para almoçar. Ficaram agradecidos pela hospitalidade com a qual foram recebidos na vanguarda das tropas. Disseram ter dormido perfeitamente.

Fui encontrar-me com Mitre, para falar sobre os neutros e sobre as medidas a serem adotadas em Assunção.

Vieram jantar os comandantes dos corpos de artilharia e de cavalaria do 2º Corpo do Exército: Emílio Luís Mallet,[66] Manuel de Almeida Gama Lobo d'Eça, Antônio Jacinto Pereira Júnior, Vasco Antônio da Fonseca Chaneneco e Diogo José dos Reis. Os outros desculparam-se, tendo apresentado diferentes razões.

Causei-lhes grande satisfação ao dizer que recebi, ontem, uma carta do Visconde de Herval na qual anunciava seu breve retorno. Ainda à noite, entregaram-me uma carta oficial do serviço postal dos Estados Unidos. MacMahon[67] escreveu a Ramsay. A carta foi trazida da vanguarda por um comerciante inimigo.

10 de maio

O capitão americano escreveu-me, dizendo que desejava encontrar Mac-Mahon amanhã às onze horas. Para concluir a questão com uma cartada final, enviei o inglês para tirar partido da ocasião e procurar uma resposta a sua carta. Ele aceitou.

Tive uma nova visita do senhor Laprade: foram essencialmente palavras protocolares.

Fui encontrar-me com Mitre, para assinar um acordo relativo ao Tribunal Internacional e, pouco depois, apresentou-se o senhor Hophias, cidadão americano residente, há alguns anos, nestas regiões, onde fundou todo tipo de empresas industriais. Agora, ele deseja que lhe dê a permissão para uma serralheria no Chaco. Antes, ele tinha feito o mesmo pedido a Mitre, que lhe disse não poder conceder autorização, já que a polícia fluvial dependia exclusivamente da esquadra brasileira.

11 de maio

Os neutros foram a Patinho-Cuê durante a manhã. Às quatro horas, o senhor Osório veio dizer que os americanos haviam permanecido entre os inimigos, mas que esses não admitiram o inglês, que se retirou em direção a Assunção sob pretexto de cansaço.

Choveu intermitentemente.

12 de maio

Chuva torrencial e ininterrupta. Temi que isso fizesse muitos doentes. Mas, felizmente, não foi o caso. Bonifácio disse-me, no dia seguinte, que o diário de baixas hospitalares não acusou nenhuma alteração no estado sanitário.

13 de maio

Fui a Juqueri durante a manhã. O rio desbordou, mas não atingiu os acampamentos.

14 de maio

O comandante inglês, que se manteve em silêncio após a má recepção dada pelo inimigo, enviou-me uma série de cartas. Rogou-me que as fizesse encaminhar ao acampamento inimigo. Havia uma aberta para MacMahon na qual pedia proteção para os súditos britânicos retidos por López; outra para a senhora Lynch,[68] também aberta, e outras tantas fechadas. Disse-lhe que, no que concernia às cartas abertas, somente faria encaminhar aquelas endereçadas aos retidos por López. Após a mensagem que lhe enviei, ele veio ver-me e abriu todas as cartas; mas teve de levar consigo aquelas cujos destinatários parecem estar, de bom grado, a serviço do inimigo. As outras foram enviados à nossa vanguarda e remetidas ao mensageiro inimigo que se apresentou à tarde.

Os oficiais americanos apareceram às seis horas. Haviam deixado os acampamentos de López durante a manhã. Apesar da reserva e cortesia, pareceu-me que o contato com López mudou a disposição deles em detrimento de nós.

Ordenei que um trem especial os buscasse, para levá-los a Assunção.

15 de maio

Mitre visitou-me. Pediu-me, em primeiro lugar, a suspensão da ordem dada à guarnição de Humaitá, de modo a não permitir livre passagem de gado do Passo da Pátria a Tebiquari. Segundo ele, os vapores de seus fornecedores, em função disso, haviam ancorado por ora. A ordem, portanto, expunha as tropas de Mitre à fome. Tive de consentir com a revogação solicitada, mas como medida parcial e provisória.

Em seguida, disse-me que queria acampar com suas tropas além do Juqueri. Como já havia conseguido postergar os objetivos de Mitre, e dado que estava na hora de colocar-nos em movimento, não lhe fiz objeções.

Este dia, dei nova organização aos corpos do Exército, em vista de operações futuras. Redigi, ainda, instruções para o general Câmara, que vai fazer suas operações, incessantemente, ao Norte de Jejuí. Tive também de tomar uma série de medidas para a artilharia no que diz respeito à distribuição dos cavalos recentemente chegados do Sul. Veio, então, a entediante noite de redação de cartas que precede a partida de paquetes para o Rio.

Choveu por momentos.

16 de maio

Choveu torrencialmente durante toda a manhã. À tarde, o tempo abriu, e fui vistoriar, a cavalo, as brigadas montadas. Felizmente, os acampamentos estão sobre coxilhas, de forma que a água não os alcançou.

17 de maio

Redigi instruções a respeito do movimento do Exército em Piraiú. À noite, o coronel Paranhos[69] anunciou, por telegrama, que o general Castro lhe tinha comunicado o resultado da expedição empreendida por Coronado em Ibicuí. Agregou que este temia ser perseguido por forças inimigas superiores a suas tropas. Portanto, fizemos imediatamente partir, na direção indicada, a brigada de cavalaria de Manduca Bueno.

18 de maio

Fiz chamar, cedo de manhã, o general José Luís Mena Barreto,[70] para perguntar-lhe se estava disposto a assumir o comando do 1º Corpo do Exército. Respondeu-me imediatamente com a melhor das vontades. Aproveitou a ocasião para lamentar-se sobre as injustiças que diz ter sofrido com Caxias.

Assim, enquanto me dirigia até o 1º Corpo, disse a Guilherme que estava disposto a conceder-lhe a demissão que solicitara com insistência havia algumas semanas, o que lhe causou satisfação não menor do que aquela de José Luís quando recebeu o comando das forças.

Enquanto regressava a meus aposentos, encontrei um ajudante de ordens oriental enviado por Castro para trazer-me cópia do ofício de Coronado.

Pouco depois, Mitre veio encontrar-se comigo, enquanto ele levava seu acampamento para além do Juqueri. Surpreendi-o ao contar-lhe as proezas de Coronado. Castro não tinha sequer se dado ao esforço de contá-las a ele.

19 de maio

Não me recordo de nenhum acontecimento.

20 de maio

De manhã, partiu a coluna de 6 mil homens comandada por José Manuel. Acompanhei-a até São Lourenço, pequena cidade na qual a coluna acampou este dia. Ao voltar, fiquei horrorizado com a infindável fila de bagagens de todos os gêneros que ocupava a distância inteira entre São Lourenço e Luque. Ela estava imiscuída entre munições e soldados preguiçosos. Era tamanha, que, ao chegar a Luque, escrevi a João Manuel, para chamar-lhe a atenção sobre esse abuso. Respondeu-me com ofício característico: declarou que não era possível operar de outra maneira enquanto se tratasse de um Exército que não autoriza o fuzilamento. "Mas descanse, Vossa Alteza, que tudo se fará do melhor modo possível."

21 de maio

De manhã, fui encontrar-me com Mitre, para dizer-lhe que me punha em movimento imediatamente. Fez algumas objeções, às quais respondi. Ele disse que trataria de acompanhar-nos. Assinamos também um acordo – redigido, a meu mando, pelo cônsul do Brasil –, para regulamentar os modos de aplicação de multas concernentes a medidas de polícia e de exportação e importação de mercadorias no porto de Assunção. Alguns instantes depois, estava de volta a meus aposentos. Recebi uma carta dele, na qual afirmava que, para seu grande pesar, lhe era impossível marchar antes de cinco dias.

Em seguida, fui a Assunção, onde visitei Castro. Ele me prometeu acompanhar-nos em breve. Visitei o novo hospital, que estamos montando na casa da senhora Lynch, os prisioneiros, que agora são trinta, quando antes eram duzentos, e, enfim, tive os encontros de praxe com o comandante de guarnição, o chefe de esquadra e o cônsul. Recebi também a visita do comandante da canhoneira inglesa: veio apresentar solicitação em favor de um médico inglês a quem, ao que parece, Caxias havia doado uma casa em Assunção. O tribunal instituído para avaliar a legalidade das propriedades resolveu que a concessão de Caxias não constituía um direito; assim, resolveu expulsar o inglês. Visto que fiquei sabendo que essa casa não foi reclamada por nenhum outro proprietário, mas foi apenas tomada para uso administrativo brasileiro, decidi que seria provisoriamente restituída ao inglês, não como direito, mas como concessão oriunda de instrução do comandante em chefe.

Voltei a Luque às cinco horas. Encontrei dois paraguaios que João Manuel tinha mandado prender.

22 de maio

Foi o dia marcado para a partida. Chovia, mas era uma chuva fina e intercalada. Não me pareceu suficiente para dar ordem inversa à partida. Estava na ponte do Juqueri, onde o 1º Corpo do Exército já tinha começado a passar. Passei-a e fui à barraca de Mitre, que me repetiu suas considerações sobre o mau tempo e sobre a dificuldade de ter abastecimentos. Disse-me também que tinha constatado estar manco grande número de cavalos de nossa cavalaria! (O que não é exato, de forma alguma.) Quanto ao mais, repetiu que nos encontraria em Piraiú, daqui a dois dias.

Havia muita lama, na verdade, e a marcha foi lenta, de modo que, pouco a pouco, encontrei-me na vanguarda, não tendo a minha frente senão o

Corpo de cavalaria de Manuel Lucas de Sousa. O corpo acabava de passar por um grande lamaçal e encontrava-se no fim da pradaria que se estende ao pé da cidade de Areguá. Eram 10h30.

Pinheiro Guimarães, a quem tinha pedido ficar na retaguarda, veio me dizer que o rabo da coluna estava ainda longe de ter de passar a ponte de Juqueri e que o 2º Corpo do Exército teve de parar por causa disso, sem poder passar, portanto. O mau tempo continuava. A tarefa de fazer passar a artilharia pelo atoleiro prometia ser longa. Depois de ter alcançado o vilarejo e de ter colocado os pés em terra firme, resolvi acampar por lá.

Enviei um ajudante de ordens a João Manuel e outro a Polidoro, para alertá-los sobre as três horas de marcha. A chuva tornou-se, por momentos, torrencial, o que me fez duvidar da possibilidade de marcha no dia seguinte; mas, quando a noite caiu, o tempo tinha-se aberto.

À noite, recebi uma carta de Mitre na qual colocava às minhas ordens o regimento de cavalaria chamado San Martín e um esquadrão da legião paraguaia. Visto que o comandante me confessou seu desejo de ir na vanguarda, enviei-o a juntar-se com o Corpo de cavalaria comandado por Doca, em Patinho-Cuê.

A paisagem de Areguá é esplêndida. Vê-se toda a extensão do lago, e, caso fizesse bom tempo, seria uma vista fantástica. Hoje, a bruma encobriu-nos a famosa cordilheira, onde López tem seu acampamento.[71]

23 de maio

Fez o mesmo tempo que no dia anterior. Embora os ajudantes de ordens me tenham dito que a estrada estava em melhores condições, a lama pareceu-me ainda pior. Não obstante, à altura de onde permaneci ouvindo as histórias do coronel Mallet, a artilharia passou sem problemas.

Na infantaria, não somente os soldados, mas também os oficiais preferiram marchar sobre seus pés. Passamos por Patinho-Cuê, onde há uma bela estação em meio à pradaria. No matagal de laranjais esplêndidos, encontramos a casa de campo da senhora Lynch, *Mrs. Lynch country house*, como diz o comandante Parson. Nesta altura, a estrada separa-se da ferrovia e do lago. Após uma caminhada mais lenta ainda do que no dia anterior, estabelecemo-nos no vilarejo de Areguá, às onze horas.

À tarde, João Manuel mandou mais dois prisioneiros de Itá.

24 de maio

O cansaço das mulas de carga e a falta de alimento para a tropa obrigaram-me a parar em Itauguá. Nesse ínterim, enviei o coronel Manuel Deodoro da Fonseca[72] para ocupar a estação de Taquaral e, assim, varrer aquela de Patinho-Cuê, o que se fez sem obstáculos e sem encontrar inimigos.

Fazia bom tempo. João Manuel chegou de Itá com sua coluna. Antes disso, chegaram os três prisioneiros que a brigada de João Sabino tinha capturado do lado de Jaguarão: todos os três eram gordos e tinham rostos alegres.

Polidoro veio ver-me de Patinho-Cuê, de onde eu havia solicitado que viesse, na manhã, com seu Corpo do Exército.

À noite, apresentou-se às sentinelas um paraguaio que afirmou ter desertado da expedição que López tinha enviado para perseguir Coronado.

25 de maio

Era o dia da independência argentina, o que tinha completamente esquecido. Se não tivesse, ter-me-ia organizado para reter a marcha neste dia, que nossos aliados gostam particularmente de festejar. Quanto ao mais, o famigerado regimento San Martín estava novamente aqui, depois de ter feito, ontem, expedição em Taquaral com Deodoro. Mandei-o ao cabo de nossa vanguarda.

Quando amanheceu, surgiu um nevoeiro de pegar com as mãos. Não nos víamos mais uns aos outros, o que produziu, naturalmente, um momento de confusão, pelo menos aparente, na marcha da coluna. Durou apenas poucos instantes e, rapidamente, tudo voltou à ordem regular que foi dada. Quando o nevoeiro se levantou, lá pelas oito horas, fez sol pelo resto do dia. De Itauguá em diante, há declive do terreno de forma geral. O caminho tornou-se estreito, cheio de pedras e acidentado. Sinuoso, ele passa pelas florestas e pelas plantações repletas de estacadas. Éramos um verdadeiro flanco aberto, que nos teria custado muito sangue, caso tivéssemos um inimigo mais respeitável.

Saindo dali, desembocamos numa pradaria ou amplo vale que os paraguaios chamam de *el cajón de Pirayú*. Era uma planície semeada aqui e acolá de pequenos matagais.

A estrada que seguimos, a ferrovia e o leito de água chamado *arroyo Pirayú* formam três linhas quase paralelas.

Quando os matagais terminaram, aparecemos ao pé do morro, do lado oposto do vale. Encontramos um acampamento e restos de brasa, sinal de que o inimigo abandonou o local recentemente. Imediatamente, dei ordem ao coronel Manduca Cipriano de Morais, para que corra atrás com sua brigada de cavalaria que formava a vanguarda da coluna esquerda e que marchava sobre a ferrovia. Houve atraso na transmissão dessa ordem, porque a planície está repleta de pântanos, de buracos e de grandes fossas entre as quais os ajudantes de ordens procuraram restos da passagem inimiga. Em seguida, houve outro atraso considerável até que a brigada encontrou o lugar apropriado para atravessar o rio, um vau.

Nesse espaço de tempo, a coluna continuou avançando com a lentidão usual. Eram mais de onze horas. Resolvi deter as tropas, quando a nossa esquerda vimos uma elevação no meio da planície. Lá subi e vi que o vilarejo de Piraiú estava a meia légua de distância, do lado direito da planície. Decidi ir e, em torno das duas horas, ali estávamos.

Mais tarde, Manduca Cipriano veio radiante. No primeiro acampamento, nada havia encontrado. Mas havia-se deslocado até Cerro León, que fica um pouco mais longe, e expulsou os inimigos que lá estavam. Do lado inimigo, morreram trinta homens e foram capturados vinte prisioneiros.[73]

26 de maio

De madrugada, Vasco Alves partiu com duas brigadas em direção a Paraguari, de onde ele enviou um oficial que relatou haver feito quarenta prisioneiros e encontrado 32 vagões de todas as espécies. O acontecimento causou grande satisfação.

À tarde, fizemos um reconhecimento da posição de Ascurra com as brigadas de Manduca Cipriano e de Manduca Deodoro. Não tiramos proveito algum da expedição, a não ser o retorno pela planície, numa tarde resplandecente.

27 de maio

Foi dia de festa divina. Frei Fidélis tivera a caridade de me avisar a respeito no dia anterior. Ao sair da missa, tive a surpresa de ver Mitre e sua escolta no meio da praça do vilarejo. Ele me aguardava. Disse-me que seu Exército acabava de chegar à entrada da planície e que buscava o lugar mais conveniente para estabelecer seu acampamento. Propus que fôssemos almoçar e, em seguida, que fôssemos examinar as diferentes posições daqui a Taquaral. Assim fizemos, e, seguindo minha sugestão, ele concordou em assumir a guarda das estradas e de algumas das passagens fluviais que, sem a chegada de Mitre, teriam sido colocadas sob a responsabilidade de nosso 2º Corpo do Exército. Fomos até a estação de Taquaral, onde Polidoro havia estabelecido seu quartel-general. Foi quando Mitre se despediu, para constituir seu acampamento. Voltei um pouco depois, após ter-me encontrado, novamente, com Mitre para dizer-lhe que acabava de saber, por intermédio de meus engenheiros, que os argentinos ainda não haviam colocado a mão na massa no que concernia à conservação da parte da estrada de ferro que lhes fora confiada por acordo comum. Mitre disse-me que tinha dado ordens a respeito e que havia deixado destacamentos à disposição dos engenheiros brasileiros em Juqueri, em Areguá e em Patinho-Cuê. Mas, afinal de contas, eu sabia que não eram senão promessas.

28 de maio

De manhã, fui visitar o acampamento de João Manuel, a estação de Cerro León e a ponte da ferrovia sobre o riacho Piragui, cujos pilotis estão escurecidos pelas tentativas de incêndio feitas pelo inimigo.

29 de maio

Choveu de manhã. Ouvimos tiros de canhão e de fuzil no acampamento inimigo, do outro lado do morro. Depois, vimos elevar-se uma fumaça que poderia ser sinal de incêndio e de abandono do acampamento. Enviei dois corpos de cavalaria, para observar tudo isso de mais perto. Ao regressar, relataram que absolutamente nada parecia haver mudado na vanguarda inimiga. Manduca Cipriano, que os comandava, remeteu-me duas cartas enviadas pelo inimigo. Uma era de MacMahon com destino a Washington; a outra, a famosa nota que López me enviou a respeito da bandeira paraguaia.[74]

Pouco depois, um ajudante de ordens de Mitre veio trazer papéis relativos a outros assuntos e contou-me, com extrema eloquência, um embate que os argentinos tiveram de manhã, durante o qual tiveram de administrar, disse ele, fogo de artilharia por uma hora.

30 de maio

Houve nevoeiro nos morros. O dia foi tomado para a correspondência com o Rio.

31 de maio

Nada novo.

Junho

1º de junho

Chegou Salgado, vindo de Buenos Aires pelo *Alice* com cartas e pacotes de todos os gêneros. Entre outras notícias, ele contou que havia estado com o Visconde Herval em Buenos Aires, que embarcou imediatamente para Assunção a bordo do *Cuiabá*.

2 de junho

Enquanto me vestia, Larue remeteu-me um telegrama do coronel do Estado-Maior. Câmara havia derrotado Galeano: matou quinhentos inimigos, fez trezentos prisioneiros, reteve número considerável de famílias, dez canhões e três bandeiras. Imediatamente, saí de minha barraca e, em voz alta, fiz a leitura do telegrama, o que causou satisfação geral. Aproximadamente ao meio-dia, Polidoro veio visitar-me. Estava de melhor humor do que de costume, mas, como sempre, preocupado em contar-me os incidentes de cada deserção e de cada insubordinação. É um tipo de relato que esgota minha paciência.

3 de junho

Soube-se que o Visconde de Herval chegou a Assunção e que conta vir a Piragui depois de amanhã. Mandei a sua espera seus dois sobrinhos, que são meus ajudantes de ordens.

De manhã, fizemos um reconhecimento de Cerro León. O inimigo lançou-nos, do alto do morro, certo número de granadas esféricas, calibre 12. A maioria não explodiu. Uma delas, no entanto, terminou arrancando um braço de um pobre praça, o que me fez optar pela retirada. Ao mesmo tempo, outro projétil, que havia caído no telhado das barracas do antigo acampamento paraguaio, provocou um estilhaço na madeira do edifício e feriu levemente o pé de outro homem. Ficamos quites com esses dois acidentes. Voltamos, em seguida, numa manhã esplêndida. A passo de cavalo, levei exatamente uma hora de Cerro León a Piragui.

4 de junho

À tarde, apresentou-se a nossas sentinelas uma representação inimiga, composta, disseram-me, por oito oficiais que traziam dois ofícios. Não quiseram, no começo, remeter as comunicações a nosso oficial superior que lá se apresentou. Manifestaram a intenção de as entregar em mãos próprias.

Quando fiquei ciente da notícia, enviei Pinheiro Guimarães, que os fez renunciar a suas obstinações. Parece que o chefe da representação, um tal Aveiro, estava bêbado e que, como é do costume paraguaio, fizeram assaltos de fanfarronice e provocações não somente contra os oficiais brasileiros, mas também contra um argentino que lá fora por curiosidade e que respondeu, ao que tudo indica, muito bem.

As comunicações que traziam eram três; a saber, um pacote de MacMahon com destino a Washington, que enviei a Paranhos; uma volumosa réplica de López a minha resposta do dia 29;[75] e uma nota, em inglês, endereçada a mim por MacMahon.

Por intermédio de um telegrama vindo de Assunção, soubemos, felizmente, que Portinho passara o Paraná, mas que os despachos oficiais a esse respeito haviam naufragado em não sei qual vapor!

À noite, depois das nove horas, apresentou-se um segundo-tenente que João Manuel enviara na noite anterior.

5 de junho

Mitre apresentou-se às três da tarde. Trazia consigo uma amabilidade que eu não esperava após a polêmica sobre os vagões, poucos dias antes. O motivo de seu contentamento veio a galope: desejava que eu assinasse um volume que ele tinha preparado com injúrias contra López. Recusei por muitas razões, entre as quais, disse-lhe esta: que não podia estender-me em considerações políticas, porque não tinha poderes diplomáticos. Foi um argumento que o incomodou, me parece, pois respondeu-me com extrema energia: "Não, senhor! O senhor Conde tem todos os poderes de seu governo, assim, tem forçosamente poderes diplomáticos!" E, logo depois, continuou suas injúrias contra López. Hoje, de fato, ao contrário do que ocorria no começo da guerra, todo o receio de nossos aliados é que o Brasil, exaurido por seus sacrifícios, queira fazer as pazes com López, deixando-os num lamaçal. Para evitar isso, eles esforçam-se, sempre, em engajar-nos nas mais violentas declarações contra López. Essa preocupação da parte deles nos confere poder de barganha, que eu trato de colocar em nosso proveito.

6 de junho

De manhã, soubemos que o Visconde de Herval deixou Assunção às sete horas. Depois, por meio de uma série sucessiva de telegramas, soubemos que ele passou por Luque, por Juqueri, por Areguá, por Patinho-Cuê e, enfim, chegou a Taquaral por volta de uma da tarde. Mandei colocar o Corpo do Exército em prontidão, para recebê-lo. Quando soube que ele tinha deixado Taquaral, montei a cavalo e, com meu Estado-Maior, fui esperá-lo na estação, onde seu vagão não tardou em chegar. Embora tivesse o maxilar amarrado para esconder, dizia-se, duas fissuras que tem no queixo, ele pareceu-me em muito melhor saúde do que esperava. Malgrado não ter cultura erudita, é um homem de enorme perspicácia natural, com sentido de justiça e retidão no que diz respeito a pequeno número de assuntos que lhe são familiares.

Após alguns instantes de espera na estação, montamos a cavalo e fomos juntos ao local onde a tropa comandada por José Luís aguardava em prontidão. Ali, em razão da cessão do comando para Herval, pensei não dever passar as tropas em revista e disse-lhe: "Agora, o Visconde dê suas ordens: eu por lá o espero mais tarde." Voltei ao acampamento a galope. À noite, ele veio, com efeito, ter sua primeira reunião comigo. Reparei nos extremos cuidados que ele tinha em relação a todos os detalhes, sobretudo aqueles relativos à disposição do acampamento e à organização da cavalaria. Notei também sua completa ausência de noção sobre geografia e, por conseguinte, sobre estratégia, a ponto de dizer-me que não queria ver o mapa, porque não via utilidade alguma!

7 de junho

Choveu durante quase todo o dia. Contudo, Polidoro veio jantar com Herval, respondendo a meu convite. Este mostrou-me sua primeira ordem do dia e pediu-me para suspender aquilo que eu achasse inconveniente. Ele disse ainda que era "pouco escrevinhador", o que eu já sabia. A ordem do dia pareceu-me bem escrita: duvido que a redação seja dele.

8 de junho

Continuou chovendo. À tarde, tivemos a desagradável surpresa de saber que muitos pilotis da ponte da ferrovia mais próxima a Assunção haviam sido serrados.

9 de junho

Fez bom tempo. Ao anoitecer, recebi a visita de D.E. Castro, que veio de Assunção para conversar comigo sobre as próximas respostas às notas de López e de MacMahon. Li os esboços de resposta que eu havia preparado, e ele me declarou que "estava muito, muito bem". Depois disso, falou a respeito da revolução que acabava de eclodir no Estado Oriental. Disse, ainda, que isso o obrigaria, talvez, a partir para lá, no intuito de servir como pacificador. Ele esperaria as ordens de seu governo em Assunção.

À noite, em torno das oito horas, apresentou-se um segundo-tenente enviado por João Manuel. Chamava-se Medina, ao que parece. Havia deixado João Manuel ao meio-dia, num lugar chamado Narangai (segundo a carta deste). A carta estava confusa e, infelizmente, o segundo-tenente era tão limitado que suas explicações não prestaram para nada. Como João Manuel expressava o receio de ser atacado, fiz Vasconcelos partir à noite, para que levasse a cavalaria aqui disponível em vanguarda.

10 de junho

À noite, eram mais de dez horas (já estava deitado), apresentou-se um oficial de João Manuel com uma carta para Herval, anunciando que aquele chegara a Paraguari, às seis horas. Pedia reforços, porque sabia que o inimigo acabava de atacar e que estava nas proximidades. Ainda que isso me parecesse bastante improvável, enviei imediatamente uma divisão de infantaria e seis canhões. A pedido de Herval, enviei telegrama a Polidoro e aos argentinos, para que se mantivessem em prontidão.

11 de junho

Cedo de manhã, fui a Paraguari, para ver o que ocorria. Chovia, e a estrada estava em estado detestável. Pouco antes de chegar, encontramos uma longa coluna de mulheres, de crianças e de inválidos paraguaios, todos libertados por João Manuel. Era um dos mais curiosos espetáculos já vistos, pela extrema miséria à qual esses infortunados foram reduzidos.

Encontramos Pedra,[76] comandante da divisão de infantaria, e depois João Manuel nas proximidades de Paraguari. O vilarejo está situado numa espécie de garganta bastante pitoresca que circunda o vale de Piraiú. Dali, a vista estende-se sobre ampla planície açambarcada pela cadeia de colinas chamada *cordilleritas*. Segundo o mapa de Mouchez, as águas dessa planície se derramam no grande lago de Ipuã. No meio, eleva-se espécie de mamilo, onde, em janeiro de 1811, Belgrano resistiu a uma horda de paraguaios antes de começar a retirada para Itapuá.[77] Por causa disso, chama-se ainda hoje de Cerro Porteño.

Após ouvir o relato da expedição feita por João Manuel e, sobretudo, pelo muito inteligente capitão de engenharia militar Jerônimo R. de N. Jardim, conscientizei-me de que a presença inimiga nas vizinhanças de Paraguari era pura ilusão de João Manuel. Assim, dei ordem para que todos voltassem a Piraiú. Eu voltei também, tão rapidamente quanto pude, visto que estava em jejum. Somente consegui regressar depois de meio-dia e meia.

Desafortunadamente, encontrei Salustiano, que acabava de assumir, após nomeação, o comando da guarnição de Assunção. Tive de passar em torno de uma hora dando-lhe instruções.

Ao meio-dia, fui incomodado pela chegada de paraguaios libertados. Tive de tomar medidas enérgicas para preservá-los da compaixão excessiva de todo mundo: praças, oficiais e comerciantes. Pinheiro Guimarães, em acordo com Frei Fidélis, terminou aquartelando-os na igreja para passar a noite.

12 de junho

Durante todo o dia, argentinos e paraguaios aliados afluíram no meio de nosso acampamento, para ver as famílias libertadas. Quase sempre, buscaram requerê-las sob pretexto de laços de parentesco mais ou menos imaginários. Tivemos de cercar essas desafortunadas famílias com um cordão de sentinelas. À noite, uma lista de indivíduos detidos foi-me apresentada. Vinha com a cômica nota seguinte: "Detido por entrar no círculo das paraguaias sem licença."

Pela primeira vez desde que cheguei ao Paraguai, ventou, o que provocou grande queda na temperatura.

13 de junho

Esqueci que era domingo. Nesta manhã fria, fui encontrar-me com Mitre. Assinamos dois acordos: um, sobre o destino a ser dado à renda do aluguel das casas de Assunção, cujos proprietários não foram encontrados; outro, sobre certos tijolos e outros objetos, encontrados nas margens do rio Paraguai, que alguns indivíduos pediam para comprar.

Em seguida, chegamos à questão mais grave: a resposta a ser dada a López. Após algumas objeções que contestei, ele consentiu em aderir ao projeto que eu havia preparado. Agregou, tão somente, que o completaria por uma nota a ser, antes, dirigida a mim. Passaríamos então a cópia a López. Achei o acordo excelente e voltei a minha barraca.

A seu turno, ele veio encontrar-me ao meio-dia. Trazia meu projeto de nota com correções insignificantes. Assinamos, e enviei-o a Castro.[78]

14 de junho

Fez bom tempo, mas frio.

15 de junho

Tive uma dor de cabeça tão grande que não consegui trabalhar de forma alguma. O doutor Ribeiro aconselhou-me passear a pé, o que não tinha feito havia muito tempo. De fato, fui-me embora vagar nos matagais atrás do acampamento com o doutor Jerônimo Coelho, Taunay e os dois oficiais de serviço. Taunay aproveitou a ocasião para dissertar sobre os diferentes tipos de palmeiras.

A botânica, contudo, não foi suficiente para extirpar a dor de cabeça, e voltamos presos numa certa melancolia. Foi então quando Herval veio com a calma imperturbável que lhe é característica. Tinha chegado um mensageiro, disse-me, que anunciou a vinda do tenente-coronel Godinho a Paraguari, com dez homens que pensávamos estarem perdidos desde o incidente do dia 8 [de junho]. Eu pensei que estava sonhando, e a felicidade expulsou a dor de cabeça. Enviou-se-lhes, imediatamente, um corpo de cavalaria, com cavalos descansados, para ajudá-los a chegar. Uma hora depois, eu mesmo montei a cavalo, para ir à frente daquele corpo. Cavalguei até uma boa légua e meia para além da estação de Cerro León sem nada encontrar. Voltei quando começou a anoitecer. Godinho apresentou-se em Piraiú às oito da noite, ferido na perna.

16 de junho

Recebi a nota que seria enviada a López, assinada por Castro. Estava carimbada com a insígnia do comando em chefe brasileiro no Paraguai. Enviei Maneco Osório para levá-las a Ascurra. Mas voltou após pouco tempo, dizendo que seria necessário um dia inteiro para afastar os escombros que o Visconde (seu tio) havia disposto para obstruir os caminhos que levam de nosso acampamento aos diversos baixios do rio. Era uma precaução do Visconde, conforme me explicou, não contra o inimigo, mas para evitar que os cavalos fugissem.

Mandei retirar os escombros do caminho principal, se não para dar passagem aos mensageiros, pelo menos para garantir que eu pudesse, amanhã, fazer um reconhecimento de terreno.

17 de junho

Acordaram-me à meia-noite, para dizer que Herval solicitava conversar comigo. Ele veio com um capitão (cujo nome desconheço) que chegou de

Ibicuí, onde havia deixado, nessa mesma manhã, Bento Martins e Chamanéco, ambos com seus homens. Estavam em boa forma, embora estivessem morrendo de fome e não pudessem continuar avançando, dada a falta de cavalos e de víveres.

A felicidade foi grande: imediatamente, deu-se ordem para que fossem enviados ao encontro deles o brigadeiro Manduca Cipriano com duzentos cavalos de carga, trinta bois, farinha e mate.

Em seguida, Herval aproveitou a conversa para dizer-me que chovia torrencialmente e que seria impossível fazer o reconhecimento previsto. Tive que me resignar. Enviei telegrama a Polidoro nesse sentido.

De manhã, percebi que, na verdade, o tempo não estava tão ruim assim: mas as ordens já haviam sido dadas. Osório levou meus ofícios às linhas de vanguarda. O correio do Rio chegou e, como minha dor de cabeça não cessou, passei o dia lendo cartas e jornais.

18 de junho

Visto que deixou de chover, atravessamos o rio para fazer o reconhecimento previsto. Mas caiu dos morros tal nevoeiro, que não conseguimos observar nada. A cavalaria argentina, que havia tomado a frente, sustentou um tiroteio com os inimigos. Vedia, que encontrei na ocasião, disse que eles haviam matado vinte, isso sem contar os feridos. Que espanholada!

Mitre, ao ficar sabendo que eu estava lá, veio me encontrar. Voltamos juntos até seu acampamento, de onde voltei às onze horas. Ali, havíamos encontrado um segundo-tenente que foi enviado por Manduca Cipriano para trazer a nosso acampamento umas trinta mulheres e crianças encontradas no caminho. O segundo-tenente, homem de certa idade, disse-me ser o sobrinho do defunto Cândido Batista: esqueci seu nome.

19 de junho

Choveu a cântaros. Por volta das onze horas, surgiram Bento Martins e Chamanéco, magros e envelhecidos, embora dissessem estar em boa forma.

Traziam consigo 196 homens, além de alguns outros já mortos em decorrência de haverem ingerido mandioca crua (mandioca-brava).

Dado que, conforme o último relatório (verbal) de João Manuel, estariam faltando 163, e não 196 homens, tive de exigir uma declaração escrita que desse conta da inexatidão. João Manuel concordou e disse que se encarregaria de reclamar a respeito com os comandantes dos regimentos. Isso aí é um exemplo de uma dificuldade que existe neste Exército: saber com exatidão um sem-número de coisas.

20 de junho

Continuou chovendo. Soube-se que a chalupa da Marinha havia chegado em Areguá. Assim, enviei Salgado para lá, de forma a colocar a embarcação na água.

Acreditou-se ouvir tiros de canhão nas posições inimigas: aparentemente, seriam ensaios de alguns armamentos refundidos em Caacupé.

À noite, a locomotiva chegou a Piraiú, e isso sem ser esperada. Tratava-se de uma amável surpresa dos empresários que haviam prometido a chegada dos carregamentos somente para o dia 26, dado o mau estado de certas pontes (pontilhões, na verdade) entre Taquaral e Patinho-Cuê.

21 de junho

O dia começou chuvoso, novamente. Esperei a locomotiva, para ir encontrar-me com Polidoro em Taquaral. Mas, enfim, parti a cavalo por volta de meio-dia, em decorrência da demora. Relógio em punho, tardei hora e meia, atravessando o acampamento dos argentinos.

O tempo estava magnífico na volta.

22 de junho

Houve intenso nevoeiro de manhã; depois, fez bom tempo.

À tarde, tive novamente aquela dor de cabeça. O doutor Ribeiro julga ser o resultado da intoxicação paludosa, doença da qual muitos sofrem no Paraguai. Ele me obrigou a tomar, em consequência, umas pílulas de valerato de quinina. Senti-me aliviado imediatamente.

23 de junho

Houve nevoeiro. Desabou uma casa onde residiam muitos oficiais, não sei exatamente quais. Afortunadamente, o desastre foi prenunciado por estalos sinistros, que deram aos residentes o tempo de sair. Assim, ninguém ficou ferido!

A noite de São João foi comemorada com luminárias, dispostas em parte do acampamento, e fogueiras; uma destas, que ficava frente ao quartel-general, estava encoberta por uma palmeira. Pinheiro Guimarães deliciou a sociedade com carnes assadas.

Soubemos, por telegrama, que um tenente chamado Quintino foi assassinado nas ruas de Assunção. Um outro telegrama relatou que haviam chegado quarenta homens vindos do Mato Grosso. Maravilhado pela notícia, mandei perguntar a quais corpos eles pertenciam e por qual vapores eles haviam chegado. A resposta foi que a notícia estava errada e que haviam chegado apenas três oficiais no vapor *Duque de Saxe*. Ignora-se ainda a origem do quiproquó.

24 de junho

Foi dia de São João, e houve missa. Dado o bom tempo, o rio baixou, e o capitãozinho Amarante (um garoto muito inteligente: Manuel Peixoto Cursino do Amarante) pôde ir examinar o outro lado da estrada que leva a Pedrosa.

À tarde, Mitre apresentou-se. Começou dizendo que o surpreendeu ver, pela primeira vez, alguns homens da cavalaria inimiga percorrendo toda a planície, da estrada de Ascurra até a de Pedrosa. Disse-lhe que, provavelmente, esses pretensos inimigos eram os homens que enviara com Amarante.

Após conversar sobre outros assuntos sem maior importância, ele teceu considerações sobre a maneira de atacar as posições atuais do inimigo. Eu, que tenho mais ou menos meu plano, não o quis revelar antes da hora adequada, visto que não confio na discrição dos outros. Respondi em termos vagos e com algumas reservas. Ele falou da necessidade de reforços e de solicitar mil homens a seu governo, o que achei ótimo. Disse-lhe, no entanto, que não os esperaria indefinidamente. No fim das contas, ele me disse que colocaria seu plano no papel e, assim, o enviaria, para que eu possa examiná-lo e discutir a respeito. Aceitei a proposta sem objeções.

25 de junho

O céu estava sem nuvens, e o tempo, frio: o doutor Ribeiro notificou 9º C. Durante o almoço, a sociedade regozijou-se com a chegada de Adolphe Hubert ao acampamento, francês famoso no Rio de Janeiro pelos artigos que publica, aos domingos, no *Jornal do Commercio*. Esses artigos chamam-se "Sentinelas, tomem cuidado!" A meu ver, são artigos que indicam a existência de um cérebro afetado. A hilaridade intensificou-se quando Jerônimo Coelho declarou, com o maior sangue-frio, que o último artigo original veio acompanhado de uma carta de recomendação escrita pelo próprio francês.

Mais tarde, Taunay contou-me que se tratava de um bom homem. Vinha buscar documentos para contar a história do Paraguai. Solicitei a Taunay que lhe desse uma coleção de semanários encontrada não sei onde. Ao que parece, ficou encantado: ele disse que esse butim era suficiente, que achava o acampamento *charmant*, mas que não pôde suportar o frio do Paraguai e, assim, que voltaria para o Rio de Janeiro no mesmo vapor pelo qual chegou.

Pinheiro Guimarães e Amarante foram fazer um reconhecimento para além de Cerro León, até uma ladeira chamada Batovi.

Mitre escreveu, dizendo que agentes inimigos tinham explodido, sob o trem argentino, uma granada de calibre 24! Provavelmente, mais uma piada argentina!

26 de junho

Às 6h30, tudo estava ainda coberto por uma branca geada. Afirmaram que, pouco antes, a água estava congelada. Duvido! O doutor Ribeiro, que (quão certo é!) não é madrugador, disse ter observado 5°C.

Recebi a visita do célebre Hubert: não me pareceu tão louco quanto pensava; mas, tagarela como é, estendeu-se em considerações sem fim que não brilhavam pelo bom senso sobre a guerra, sobre os meios de prossegui-la, sobre o caráter paraguaio e, sobretudo, sobre a abolição da escravidão.

À noite, soubemos que o inimigo se mostrou em número de cem cavaleiros do lado de Cerro León.

27 de junho

Houve missa, e fez bom tempo.

Fui buscar, com Pinheiro Guimarães, lugar onde pudéssemos passar revista do Exército, para outorgar as medalhas adquiridas na ocasião dos últimos combates e para remeter novas bandeiras aos batalhões que não dispunham mais delas. Infelizmente, todo o acampamento estava muito úmido, apesar do bom tempo.

À tarde, recebi uma carta de Mitre que, remetendo-se a possíveis revelações estapafúrdias dos desertores do bando inimigo, revelava promessa de gratificação no valor de vinte onças a quem apresentasse o autor da explosão da granada sob o trem, na ferrovia. Enviou, enfim, seu famoso plano de ataque, ao qual comecei a preparar uma réplica.

28 de junho

Às 6h30, tomei o trem para Assunção. Eis aqui o itinerário do trajeto: de Piraiú a Taquaral, 25 minutos; pausa em Taquaral, para discussão com Polidoro, que veio depois conosco; de Taquaral a Areguá, quarenta minutos; pausa em Areguá, para montar a cavalo e ir até as margens do lago com intuito de analisar as fortificações constituídas para proteger, por meio de quatro peças de calibre 12, as embarcações que a Marinha nos trouxe.

De Areguá a Juqueri, uma hora e meia; pausa para examinar a ponte do Juqueri, hoje concluída: há, ali, um destacamento do 1º Batalhão de artilharia, que construiu um cerco ao redor das pilastras da ponte.

Pausa prolongada em Luque, para sacudir o dito batalhão, parado há algumas semanas por causa de seu material de artilharia de montanha (sistema Whitworth). O comandante é Manuel José Pereira Júnior, mulato muito inteligente e bravo. Ele pareceu-me estar sofrendo de tuberculose pulmonar. Por causa disso ou por falta de razão mesmo – o que é frequente nos mulatos, inclusive nos mais distinguidos –, seu batalhão anda mal. O velho Mallet (comandante-geral de artilharia) disse que até os mapas estatísticos de Manuel José Pereira são inexatos! A penúria de oficiais é tanta, todavia, que Mallet não pôde me indicar outros oficiais superiores que estejam no caso de substituí-lo.

Última pausa, para conferir a grande ponte de Ibiraí, que foi serrada recentemente. Agora, há ali e, também, na estação vizinha de Trinidad um destacamento oferecido por um dos batalhões de guarnição de Assunção. Antes de chegar à terminal, mandei parar o trem, para visitar Castro. Dali, fui ao palácio de Barrios, aonde cheguei morto de fome (seriam umas duas horas). Encontrei o chefe de esquadra e uma multidão de pessoas (oficiais e outros que mandei escusar).

Passei em revista os cercos e os hospitais (o antigo ainda sujo, e o novo, por enquanto, em muito bom estado; isso graças ao doutor Firmino José Dória, um mulato quase negro).

À noite, entre outras, recebi a visita do cônsul da França. Apresentou-se com o comandante da canhoneira *Décidée*. O primeiro voltou a fazer insinuações sobre seu desejo de ir ao acampamento inimigo. Como anteriormente, não tive dificuldade em esquivá-las, tampouco em subtrair-me à covardia do personagem.

Apresentou-se, também, uma comissão internacional humanitária, instituída para socorrer as famílias paraguaias que não estão mais em poder de López. O porta-voz da entidade é o doutor Luiz Álvares dos Santos, mulato e professor na Faculdade da Bahia. Ele me fez um longo discurso: disse que essa comissão já se havia ocupado em fazer vir de Buenos Aires duas irmãs de caridade francesas.

Em seguida, tive de escrever para o Rio. À meia-noite, surpreendi-me por ainda estar com essas ocupações.

29 de junho

Como era dia de São Pedro, às 6h30 fui ouvir missa na catedral; depois, fui ver a prisão (guarda do Exército), os depósitos de material, os recrutas chegados do Brasil e, enfim, embarquei no trem às 8h45.

Chegamos às dez a Taquaral, onde encontramos Polidoro, que também ouvia missa. Por volta das 11h30, estávamos em Piraiú.

30 de junho

Por volta das duas horas, veio um mensageiro e, quinze minutos depois, Pinheiro Guimarães, que o fora receber, trouxe uma carta com a seguinte inscrição: "Legação dos Estados Unidos no Paraguai – Para Sua Excelência o comandante em chefe das Forças Aliadas."

Montei a cavalo e fui encontrar-me com Mitre, para abrir a carta em sua presença. Não o encontrei, e um ajudante de ordens disse-me que "há novidades da linha de combate: dizem que vem um grupo como que em qualidade de bagageiros". Prontamente, Mitre chegou e contou que vinham charretes: poderiam ser as bagagens de MacMahon. De fato, abrimos a carta, com data de 28 [de junho]. Não era mais do que um aviso da breve chegada de MacMahon.

De volta a meus aposentos, já de noite, fiquei atônito ao encontrar um telegrama de Polidoro. Dizia que MacMahon acabava de chegar em Taquaral. Depois disso, recebi outro telegrama, anunciando que o dito-cujo solicitava visitar-me. Enviou-se um trem para buscá-lo. Em torno das oito horas, ele apresentou-se com uniforme e capote cinza. Deu-me a impressão de ser um homem, a um só tempo, de tipo britânico e sóbrio.

Constrangido, quiçá, por receber uma acolhida muito fria, titubeou o tempo todo e não fez senão narrar alguns incidentes insignificantes a respeito de sua admissão em nossas linhas. Parecia dizer que não lhe foi prestada a devida atenção. A conversa deu-se em inglês, e a entrevista foi breve. Mandei dois ajudantes abrir as portas, às quais se apresentou uma multidão de oficiais curiosos.

Sob sua solicitação, foi dormir em Taquaral.

JULHO[79]

1º de julho

Às seis horas, ainda era de noite, fui a Taquaral. MacMahon lá estava, ainda. Parecia estar à espera de Polidoro, visto que rondava seus aposentos.

Polidoro e eu cruzamos, numa jangada, a lagoa contígua ao acampamento. Parece ser um prolongamento do lago Ipacaraí. Fizemos um reconhecimento da estrada chamada Cavañas até o matagal que cobre o pé do morro.

Não vimos inimigo algum e, por volta das onze, morrendo de fome, deixei Polidoro e vim aqui, através da planície e do acampamento argentino.

2 de julho

Foi Dois de Julho: dia de grande festa para os baianos.[80] Em função disso, às nove horas, os músicos dos corpos de Voluntários [da Pátria] da Bahia, nos uniformes mais deslumbrantes, apresentaram-se na praça do vilarejo e, com seus Estados-Maiores, foram assistir à missa solene da qual também participei.[81]

Em seguida, fui a Taquaral ver Polidoro, que encontrei cansado, gripado e sofrendo, mas forte o suficiente para contar-me um bocado de incidentes relativos à estada de MacMahon.

Ao regressar, passei em revista o acampamento da infantaria, que estava muito bonito com seus ares de triunfo, seu festim de hortaliças e seus galhos de laranjais carregados de frutas. E tudo em honra ao aniversário baiano. À noite, houve iluminação geral e dança dos soldados.

3 de julho

Em torno das quatro horas da tarde, soubemos que o [vapor] *Galgo* tinha chegado a Assunção. Trazia a bordo Paranhos e o comissário argentino doutor Roque Pérez. Enviei telegrama imediatamente a Paranhos, dizendo que o esperaria amanhã, cedo. Não tive resposta a esse respeito. Tão somente à noite (já estava deitado) é que chegou uma carta dele. Viria depois de amanhã. Enviou-me grande quantidade de papéis oficiais; entre outros, os protocolos e outros documentos relativos ao estabelecimento do famoso Governo Provisório paraguaio.

4 de julho

Fui à missa. Pouco depois, soube que Paranhos acabava de deixar Assunção e que havia passado por Taquaral às 10h30. Montei a cavalo, para recebê-lo na estação e trazê-lo aqui, onde passamos quase todo o tempo conversando; primeiro a sós; depois, em presença de Câmara; e, em seguida, com Herval, que dizia estar sofrendo profundamente as dores no maxilar. Coitado dele.

Após o jantar, Paranhos voltou a Assunção com Câmara. O tempo estava úmido e frio.

5 de julho

Não me lembro de nenhum acontecimento maior, a não ser do tempo chuvoso. Passei o dia redigindo uma resposta ao plano de ataque imaginado por Mitre. Enviei-a à noite, anunciando minha visita amanhã, cedo.

6 de julho

Efetivamente, fui visitá-lo. Mitre estava inteiramente de acordo com o que eu havia exposto e, mais por satisfação de dizer alguma do que por convicção (é o que me pareceu), agregou que, em sua opinião, antes de executar o movimento, devíamos mudar nossas posições atuais e estabelecer nossos acampamentos mais perto das linhas inimigas, isto é, ao pé do morro. Concluiu, quanto ao mais, dizendo que, caso eu recusasse, ele terminaria por ceder, já que as forças brasileiras eram superiores.

Vendo-o com suas disposições conciliadoras, quis também me mostrar condescendente. Disse-lhe que consideraria a questão e solicitei que viesse amanhã a Piraiú, para tomar a decisão final.

Dos aposentos de Mitre, fui a Taquaral, onde tive uma longa conversa com Polidoro sobre muitos assuntos, entre outros, sobre o pedido de dispensa que João de Sousa apresenta nova e insistentemente.

7 de julho

Paranhos chegou por volta das nove horas, num dia de tempo esplêndido. Escoltavam-no o chefe de esquadra e o senhor Mulhall (irlandês excêntrico que edita o jornal inglês de Buenos Aires).

Almoçamos e, depois, tivemos diversas conversas. Polidoro chegou de Taquaral. Enquanto estava com ele, João de Sousa apresentou-se para perguntar-me se poderia conceder-lhe a dispensa ainda hoje. Tinha o intuito de partir depois de amanhã para o Brasil. Disse-lhe que não, que eu estava quase certo de conceder-lhe a dispensa, mas que seria necessário que ficasse alguns dias mais. Eu queria tempo para pensar, de forma mais madura, sobre como substituí-lo. Assim sendo, ao meio-dia, Mitre apresentou-se, e tivemos conversa definitiva sobre as operações; sobre essas, dirigimos protocolo a Pinheiro Guimarães.

Saindo dali, dialogava tranquilamente com Paranhos, quando Polidoro se apresentou, muito agitado, trazendo mensagem de João de Sousa segundo a qual se teria sentido ofendido por não ter sido chamado para a conversa. Ele pedia, novamente, a graça de ser dispensado ainda hoje, porque haveria sofrido humilhação que não poderia suportar. Visto que tomou as coisas nesse tom, eu somente pude deixá-lo falando sozinho.

Quando veio despedir-se, algumas horas depois, disse-me que partia porque sentia que seus serviços não me convinham; que esperava que eu não me visse nunca em posição de dificuldade, mas que, caso ocorresse, e sentindo eu necessidade de um amigo verdadeiro, poderia contar com ele. Acho que é sincero.

8 de julho

De manhã, apresentaram-se o comandante e o médico da canhoneira inglesa (chamada *Cracknell*, se não me engano) acompanhados do senhor Taylor, inglês que foi prisioneiro de López por algum tempo e que escapou, ao que parece, ficando um pouco parvo. Taylor contou-me que sua mulher, inglesa como ele, e suas crianças estavam ainda presas em Peribebuí. Perguntou-me se o governo brasileiro poderia dar um jeito de obter a liberdade deles! Além disso, pediu-me que interviesse, para assegurar a posse de uma casa que López, ao que parece, tinha-lhe concedido em Assunção. A esse respeito, permiti que ele tivesse alguma expectativa; antecipei, contudo, que as questões de propriedade ficariam a cargo, forçosamente, do Governo Provisório.

Almocei com eles e, logo depois, partiram.

9 de julho

Recebi a visita dos senhores Egusquiza, Bedoya e Barreiro, indicados para formar o Governo Provisório paraguaio. Pareceram-me pessoas vulgares: falavam espanhol com sotaque arrastado e gaguejante, o que é comum entre os paraguaios. Eram apenas notáveis pela boa disposição. Egusquiza e Barreiro foram por muito tempo agentes de López, um em Buenos Aires e outro, em Londres. Mas, hoje, é de interesse da política brasileira trazer à baila essas pessoas, porque desejam a independência do Paraguai; enquanto os antigos imigrados, isto é, aqueles que se declararam contra López, inclusive antes da guerra, negociaram secretamente uma anexação à República Argentina. Entre eles, os principais são: Iturburu, Decoud e Baez.[82]

10 de julho

Nós nos ocupamos, sobretudo, dos detalhes da passagem em revista que deveria acontecer amanhã. O céu estava sem nuvens, e houve forte geada branca. Talvez tenha sido a manhã mais fria que tivemos. Somente às oito horas, o sol tornou o dia mais suportável.

11 de julho

O tempo estava ameno e coberto.
    Todos se vestiram da melhor maneira possível para a revista. Por volta das nove horas, fui à estação buscar Paranhos, que chegou com o cônsul Machado e seu secretário A.P. de D. Lisboa, o doutor Roque Pérez, o filho deste, ainda imberbe, e um outro argentino aconselhado por Paranhos, doutor Rômulo Montes de Oca.
    Servimos almoço para todo o corpo diplomático e, às 11h30, montamos a cavalo para passar a revista. Dado que o relevo não permitia formar todo o corpo do Exército em linha única, formamos espécie de quadrado e, no meio, erguemos uma bela barraca, onde houve missa (que Frei Fidélis não permitiu que ouvíssemos montados a cavalo). Depois disso, houve bênção e distribuição das bandeiras; em seguida, distribuição das medalhas; e, enfim, desfile.
    O corpo diplomático retornou a Assunção após o jantar.

12 de julho

Não me recordo de nenhum acontecimento. Salgado e Deschamps foram a Assunção, para angariar esforços para o acúmulo de víveres, o que é o grande desiderato de nossa condição.
    Vindas pelo caminho de Jaguarão, chegaram umas cem mulheres e crianças trazidas pela esquadra que fora até Franco Isla. Mesma miséria que de costume e mesma solicitude excessiva de parte dos nossos. À tarde, elas foram encaminhadas à estação, para serem levadas a Assunção.

13 de julho

Às dez horas, apesar do sol tórrido, fui a Taquaral, para passar em revista o 2º Corpo do Exército. Encontrei Paranhos nos aposentos de Polidoro, assim como o senhor Mulhall, sua mulher e uma outra jovem senhorita, cujo nome e parentesco desconheço. Encarregou-se Rosière de conduzi-los num cabriolé que possui Herval e que mandei enviar a Taquaral nessa intenção.

A revista teve mais êxito do que aquela de anteontem. O sol prestou-se a nossos esforços. Mas Polidoro é mais detalhista do que Herval em questões de disciplina e de administração. Os uniformes estavam mais limpos, e a infantaria marchou muito melhor.

Tibúrcio leu a lista dos condecorados com a ênfase que lhe é habitual e com voz mais bela do que a de Pinheiro Guimarães (este teve de ficar em Piraiú, por causa de uma horrível dor no peito). Eu também fui mais feliz em meu discurso, pois tive mais tempo de prepará-lo ao longo do caminho.

De volta à estação, o senhor Mulhall disse-me que "apreciou muito o discurso". Somente retornei a Piraiú às cinco horas, após longas conversas com Polidoro e com Paranhos.

14 de julho

Tive reunião com Herval e João Manuel, na qual nos valemos de mapas cartográficos. Tratamos das próximas operações. Infelizmente, tanto num quanto noutro, encontrei indecisão e incoerência lamentáveis, de modo que tomei a decisão de passar por cima de seus conselhos. É verdade que Herval estava muito abatido, devido a um tumor que se desenvolve em torno de seu queixo e que Herval atribui a um novo pedaço de osso que se descolou de seu maxilar. Vive em sofrimento contínuo, coitado!

15 de julho

Em torno das sete horas, por intermédio de Rufino Galvão,[83] recebi a desastrosa notícia que a locomotiva *Herval,* ao chegar à estação de Assunção às duas horas da manhã, chocou-se com a *Gastão de Orléans* e que, desse desastre inconveniente, resultou não somente o desarranjo de duas locomotivas, mas também a morte de dois homens e o ferimento de muitos mais! Asseguraram-me que, quanto ao mais, uma das locomotivas seria consertada ao longo do dia. Mas foi em vão que a esperamos para enviar a mala ao Rio; a locomotiva não veio, e tivemos que mandar telegrama à esquadra, para suspender, até segunda ordem, a partida do transporte *Bonifácio*.

O tempo esteve nublado e extraordinariamente quente.

16 de julho

Choveu por intervalos.

17 de julho

Idem.

18 de julho

Idem.

19 de julho

Idem.

20 de julho

Devido à melhoria das condições climáticas, tive a esperança de colocar, em breve, João Manuel em marcha; e, à noite, comentei a respeito com o Visconde, que concordou, *grosso modo*, embora tenha feito reservas sobre a necessidade de esperarmos o bom tempo e sobre o agrupamento de gado.

21 de julho

Cedo de manhã, fui aos aposentos de Mitre, para retomar o capítulo sobre as operações. Ele não me opôs obstáculo algum, porque foi o primeiro a dizer, com a melhor das vontades, que não haveria envio de tropas argentinas. Assim lhe escreve seu governo e, portanto, estava pronto para começar as operações. Perguntei quando ele me enviaria os mil homens prometidos e propus os dias 25 ou 26. Ele aceitou esta última data e acrescentou que eu poderia mandar buscar os duzentos paraguaios, desde que enviasse cavalos.

Por conseguinte, de volta a Piraiú, enviei para esse fim Saguier e Pérez com os quase cinquenta cavalos excedentes que conseguimos encontrar.

22 de julho

Herval e João Manuel vieram, de manhã, dizer que tinham lido minhas instruções para a marcha e que não tinham objeção alguma a fazer. Somente Herval acrescentou que, segundo ele, a condição essencial era reunir, aqui, duzentas cabeças de gado antes da partida.

O gado, que conforme os dizeres dos fornecedores estariam, havia alguns dias, em Jaguarão, foi esperado durante todo o dia. No fim, tivemos de dar ordem no sentido contrário, malgrado meu descontentamento.

23 de julho

Permanecemos na mesma hesitação. O gado chegou, mas Herval julgou que era de tão má qualidade que não valeria a pena levá-lo: seria melhor abatê-lo no acampamento.

Fui escrever a Mitre, para admitir meu atraso. Aproveitei a ocasião para fustigar os fornecedores (Lezica e Lanús), que parecem estar intimamente ligados a Mitre. Quando veio uma carta de sua parte, escrita por outra pessoa, anunciou com júbilo que o ministro da Guerra da República Argentina enviara de Buenos Aires, no dia 16 [de julho], as tropas esperadas.

Também fiquei contente e respondi imediatamente que, dada essa notícia, não entabularia qualquer movimento sem antes conversar com ele.

24 de julho

Paranhos e Polidoro chegaram na hora do almoço, depois do qual tivemos a conversa que eu aguardava a respeito da situação atual. A discussão durou bastante, tornando-se muito ácida entre Herval e Paranhos.

No fim, chamou-se o infortunado Rufino Galvão, que foi o bode expiatório no qual Paranhos lançou sua indignação relativa à desordem na estrada de ferro.

Por volta das três horas, após ter dialogado bastante sobre medalhas e outros assuntos, Paranhos e Polidoro partiram no trem.

25 de julho

Salgado e Pinheiro Guimarães foram a Assunção, para realizar diferentes serviços. Enviei o pequeno João Carlos Osório a Jaguarão, para avaliar o gado que diziam lá estar, e, por volta do meio-dia, ele voltou dizendo que, de fato, havia 965 animais.

Recebi a visita do doutor Enrique Castro: contrariamente a seu hábito, não estava de bom humor e, como lhe perguntei levianamente sobre o estado das coisas em Assunção, derramou-se em queixas contra Paranhos, que acusava de caluniar os homens de sua legião e de querer impor aos paraguaios um governo no formato daquele de López.

26 de julho

A certeza da existência de gado em Jaguarão deu novos ânimos aos mais abatidos. Assim, aproveitei a ocasião para combinar novamente o dia da partida de João Manuel.

Por volta do meio-dia, Mitre apresentou-se, muito apressado – o que não é de seu hábito –, para marcar o dia das operações. Visto que ele me fez várias perguntas detalhistas, acompanhei-o aos aposentos de Herval, para melhor decidir a respeito das operações. Após breve troca de ideias e vendo que somente chegaríamos a algo de positivo por escrito, deixei-os em conversa de *gauche*, porque estava repleto de trabalho, sobretudo no que concerne à preparação de correspondência que deveria chegar ao Rio pelo *Alice*.

27 de julho

Às 4 da manhã, João Carlos Osório voltou de Assunção e prestou contas. Havia encontrado em Jaguarão 1.900 cabeças de gado e outras trezentas em Angostura. Ele disse, contudo, que não podíamos contar com estas, porque o peão lhe declarou ter ordens de conduzi-las a Assunção.

Contou que um incêndio nos vagões da ferrovia consumiu boa quantidade de alfafa, como também objetos de armamento e de indumentária. O tempo estava aberto, embora excessivamente quente. Combinei a partida de João Manuel para amanhã e a de Herval para o dia 31. Felizmente, Herval não colocou objeções, senão pequenos detalhes.

28 de julho

Não me lembro mais dos acontecimentos matutinos. Quando a noite caiu, a coluna de João Manuel pôs-se em marcha. Acompanhei-a pouco além da estação de Cerro León. A noite estava escura (havia nevoeiro), e a estrada, apesar dos reparos feitos, estava cheia de buracos e de poças de lama. As Forças Armadas, inclusive a artilharia, conseguiram passar sem dificuldades, embora eu tenha encontrado, na volta, algumas galeras de munição atoladas.

Pelo que pude observar na escuridão, foi respeitada a ordem que dera acerca de não deixar passar as carretilhas destinadas, sobretudo, à condução de mulheres. As ditas viaturas, todavia, foram substituídas por uma imensa horda de mulinhas, que não haviam sequer terminado de deixar o acampamento quando voltei, em torno de onze horas.

29 de julho

De manhã, fizemos uma demonstração em Ascurra e experimentamos as pecinhas de montanha do sistema Whitworth que, infelizmente, demoraram muito em descarregar das mulinhas. Os rastilhos funcionaram perfeitamente bem: não houve sequer uma granada que não explodiu. Ao regressar, encontramos Paranhos, que veio para honrar o dia.

O restante do tempo foi empregado para discutir diferentes questões e para receber visitas de congratulação. Recebi os oficiais-generais para o jantar, que foi animado pela incessante discussão entre Paranhos e Herval, que não se suportam, e pela rudeza de Vitorino,[84] que buscava socorrer Herval, dizendo a Paranhos: "As intenções de Vossa Excelência são muito boas, mas, permita-me que lhe diga, elas hão de falhar."

Após o jantar, houve um te-déum, com igreja cheia.

30 de julho

Fui ver com Mallet as experiências de engenharia realizadas nos poços de cimentação. A manhã estava deliciosamente fresca. Paranhos e Polidoro – o primeiro havia dormido nos aposentos de Pinheiro Guimarães; e o segundo, no leito de Taunay – almoçaram conosco e, em seguida, partiram em direção à ferrovia.

Exauriu-me de que dar instruções para a próxima marcha e escrever a Mitre nesse sentido.[85] Ele pediu mais um adiamento, o que recusei. Mas, à noite, chegou uma carta de João Manuel para Herval, na qual dizia ter acabado de passar por Cerro Porteño; (entre outras razões) porque "a mulada de transporte está, na realidade, a exalar o último suspiro".

Tendo em vista esse atraso, resolvi adiar, em 24 horas, a marcha da coluna principal.

31 de julho

Fez bom tempo, bastante frio. Houve poucos acontecimentos.

Soubemos que a locomotiva argentina tinha descarrilhado entre Luque e Assunção. Os danos aos trilhos impediram o transporte de nossas locomotivas. À noite, o incêndio provocado pelo inimigo, ontem ou anteontem, estendeu-se a uma boa parte da pradaria do outro lado do rio.

Agosto

1º de agosto

À noite, Herval pôs-se em marcha com sua coluna. Deixei Piraiú ainda de dia e fui esperá-los na altura da estação de Cerro León, aonde chegaram por volta das oito horas.

A noite estava estrelada; o terreno, comparativamente seco; e a marcha se fez de forma mais organizada do que aquela de João Manuel. Contudo, Herval não estava de bom humor. Somente trocamos algumas poucas palavras, e ele prosseguiu seu caminho. Antes da partida, havia ocorrido, ao que parece, uma briga entre José Luís e Vitorino, no que concerne ao capelão que deveria acompanhar a coluna!

2 de agosto

Às seis horas, montei a cavalo, para fazer reconhecimento em Ascurra. Quando deixava o acampamento, o coronel argentino Campos apresentou-se com uma carta de Mitre, que o colocava sob minhas ordens para as operações futuras. Sua coluna ou divisão (como ele a chama) é composta por novecentos homens (segundo o relato de Mitre).

Em Ascurra, encontrei Mitre, e tivemos uma conversa amigável sobre alguns detalhes das próximas operações. Depois disso, passei algumas horas bombardeando as trincheiras inimigas: as pecinhas Whitworth fizeram maravilhas. O inimigo não respondeu senão por um tiroteio de infantaria, o que me permitiu ver de perto sua artilharia. São seis grandes peças que guarnecem uma trincheira secundada por flancos nos matagais dos morros.[86]

Às onze horas, fui ao acampamento argentino, onde, novamente, encontrei Mitre. Voltei a meus aposentos às duas horas. Então, encontrei Polidoro; e, a seu pedido, posterguei para as três horas da manhã a partida que fora estabelecida quando a noite caiu.

3 de agosto

Partimos à hora estipulada. A noite não foi das mais escuras, ainda que tenha chovido por intervalos. Quando as nuvens se cindiram, a lua iluminou muito a estrada, que não é tão boa para lá de Cerro León.

A marcha foi muita lenta: eram nove horas quando cheguei a Paraguari, onde encontrei os argentinos que para lá rumaram ainda ontem, por causa de um mal-entendido. As bagagens da coluna de Herval percebiam-se, ainda, serpenteando a planície.

Durante o dia, Polidoro disse estar doente, e, à noite, o doutor Ribeiro, depois de examiná-lo, detectou uma bronquite inveterada que ameaçava transformar-se em pneumonia. Para ele, tornou-se perigoso continuar a marcha.

4 de agosto

O comando do 2º Corpo do Exército foi transferido, portanto, a Resin.[87] É este um homem corajoso, nascido suíço (no cantão de Vaud), mas que parece ter a idade de Matusalém. Seu aspecto externo é tão vulgar que ele não saberia impor respeito a ninguém (sempre monta a cavalo com polainas sem presilhas, muito curtas e amareladas). Tenho provas suficientes para acreditar que sua inteligência é da qualidade de seu aspecto externo. A nulidade de seu comando brilhou explosivamente na atividade febril e desordenada de Tibúrcio.

Começamos percorrendo um caminho ruim e cheio de atoleiros. Por volta das dez horas, chegamos aonde acampou, ontem, o 1º Corpo do Exército (segundo o que me indicou Carlinhos Luís de Andrade Neves, meu ajudante de ordens, a quem ordenei obter notícias de Herval).

Depois de haver decidido que acamparíamos aqui e de ter dado instruções nesse sentido a Resin, a Tibúrcio, a Câmara e ao coronel argentino, mandei buscar um corpo de cavalaria, para que me escoltasse até o 1º Corpo do Exército, que deveria estar acampado em frente à trincheira de Sapucaí. Achei necessário sacudir-lhe o sono com um golpe de esporas. Era maneira de evitar que sucumbissem ao obstáculo.

Partimos assim que o corpo de Maneco Amaro se apresentou. Havíamos conversado durante meia hora, quando vislumbramos as barracas de Herval embranquecerem as pradarias, de modo que reenviei Maneco Amaro a seu acampamento.

No momento em que ia colocar os pés no chão, recebi uma carta de Herval, na qual me indicava que havia reconhecido a trincheira inimiga e que a atacaria amanhã ("conforme as ordens de Vossa Alteza"). Tive um momento de irritação, porque precisamente o que havia dito, em minhas instruções escritas, era que convinha ocupar, sem perda de tempo, a entrada da picada. Não tive tempo, todavia, de manifestar minha queixa, visto que Herval me recebeu lamentando-se de sua saúde. Mostrou-me que, novamente, um osso saiu de seu maxilar e disse que, ontem, antes de sair de Paraguari, desmaiara em cima do cavalo. Felizmente, Vitorino apresentou rapidamente um plano de ataque. Construir-se-iam trincheiras que, segundo ele, teríamos de começar a montar ainda hoje, o que muito aprovei. Herval disse então a Vitorino que deveria fazer como lhe conviesse, porque estava caindo de sono.

Como queria ver a coisa de perto, Vitorino e eu, imiscuindo-nos através do mato, caminhamos até perceber a linha que precede a trincheira inimiga;

e, ainda que tenhamos feito o esforço de nos esconder atrás das árvores, as balas não tardaram em assobiar perto de nossos ouvidos. Vitorino retirou-me de lá precipitadamente.

De volta ao acampamento, encontramos Herval mais animado. Havia descoberto que poderíamos facilmente abrir uma rota através do mato, para contornar o inimigo pela esquerda. Ele propôs-me conferir a direção da coluna da esquerda ao general oriental Castro, ao que não me opus.

Como não havia neste lugar senão choupanas imundas, levantei minha barraca e dormi pela primeira vez desde que voltei da África.

5 de agosto

A manhã foi muito fria e, mais tarde, choveu por intervalos.

Depois de escalar alguns morros para abraçar o conjunto do terreno, fui ver as trincheiras, feitas com sacos de terra, que foram construídas durante a noite para debelar a posição inimiga. Estavam quase prontas, mas a artilharia ainda não havia chegado; e, assim, o inimigo estava mudo.

De lá, entrei na ala direita, constituída por Francisco Lourenço sob as ordens do capitão de engenharia militar, Jardim. Sucessivamente, voltei-me para a ala esquerda, onde já haviam penetrado Castro e seus orientais.

Enquanto isso, nossa artilharia havia começado a brincar, e o inimigo a responder. Quando atravessei a estrada, para passar de um lado ao outro, caiu uma bala de calibre 6. Subi nos morros da esquerda, para ver se nossas alas teriam, porventura, alcançado a pradaria que víamos do outro lado do matagal. Como era quase meio-dia, pensei em almoçar.

Enquanto isso, enviei Guaraná (que transformara em meu ajudante de ordens por compaixão, visto que não tinha um braço) para ver as trincheiras e as baterias; queria saber o que se passava e se havia feridos. Terminávamos de comer, quando Guaraná voltou dizendo que não havia feridos, mas que *está caindo muito metralha, de modo que, se não fossem os sacos, estaríamos perdendo muita gente.*

Em consequência, considerei que o assunto não poderia encerrar-se tão cedo e que deveria dispor-me ao descanso de uma hora antes de ir ver, com meus próprios olhos, o que a bateria estava fazendo.

Não havia passado nem meia hora quando um ajudante de ordens substituto anunciou o que disseram os respectivos ajudantes do coronel Mallet e do coronel Francisco Lourenço. O primeiro havia dito que "se via o inimigo retirar-se da trincheira para um arranchamento que ele aí tem; o segundo, que o coronel já chegou com a gente no fim da picada, à retaguarda do inimigo, e aí espera ordens".

Imediatamente, fiz ressoar o toque "Comando em chefe sentido": enviei ordem para que Francisco Lourenço avançasse sobre o inimigo, caso se julgasse em número suficiente, e para que os argentinos entrassem na mesma picada, para proteger Lourenço. Então, galopei até a bateria com Vitorino: seguindo sugestão dele, fizemos cessar a metralha e avançamos alguns homens de infantaria, que nos informaram estarem abandonadas as trincheiras inimigas.

Todavia, não pudemos penetrá-las a cavalo antes de abrir passo a golpes de enxada. Somente então, entramos Vitorino e eu. Encontramos dois morteiros de bronze fundidos em abril deste ano e transportados por carretas de canhão. Havia também um prisioneiro.

Continuamos e, após atravessar uma segunda linha de trincheiras, chegamos a uma bela pradaria cercada de morros. As colunas de Francisco Lourenço e de Castro somente chegaram ali muito tempo depois.

Pensei por um instante transladar o acampamento para lá, mas, considerando que o transporte das bagagens, através da picada ainda em posse inimiga, seria longo e confuso, enviei ordem para que o 2º Corpo do Exército e os comandantes permanecessem do outro lado esta noite.

Herval, que vinha na retaguarda do 1º Corpo do Exército e que, constantemente dominado pelo temor de uma surpresa, desejava, como sempre, agrupar as tropas em ponto único, contrapôs-se à ordem e fez avançar o 2º Corpo do Exército também. Quando toda essa coluna se engajou na picada, os batalhões que já haviam passado retornaram, para buscar mochilas, barracas e capotes deixados no acampamento, caso houvesse novo assalto. Tudo isso, acompanhados por: destacamentos de cavalaria (aí incluídos a escolta de Castro e o esquadrão de paraguaios auxiliares) que queriam passar não sei por quê; bagagens de todos os tipos; e, ainda, por charretes de comerciantes que se introduziram no acampamento. Produziu-se, portanto, tumulto que raramente havia visto, o que me causou grande irritação quando eu quis passar. Tratei brutalmente os pobres comandantes de batalhão, que não aguentavam mais. Mandei então aprisionar (na guarda do Exército) todos os comerciantes ilegais. Eram 17, disseram-me.

6 de agosto

Durante a segunda metade da noite, meu sono foi interrompido pelo intenso frio. Ao amanhecer, a temperatura ainda estava muito desconfortável. Marchamos através da picada e, quando chegamos à pradaria do outro lado, descobrimos que o 1º Corpo ainda estava lá, não me lembro bem do porquê. Tivemos de deixá-lo passar. Em seguida, visto que muitos batalhões, ontem, não tiveram a oportunidade de se alimentar, pareceu-me oportuno aproveitar o tempo de espera para carnear. Somente pouco após uma hora da tarde retomamos a estrada.

A partir da pradaria, a estrada passa por um lugar enlodaçado que chamam de a Costa Pucú. Enquanto estávamos lá, um ajudante de ordens de Herval veio trazer o relatório feito por seu chefe, no qual se assinalava expedição feita até meia légua depois da estrada que atravessa a cordilheira em direção a Valenzuela. Parecia uma boa estrada; portanto, ordenei a ocupação, ainda hoje, do alto da subida por um destacamento de cada uma das três armas. Em trote rápido, fui acompanhar de perto essa manobra.

Quando cheguei próximo a Herval, pareceu-me que ele já havia preparado o destacamento, mas que ainda duvidava. Vitorino e eu buscamos convencê-lo, e o próprio Vitorino foi conduzir a brigada de Vanderlei no alto da picada, a quase uma légua do acampamento.

O destacamento inimigo, que havia entabulado nova construção de trincheiras com material demolido, fez pequena resistência. Terminou fugindo e deixando para trás cinco mortos e três prisioneiros.

A noite estava fria.

7 de agosto

Mas a manhã foi mais quente do que as anteriores. Assim que amanheceu, penetramos a picada. Percorremos uma légua de subida íngreme e estreita.

No topo, há um planalto semeado de capões de mato. Rapidamente, surgiu grande número de famílias paraguaias, no estado de miséria habitual, que acolheram nossa passagem com marcada satisfação.

No vilarejo de Valenzuela, aonde cheguei por volta das dez horas, encontramos dois pobres brasileiros e quatro europeus: se não me engano, um alemão, um francês, um espanhol e um italiano.

A cavalaria avançou imediatamente até uma fábrica de enxofre e trouxe de lá, como prisioneiros, os empregados. Entre esses, havia dois ingleses da espécie mais vulgar.

À noite, vieram encontrar-me o senhor Taylor e quatro menininhos, que me parecem ter menos de 5 anos.

8 de agosto

Marchamos pela picada, que rapidamente se tornou mais arborizada, e fomos acampar nos laranjais à beira de um riacho, que, segundo Saguier, se chama Cahú. Os matagais contíguos estavam repletos de famílias.

O gado teve muita dificuldade em chegar, e muitos batalhões ficaram sem comer. A noite caiu depressa, e por isso não tivemos tempo de carnear, operação que exige o uso do laço.

À tarde, mandei com Pinheiro Guimarães um corpo de cavalaria e um batalhão e meio, para tentar descobrir qual era a estrada chamada Mbopicuá. Segundo as informações de Winer e de outros, essa rota nos dispensaria do contorno por Valenzuela e por Costa Pucú.

9 de agosto

A partir do dito riacho Cahú, as terras estão cobertas por matagais, e a estrada que me foi indicada como sendo a mais curta para chegar a Peribebuí não era senão uma vereda muito estreita. Vitorino e eu decidimos, ontem, que faríamos entrar, primeiro, os batalhões de infantaria e de engenharia, para alargar o caminho. Não sei por qual mal-entendido ocorreu que esses batalhões não apareceram, e toda a cavalaria (as duas divisões de Vasco

Alves e de Câmara) engajou-se lá dentro. Como somente podiam passar dois cavalos por vez, demoramos tempo interminável nessa travessia. Entrei imediatamente depois, porque estava inquieto com o que encontraríamos do outro lado da picada.

Enquanto isso, Vitorino julgou, tampouco sei por qual outro mal-entendido, que deveria parar a marcha de todo o Exército até que os dois primeiros batalhões mandassem um relatório sobre o estado do caminho. Quando percebi o que estava acontecendo, dei ordem atrás de ordem para desfazer o mal-entendido, o que terminou abalando Vitorino. A estrada, quanto ao mais, não era somente estreita e infindável, mas também muito acidentada. De maneira que tivemos de fazer alguns reparos em mais de um lugar, e, notadamente, na passagem rochosa que Saguier batizou Iguaqui-guçu, para que a artilharia pudesse passar.

Afinal de contas, resultou de tudo isso uma marcha espantosamente lenta. Eram mais de duas da tarde quando desembocamos num lugar amplo o suficiente para acampar. Fazia um calor tórrido, como durante todos os dias anteriores. Senti compaixão pela infantaria.

10 de agosto

Do acampamento, uma linha de arvoredos escondia o vilarejo de Peribebuí. Graças às expedições de cavalaria, soubemos rapidamente que havia dois caminhos para cruzar essa linha. Resolvi que cada corpo do Exército tomaria um dos caminhos. Desemboquei com o 2º Corpo pelo caminho da direita. Quando chegamos perto do vilarejo, colocamo-nos ao alcance da metralha inimiga: rapidamente, granadas começaram a passar por cima de nossas cabeças.

Mallet indicou de imediato as posições que lhe pareciam adequadas para posicionar nossas baterias, de maneira a calar a artilharia inimiga. Conviemos que começaríamos a construção das barricadas assim que a noite caísse.

Dali, fui com Mallet fazer um reconhecimento do matagal e examinar como andavam as coisas do lado de Herval. Mallet propôs um plano de ataque, ao qual Herval se opôs. Deixei-os discutindo, com a condição de apresentar-me um relatório quando chegassem a um acordo. À noite (em torno das nove horas), o coronel Manduca Bueno, que estava com a cavalaria em Barreiro Grande, mandou avisar que tinha, em sua frente, uma coluna inimiga de dois mil homens chegados de San José. Como meus dois oficiais de serviço acreditaram ouvir tiros de canhão nessa mesma direção, veio-me o temor de que Bueno tivesse ficado retido entre essa força e o grosso do Exército inimigo vindo de Caacupé. Imediatamente, enviei seis batalhões para protegê-lo. Em consequência do incidente, o ataque a Peribebuí, fixado para amanhã, foi postergado por 24 horas.

11 de agosto[88]

O dia foi alegre em nosso acampamento esplendidamente protegido. Apresentou-se uma multidão de famílias não somente paraguaias, mas também brasileiras, encarceradas no Mato Grosso pelas tropas de López. Fizemos um levantamento que, rapidamente, superou o número de setenta famílias.

À noite, as tropas localizadas em Barreiro Grande retornaram, dizendo que não haviam encontrado daquele lado mais inimigos. Às dez horas, Herval enviou-me um sargento paraguaio que acabara de desertar das trincheiras inimigas. Ele contou-nos que o inimigo tinha, em Peribebuí, 19 bocas de fogo, cada uma com 150 tiros disponíveis, mas apenas cinco dias de víveres; sabemos, contudo, pela experiência de Humaitá,[89] o que há de ilusório nessa pretensa falta de víveres nos cercos paraguaios.

12 de agosto[90]

Às seis da manhã, montei a cavalo e fui ver a bateria central, que tinha aberto fogo com grande vigor, mas também em grande desordem.

Todas as granadas estavam caindo além do vilarejo, o que me fez pedir a Mallet que retificasse as pontarias. A fumaça tornou-se tão densa que não conseguimos mais observar nada. Tomei a decisão de deixar Vitorino no centro e fui para o lado direito, onde tínhamos uma bateria menor.

Daqui deveria partir a coluna principal de assalto. Isso era imperativo, porque Vitorino, em sua atuação desordenada, não fazia senão dar ordens tão confusas e contraditórias para o outro lado, que poderia inclusive ter perturbado uma cabeça tão teimosa quanto a de Resin. Galvão, que é quem melhor me aconselha nestas ocasiões, sentiu-se tão impaciente que não se conteve e me disse: "Acho necessário que Vossa Alteza vá para a direita, para manter a ordem."

Para ali fomos, de fato: perguntei a Resin qual batalhão queria transformar em cabeça de coluna, e ele indicou o 23º de Voluntários da Pátria.[91] Galvão e eu colocamos o batalhão em posição, assim como o argentino, paralelamente. Às 8h30, precisamente (era a hora que conviemos ontem com Herval), mandei repicar o toque "2º Corpo do Exército, avançar". Imediatamente, as diferentes colunas rumaram em direção às trincheiras. Quando chegaram ao fosso, houve luta (durou oito minutos, ao que parece). O que sei é que foram para mim momentos de terrível ansiedade. Percebendo esse tempo de pausa, apressei-me a partir para ajudar as tropas, o que suscitou queixas ensurdecedoras entre todos os que estavam a minha volta. Visto que não lhes dei ouvidos, Taunay e Almeida Castro foram a ponto de tomar as rédeas de meu cavalo e, enquanto me debatia contra eles (parece ridículo, mas foi assim que ocorreu), tornou-se evidente que o inimigo tinha abandonado a trincheira. Logo depois, os nossos tomaram a praça de guerra. Minha presença não seria mais útil por lá. Para que os inimigos não escapassem pelo lado do vilarejo, o qual não ameaçávamos, enviei ordem à cavalaria de Vasco Alves para que avançasse por aquele lado. Ficou um pouco apertada e teve de entrar pela mesma brecha por onde penetrou a infantaria, o que produziu momento de grande confusão e de grande angústia para mim. Pareceu-me que, certamente, alguns homens tinham sido pisados pelos cavalos, da mesma forma que ocorreu mais de uma vez nesta guerra, notadamente quando da imperícia do Barão do Triunfo na ponte de Surubihi, em setembro de 1868.[92] Asseguraram-me que, desta vez, não era o caso e que a desordem era mais aparente de longe do que de perto.

Após o envio da cavalaria e a metralha que se seguiu sem nenhuma necessidade, entrei a meu turno e, nesse momento, tive a tristeza de saber da morte de João Manuel.

A infantaria, reunida na praça central, recebeu-me ao som de vivas ensurdecedores. Desci do cavalo em frente à igreja, entrei após ter feito arrombar a porta: um grande número de oficiais ajoelhou-se comigo. Quando saía da igreja, trouxeram o corpo do pobre João Manuel, escoltado por muitas pessoas com lágrimas nos olhos.[93]

Dali, fui ver Herval, do outro lado da cidade, onde lhe pedi que acampasse seus inferiores. Ele estava, como é de costume, unicamente preocupado com a ideia de que seria atacado pelo inimigo do lado de Ascurra. Ficou insatisfeito com a ordem que dei a uma das brigadas de seu corpo do Exército para que ficasse no vilarejo. O objetivo era que colocasse guardas nas casas que poderiam conter objetos de valor.

O restante do dia foi destinado, em grande parte, a consultar os vaqueanos sobre as estradas que poderíamos tomar. Não tivemos grande resultado. Também nos ocupamos de conhecer os vários depósitos existentes aqui em Peribebuí: de numerário, de papel-moeda, de prataria, de objetos de vestuário, de utensílios que cortam e que serram; havia ainda um arquivo colossal que continha todos os documentos mais importantes do governo de López. Havia também depósitos de açúcar, de farinha, de mate e, enfim, o que me pareceu fabuloso, um depósito imenso com os vinhos mais finos de todos os países da Europa, o que foi chamado, imediatamente, de *adega Lynch*. Esse depósito foi despistado por Tibúrcio, que se achou no direito de fazer algumas generosidades.

Dignou-se de enviar-me três garrafas de champanhe, que bebemos no jantar. E era realmente champanhe de primeira qualidade, tal como não se encontra, acredito eu, em lugar nenhum na América do Sul! A mesma coisa se aplica a todos os outros vinhos, com exceção da parte destinada a Mallet, que estava estragada, nas ponderações dele e de Severiano Martins da Fonseca.

13 de agosto

Às sete horas da manhã, assistimos ao funeral de João Manuel. Frei Fidélis fez a missa e, em seguida, colocamos o caixão numa sepultura cavada no interior da igreja.

Queria ter partido logo depois, mas aconselharam-me deixar a marcha para a tarde. Vitorino quis que sacrificássemos um boi em homenagem a

João Manuel antes da marcha. Pinheiro Guimarães declarou, no entanto, que esse tempo lhe era indispensável para organizar um comboio de prisioneiros e de feridos. Mallet, por sua vez, disse precisar de tempo para contar e destruir o material de guerra do inimigo. Houve ainda outros argumentos, que agora esqueço. Enfim, eram mais de sete quando começamos a colocar-nos em movimento.

Marchei com o 2º Corpo do Exército, que foi constantemente interrompido por toda a coluna do 1º, que estava mais adiante. Ao cabo de quase légua e meia, o tempo de espera momentâneo tornou-se definitivo. Fui à vanguarda, para ver qual era a razão. Encontrei Herval perplexo, porque tinha, em sua frente, três caminhos. Malgrado todas as minhas pesquisas, e visto que não tinha mais experiência do que ele a respeito da direção a ser tomada, resolvi deixar o reconhecimento dos caminhos para amanhã. Havia descoberto, aqui, um bom lugar para acampar.

14 de agosto

Cedo de manhã, enviei Galvão e seu batalhão de engenheiros para fazer o reconhecimento da rota da direita, que me pareceu a mais estratégica. Por volta das nove horas, voltou, relatou-me que o caminho era estreito, acidentado e ruim, mas suscetível de ser boa rota de passagem, caso passássemos por algumas veredas também acidentadas. Terminamos encontrando mais de um obstáculo de pedras.

Ao cabo dessas duas léguas, o que encontramos? Nada novo: a cidade de Caacupê, que, consoante as declarações, não era senão um buraco no meio do mato; portanto, não nos oferecia uma posição favorável. Além disso, em Caacupê ou pouco depois deveria estar aquartelado o Exército inimigo, em sua totalidade. Enviar somente um destacamento seria isolá-lo na cara do inimigo, o que era inadmissível. Enviar o Exército inteiro? Não conseguiríamos mobilizá-lo antes do meio-dia e, além disso, teríamos de enviá-lo sem ter-se nutrido. A marcha de Valenzuela a Peribebuí havia-nos ensinado o custo de mobilizar um Exército como o nosso por caminhos estreitos. É quase certo que a noite nos teria surpreendido, sem deixar-nos, talvez, a possibilidade de acampar nestes lugares ingratos e desconhecidos.

Tudo isso não me parecia muito razoável; não obstante, se Herval tivesse mostrado disposição a marchar, o teríamos feito. Mas foi precisamente o contrário: ele recebeu muito mal as ideias de Galvão (de quem ele não gosta). Herval estava mais mal-humorado do que nunca, deixou-se levar, inclusive, contra mim: "Marchar e marchar sempre, até ficar exausto: isto não pode continuar. Assim, não há Exército que dure nas mãos de quem..." Conteve-se, para não me dizer uma grosseria. Houve uma pausa; logo depois, pôs-se novamente a dissertar e a passar em revista, segundo seu hábito, todos os inconvenientes previstos no que concerne à marcha. Aproveitei a oportunidade, a meu turno, e disse-lhe em tom um pouco áspero: "Mas, enfim, quaisquer que sejam os inconvenientes em irmos adiante, o certo é que nada lucramos com estarmos aqui, a perder tempo; perder tempo! Ontem, chegamos, hoje fizemos os reconhecimentos. Isto é perder tempo?" Embora isso lhe tenha causado impressão, foi acordado implicitamente, como por forma de transação, que, hoje, não marcharíamos, mas que o faríamos sem falta o mais cedo possível no dia de amanhã.

15 de agosto

Frei Fidélis relembrou-nos de que era domingo e dia da Assunção de Maria. Fez a missa antes de amanhecer, numa barraca *ad hoc*. Então, marchamos. Engajei-me com o 1º Corpo do Exército na famosa picada. Estávamos parados em frente a um dos obstáculos de pedra e fazíamos os reparos necessários para a passagem da artilharia, quando a cavalaria da vanguarda enviou um prisioneiro, ou melhor, um *passado* (desertor do inimigo), que declarou ter visto López deixar Ascurra, ontem, com todo o seu Exército. Teria ido para Caraguatai. A notícia foi fulminante para mim. Segundo esse homem, López teria dormido, ainda ontem, numa ponte perto de Caacupê, o que lhe deu 24 horas de antecedência em relação a nós. Poderíamos confiar nele? Essa catastrófica notícia seria mais um pretexto para que Herval retardasse o passo. "Agora, então", disse-me ele, "vamos deixar a cavalaria reconhecer o que há e, por enquanto, nós esperamos". "Não, senhor", exclamei indignado, "vamos marchando até Caacupê".

O caminho tornou-se cada vez mais difícil, e Pinheiro Guimarães tentou consolar-me, esclarecendo que, se o inimigo havia julgado necessário defender essa rota, quiçá não poderíamos ter passado.

Caacupê é um vilarejo muito miserável, ocupado, sobretudo, por hospitais de López: horrendos hangares, onde estava estendida uma multidão de indivíduos. A maioria era de crianças, alguns já quase cadáveres; outros, verdadeiros esqueletos vivos, inteiramente nus, a não ser pelos cintos de couro.

Ouvi alguns dizerem que eram seiscentos; outros, que eram 1.500. Apresentou-se, imediatamente, um personagem vestindo calças forradas com ouro, de boa costura, que declarou ser o italiano diretor dos mencionados hospitais. Vieram depois uns cinquenta ingleses, também em estado miserável. Busquei saber seus nomes e tirar deles algumas informações. Encontrei-os tão embrutecidos e empregando um palavreado tão pouco inteligível em inglês, em espanhol e Deus sabe se em guarani que meu mau humor somente aumentou. Enviei-os para ver Pinheiro Guimarães, que deveria fazer uma lista e os encaminhar a Assunção. Havia também muitas mulheres inglesas com crianças e quatro ou cinco europeus, que não eram ingleses.

O vilarejo era tão infecto que fui acampar fora, no meio dos esplêndidos laranjais florescentes. Lá, passei o dia muito melancólico. Não perdi a cabeça, contudo. Resolvi que não seguiria o conselho de mais ninguém. Escrevi a Vitorino o que havia ocorrido. Ordenei que fizesse, com toda a rapidez possível, uma contramarcha em direção a Peribebuí, Barreiro Grande e Caraguataí.

À tarde, recebi um ofício de Herval no qual me pedia para ser dispensado do serviço. Fundamentava-se em seu estado de saúde, fragilizado pelas marchas, o que não lhe permitiria mais ser útil *à causa pública*. Fui encontrar-me com ele imediatamente, para tentar fazê-lo mudar de ideia. Estava em tal estado de cansaço, com o rosto tão inchado, que, realmente, não poderia continuar.

Soubemos pelos ingleses e pelos outros que não fora ontem, dia 14, mas anteontem, dia 13, que López havia passado por Caacupê. As possibilidades de alcançá-lo diminuíram, o que aumentou minha dor.

16 de agosto[94]

O oficial de mais alta patente do Corpo do Exército era Vasco Alves; por mais de uma razão, contudo, ele pareceu-me inadequado para assumir o comando. Assim, pedi a José Luís que o fizesse. Logo depois, fui informar-me com Castro sobre a marcha, que, até então, tinha deixado sob o comando de Herval, que era o grande amigo da tropa. É um homem bom, embora não me atraia em razão de seu falar agauchado, o que, na verdade, não me incomoda.

Bastante tristes, pusemo-nos em marcha, sem saber que seria dia de grande batalha. A estrada era de terra. Era ampla. O terreno estava entrecortado por matagais e por pradarias. Não havíamos caminhado nem légua e meia (seriam umas oito horas da manhã), quando Vasco Alves enviou, da vanguarda, notícia de que havia encontrado linha de atiradores inimiga contra a qual nada podia com sua cavalaria. Fizemos avançar a infantaria, deixando para trás suas bagagens, e o combate, sobre o qual não posso contar todas as peripécias, durou até três da tarde.

A linha inimiga buscou retirar-se durante quase o tempo todo. Cederam passo, pouco a pouco, embora mantendo fogo aberto. Recuaram através de uma larga pradaria chamada de Campo Grande, como muitos outros lugares do Paraguai. Não conhecendo o terreno, pensamos que a linha desapareceria no mato oposto. Mas eles dobraram à nossa direita e tomaram posição em frente ao riacho que acreditamos ser o Peribebuí, embora outros digam ser o Juqueri, nome também frequente no Paraguai. Foi uma luta obstinada: Pedra, que comandava a infantaria, foi ligeiramente ferido por um golpe de lança que parou com o braço.

Desde a manhã, as granadas passavam por cima de nossas cabeças e, amiúde, as balas de fuzil, perto de nossas orelhas. Quando granadas explodiam perto de mim, rapidamente se formava coro em meu Estado-Maior, cujo barítono era Galvão: pediam que mudasse de lado.

Enfim, José Luís noticiou que o inimigo havia sido empurrado para o outro lado do riacho. Havíamos tomado seis peças de artilharia, que ficaram deste lado. Nossas tropas, infantaria e cavalaria, passaram pelo riacho, e eu também passei. A artilharia não pôde passar, porque o riacho era muito profundo e suas margens bem altas. Fizemos vir o batalhão de engenheiros, para dar jeito nessa passagem. Tardou muito, no entanto.

Enquanto isso, o inimigo, que acreditávamos estar desbaratado, fez ataque tenaz, e vi, claramente, o batalhão que estava do meu lado recuar por um momento, mas não em desordem. Ao mesmo tempo, pareceu-me que a cavalaria, disposta à direita, recuou também. Visto que julguei mais importante manter a posição neste lado, lancei-me nessa direção. Então, reproduziu-se, mais uma vez, a cena ridícula de Peribebuí: Galvão e Almeida Castro tomaram as rédeas de meu cavalo, e, malgrado meus esforços, nada os fez soltá-las. Teria sido necessário que eu tirasse meu sabre, para cortar-lhes o pulso, ou que ordenasse suas detenções; mas, provavelmente, essa segunda possibilidade não geraria efeitos.[95]

Nesse ínterim, o recuo tinha cessado completamente. Decidi atravessar novamente o riacho, para estimular a vinda de nossa artilharia. Nesse momento, Galvão notou que não foi em desordem que atravessei o riacho, como ocorrera, segundo ele, cinco vezes a Caxias, na ponte de Itororó.[96]

Enfim, o êxito continuou e foi completo quando Câmara tomou o inimigo pela retaguarda com a cavalaria do 2º Corpo do Exército. Tanto ele quanto Mallet e Vitorino se queixaram, amargamente, do velho Resin, que, segundo eles, pudera encerrar o combate três horas antes, caso não tivesse permanecido com sua infantaria numa estúpida inação à vista da retaguarda do inimigo.

Deixei José Luís acampar nas vizinhanças do campo de batalha e fui ao acampamento de Vitorino, o que foi mais um trote de uma boa légua e meia. A noite caiu, e não tinha no estômago senão a taça de café tomada, como de hábito, antes do amanhecer e algumas gotas de conhaque de laranja, partilhadas com meu Estado-Maior no meio da ação. Jantamos muito alegremente com Vitorino: deu-me uma barraca, visto que minhas bagagens não chegaram a tempo.

Quanto aos pobres soldados, não viram carne; nem ontem, porque a exiguidade do caminho não deixou que o gado chegasse antes da noite; nem hoje, visto que a surpresa do combate não permitiu que nos ocupássemos da alimentação. Nessas circunstâncias, pareceu-me evidente que seria necessário dar-lhes um dia de descanso e que seria inútil pensar numa perseguição.

17 de agosto

Depois do almoço, fui encontrar-me com José Luís e, enquanto estava com ele, causou-me surpresa a chegada de Mitre. Ele veio de Altos, em marcha acelerada, ao saber da evacuação de Ascurra por intermédio de carta que lhe enviei no dia 15 [de agosto].

Dali, fui até o hospital de doação de sangue que Bonifácio estabeleceu no lugar onde o combate começara, isto é, quase duas léguas de distância à frente. Havia em torno de sessenta feridos, pertencentes todos ao 1º Corpo de Exército. Essa excursão tomou-nos toda a tarde: era noite quando voltamos ao acampamento de Vitorino.

18 de agosto

Tão logo amanheceu, fui encontrar-me com Mitre, que estava acampado perto daqui. Mostrei-lhe que, para ir a Caraguatai, havia duas rotas que passavam através dos matagais. Assim, disse-lhe que era razoável, agora que estávamos revigorados, marchar em duas colunas paralelas, de maneira que, se por acaso uma delas encontrasse alguma resistência, a outra tomaria o inimigo pela retaguarda. Propus-lhe, então, que empregasse a rota da direita, o que achou bom. Nessa altura da discussão, o vaqueano Pérez imiscui-se na conversa para dizer que, além dessas duas rotas, havia uma terceira, à esquerda. Esta rota deveria ser ocupada, segundo ele, porque foi por ali que devia ter escapado Caballero[97] e muitos feridos da batalha do dia 16 [de agosto]. "Mas", disse-lhe, "esse caminho será muito mais comprido?" "Não, senhor, só um pouquinho mais, apenas isso." "E é bom caminho?" "Caminho de carretas…" Decidi enviar José Luís por ali; logo depois, deixei o comando do centro a Vitorino e tomei o caminho da esquerda. Isso por duas razões: 1. Tinha quase um pressentimento que esse caminho da esquerda seria o mais penoso e não o queria impor aos outros sem envolver-me no assunto; 2. Embora tenha grande estima por José Luís, não acredito que seja tão capaz quanto Vitorino, para tomar uma resolução em caso de imprevisto.

Enfim, marchamos. O caminho era execrável: nunca vimos nada tão cansativo e tão enlodaçado. A famosa Costa Pui era uma grande estrada em comparação. Além disso, o desvio foi imenso; a marcha, extremamente lenta pela dificuldade de fazer passar a artilharia nesses péssimos lugares; e o sol, tórrido. Às duas horas não havia sequer alcançado metade da distância que nos separava de Caraguatai! Fiquei enfurecido com Pérez, mas não havia mais remédio.

Na confusão da partida, ainda, minha bagagem e todas aquelas do quartel-general tomaram o caminho do meio por engano. Eram três horas e, como de hábito, não havíamos almoçado. Ninguém nos deu de comer. Tirei proveito dos laranjais floridos para esquentar um chá de flores de laranja que me reconfortou muito. Felizmente, a fome não durou demais: o gado chegou, e o coronel Fidélis apressou-se em fazer um churrasco; Pedra mandou para dentro um frango assado, e obrigamos o coitado do José Luiz a desfazer-se dos vinhos de Bordeaux: era a parte que lhe foi dada quando repartimos a bodega da senhora Lynch. Foi José Luís, inclusive, quem me deu uma barraca onde dormi com Benedito Torres. Todo o restante de meus oficiais dormiu ao ar livre. Foi uma noite morna.

19 de agosto

O trecho da estrada de hoje mostrou-se melhor do que aquele de ontem; contudo, era quase meio-dia, e Caraguatai não estava sequer à vista.

Acampamos, e a ausência das bagagens ainda perdurou, assim como a falta de alimentos. Sentimos fome, do mesmo modo que ontem. Fui então distraído pela chegada inesperada de Bedoya, membro do Governo Provisório. Veio contar-me uma série de futilidades, entre elas, a mais notável foi a de uma de suas sobrinhas, que havia descoberto um tesouro escondido por López em Ascurra. Pediu-me o concurso do Exército brasileiro para inventariá-lo. Expedia as ordens necessárias, quando surgiram dois oficiais enviados por Vitorino: traziam a notícia do êxito alcançado por aquele no dia anterior, disseram que o acampamento do 2º Corpo do Exército estava a uma légua e que o inimigo havia desaparecido.

Em consequência, decidi partir para lá e obriguei Bedoya a vir comigo. No trajeto, fomos importunados mais uma vez: um dos oficiais supunha que Vitorino enviara um esquadrão a esperar-me num desvio do caminho. A falsa notícia obrigou-nos a trotar por mais duas horas e meia. Esta parte do país está muito povoada: a cada choupana avistada, Bedoya queria parar, para proferir discurso patriótico em guarani, de modo que Salgado manifestou o temor que a noite nos encontrasse perdidos em pleno campo. Felizmente, não foi o caso.

Em Caraguatai, instalei-me na casa oferecida pelo ex-Juiz de Paz. É a casa mais bonita que encontrei no Paraguai, fora de Assunção. O proprietário declarou que López ali dormira no dia 15 [de agosto] e que, no dia 16, passara tranquilamente pelo [riacho] Iagui.

20 de agosto

Caraguatai está encostada num matagal e está situada numa elevação de onde se vê a imensa planície que se estende em direção ao Norte. É uma planície recoberta por pântanos em grande parte. O vilarejo é atravessado por diferentes cursos de água que formam o Manduvirá. É um panorama extremamente triste.

Fui até Iagui, para ver os seis vapores de López que ali estão afundados há meses: parece inconcebível que tenham sido trazidos por estes riachos sinuosos, cujas margens entaladas são pouco mais largas do que os próprios vapores.

No dia 18, quando avistou nossas tropas, o inimigo ateou fogo nos vapores e, como parece que continham pólvora, houve explosões terríveis. Dos vapores não resta agora senão o que era de ferro.

Os vapores eram batizados pelos nomes de *Apa*, *Iporá*, *Paraná*, *Pirabebe*, *Salto de Guairá* e *Amambaí*. O último era brasileiro e foi tomado pelos paraguaios quando da invasão do Mato Grosso.[98] Salgado reconheceu o vapor que outrora comandou.

21 de agosto

O calor tornou-se sufocante, e o céu permaneceu sem nuvens desde a noite do dia 9 [de agosto], quando houve tormenta passageira.

Não me lembro de acontecimento algum: continuaram surgindo, em grupos de quinze ou de vinte, soldados inimigos: uns foram trazidos por nossos comboios que percorrem a estrada de Caacupê até aqui; outros, a maioria, na verdade, apresentaram-se voluntariamente.

22 de agosto

Fui à missa.

23 de agosto

Nenhum acontecimento digno de nota.

24 de agosto

Por volta das sete horas, Mitre veio encontrar-me após suas expedições na vanguarda. Segundo ele, sua vanguarda tinha alcançado o *Arroyo Hondo*, a sete léguas daqui para uns; ou a 11 léguas, para outros. Ele dizia haver aniquilado seiscentos inimigos e três bocas de fogo, que se encontravam aquém desse riacho.

    O cansaço absoluto dos homens e dos cavalos não permitiu que estendêssemos nossa perseguição, o que eu já tinha previsto. Mais tarde, apresentaram-se, um por um, os chefes brasileiros que haviam feito parte dessa expedição: eram eles o brigadeiro José Auto e os coronéis Néri e Bueno. Consoante os relatos de Néri, que é o mais eloquente dos três, o terreno percorrido é um pântano contínuo, onde o soldado marcha com água até o peito. O lugar é semeado de mulheres e de crianças mortas ou moribundas que López levou consigo, mas que, consumidos pela fatiga, caíram no meio da água.

25 de agosto

O sol permaneceu por trás das nuvens, e levantou-se um vento do Sul que anunciava um frio delicioso. Quando cheguei a Caraguatai, devorado pelo calor e pelas pulgas a ponto de ter o sono perturbado, fui banhar-me nas águas do Iagui, seguindo os conselhos do doutor Ribeiro. Era água cristalina com fundo de areia: foi muito agradável. A passo de cavalo, tardei 35 minutos até o vau do rio.

À tarde, recebi notícias de José Luís e de Salgado, que terminaram conseguindo se comunicar com nossos vapores no Baixo Manduvirá.

26 de agosto

Não houve nenhum acontecimento.

27 de agosto

Idem.

28 de agosto

Salgado voltou de Assunção pelo Manduvirá. Saindo às sete horas da manhã do porto de Tobati, onde deixou os vapores, apresentou-se aqui às três horas da tarde. Pouco depois, Portinho também se apresentou, saindo às seis de Piraiú. Pareceu-me um homem muito inteligente, cheio de boas vontades, de maneiras muito menos agauchadas e, sobretudo, de sentimentos muito mais elevados do que aquele que encontramos em nossos oficiais de cavalaria. Diziam que está velho, mas não aparenta velhice. Dispõe de todo o seu viço. Em suma, ele causou-me uma impressão mais vantajosa do que esperava, sabendo que é um antigo chefe dos farrapos (rebeldes).[99] Entendemo-nos muito bem.

29 de agosto

Houve missa. À noite, escrevi para o Rio.

30 de agosto

Mitre veio encontrar-me por volta das sete horas da manhã. Realmente, não sei qual foi a razão de sua visita. Começou assim: "Não soubestes nada de novo?" "Nada." A conversa foi sobre generalidades. Depois, Vitorino veio e sentou-se também, e sua eloquência inesgotável absorveu a atenção de Mitre. No fim das contas, a reunião foi concluída sem havermos tratado de nada.

31 de agosto

Fez frio, e, à tarde, um tempo esplêndido. Após o jantar, fiz um passeio a pé, em torno dos acampamentos. O aspecto geral das coisas é alegre e limpinho. O branco das barracas entre os laranjais recobertos de flores, o verde do mato circundante em seu frescor primaveril, o azul dos horizontes longínquos; tudo isso me reconciliou com Caraguatai.

Setembro

1º de setembro

Foi uma manhã deliciosamente fria. Acompanhei a brigada de infantaria do coronel Vanderlei até uma certa distância. Fomos para Ibitimi, de forma a encontrar-nos com Portinho e marchar dali até Vila Rica. Na volta, parei nos aposentos de Mitre. Não conviemos a nada de novo. Permanecemos no impasse a respeito de como alimentar homens e cavalos nestas regiões longínquas. Como Vitorino tinha vindo comigo, não tardou em sustentar a conversa com relatos sobre as marchas, tão tediosos quanto aqueles feitos em outras ocasiões.

Recebi diferentes comunicações do Governo Provisório, típicos da vaidade e da fanfarrice castelhana. O mensageiro foi Matías Goyburú, que vinha pedir-me um regimento de cavalaria para conduzi-lo a Ihú, o vilarejo mais oriental do Paraguai. Posterguei essa expedição.

2 de setembro

Veio Mitre e, após algumas considerações sobre as futuras expedições, indagou se não era tempo de enviar a López intimação para render-se, responsabilizando-o com sua vida, caso não a aceitasse. Eu disse que não poderia responder nada a esse respeito sem consultar Paranhos, mas que essa intimação me parecia inoportuna enquanto não nos encontrássemos, novamente, em frente ao inimigo; e, enfim, eu disse que não poderia pensar em dar outras condições de rendição a López se não a preservação de sua vida e aquela de seus súditos. Mitre, no que lhe concerne, dizia poder garantir-lhe a liberdade de retirar-se para onde bem quisesse, mas fora da América do Sul.

Pela primeira vez, ele queixou-se a respeito das despesas que a continuação desta guerra impunha às nações aliadas e do calor ao qual nos exporíamos; não obstante, comunicou-me que havia endereçado ao governo argentino relatório segundo o qual avançaríamos pelo interior. Em suma, pareceu-me que Mitre resignou-se a essa eventualidade, embora não a desejasse.

Fez calor à tarde.

3 de setembro

Escrevi instruções a Vitorino, que ficou em Caraguatai.[100] À noite, veio um ajudante de ordens de Mitre, para trazer-me a carta que Sarmiento me endereçou: eram cordiais parabéns do povo argentino pelo feliz e rápido término da guerra contra o tirano do Paraguai. Tratou-me de general em chefe dos Exércitos aliados [no lugar de comandante em chefe]. Acho que foi, simplesmente, um erro de secretário. A intenção é boa, mas a carta, insignificante.

4 de setembro

Ao amanhecer, montei a cavalo e pus-me em movimento, escoltado por Vitorino, pelos comandantes de divisão e de brigada. Quando saíamos do vilarejo, Mitre apresentou-se. Desci do cavalo e entrei na casa mais próxima, para ter uma reunião com ele e com Vitorino. Não se decidiu nada de novo. Prometi voltar a Caraguatai brevemente.

Marchamos num bom terreno e acampamos em Posta Ramírez, por onde passamos com o 1º Corpo do Exército no dia 19 de agosto. À noite, Saguier trouxe o coronel Hermosa, que havia comandado a força inimiga vencida no dia 18 [de agosto] em Caguijuru. Depois de ter-se escondido nos matagais por algum tempo, tomou a decisão de apresentar-se às autoridades aliadas de San José, de onde o mandei buscar.

5 de setembro

Seguimos a rota que foi percorrida em sentido inverso no dia 19 de agosto, até onde acampáramos no dia 18. Então soube que o lugar se chamava Tupichati. Dali, tomamos à direita e, à exceção de uma elevação chamada Tatuquati, não fizemos senão atravessar horrendos pântanos e lamaçais. Terminamos acampando num lugar onde não havia outra sombra que a de um miserável tufo de palmeira.

6 de setembro

Esperava chegar, neste dia, à ponte do Manduvirá, mas o caminho estava tão enlodaçado que, ontem, deram onze horas quando alcançamos o vilarejo chamado de Capilla Duarte ou, também, de Arroyos y Esteros. Mallet anunciou que as mulas da artilharia não conseguiam mais andar. Havia ainda légua e meia até o porto chamado Duarte ou Tobati. Depois de uma pausa, propuseram deixar a travessia para a tarde, o que foi descartado rapidamente. Salgado foi enviado, só, para verificar se havia ali vapores que pudessem transportar-nos amanhã. Voltou com resposta afirmativa.

7 de setembro

Depois de dar ordem a Câmara para que continuasse com a cavalaria por terra, descemos ao porto por caminhos abertos entre os matagais e encontramos a pequena flotilha comandada pelo capitão-tenente Eduardo Wandenkolk.[101] A flotilha compunha-se do monitor *Rio Grande*, de uma chata e das chalupas a vapor *Jejuí*, *Inhaúma* e *Jansen Mueller*. Depois de haver disposto a artilharia no monitor e os cavalos na chata, eu embarquei na *Inhaúma* por volta das dez horas. O curso do Manduvirá é muito sinuoso; as margens, por vezes, são arborizadas; por outras, formadas por pradarias: isso lembra o Paraíba na altura de Guaratinguetá.

Em hora e meia, chegamos ao porto de Passo do Manduvirá, onde estava acampado o 1º Corpo do Exército e disposta a frota inteira de navios militares e mercantes.

Era o Sete de Setembro, de modo que, durante todo o dia, músicos reunidos fizeram ressoar o Hino da Independência.

8 de setembro

O terreno do acampamento era baixo, embora estivesse seco por enquanto. Ameaçava tornar-se um lamaçal com a mínima chuva. Além disso, as autoridades navais manifestaram o temor de que, caso a seca continuasse, as águas do Manduvirá baixariam, o que impediria os navios de entrar. As duas razões contribuíram para que transferisse o corpo do Exército à margem do [rio] Paraguai.

O almirante veio de Assunção no vapor *Lindoia*. A infantaria e a artilharia estavam prontas para embarcar amanhã.

9 de setembro

O embarque ocorreu nos vapores *Araguaia*, *Guaicuru*, *Elisa* e *Serpente*; e nas chatas e outras embarcações de reboque. Não conheço nada mais entediante do que o embarque de tropas: em toda a campanha, até agora, foi o único dia em que me senti cansado.

Enfim, à uma hora, os navios estavam em movimento, embora conduzissem apenas a metade da infantaria e da artilharia. Embarquei no *Conde d'Eu*, esplêndido vapor brasileiro que tinha todos os confortos imagináveis: o comandante ofereceu-nos um lanche muito bem servido.

Por volta das 4h30, paramos em frente ao Arecutaguá, confluente do Paraguai e do Peribebuí. Desembarquei em direção aonde acamparíamos e, depois, voltei para dormir a bordo.

10 de setembro

O restante da infantaria chegou sob o comando de Pedra. Em contrapartida, soubemos que a cavalaria, que vinha por terra, somente poderia chegar amanhã, embora tivesse marchado sem dificuldades. – "E isso por vir a cavalhada inteiramente cansada."

É um acampamento cativante este de Arecutaguá, formado por elevações de terreno que se estendem pelo Paraguai e pelo Peribebuí: é um campo de rochas graníticas expostas e de tufos de mato, onde brilham, resplendorosamente, árvores de não sei quais flores amarelas e brancas.

11 de setembro

Câmara e Vasco Alves apresentaram-se com a cavalaria. Logo depois, começou a queixa habitual sobre a falta de alfafa. Os fornecedores, com a incorrigível má vontade de sempre, tinham deixado, no Manduvirá, os navios encarregados de trazer as forragens.

12 de setembro

Houve missa numa barraca. À tarde, chegaram jornais do Rio datados até 25 de agosto. Soubemos, assim, que a Câmara e o Senado haviam demonstrado, unanimemente, satisfação pela tomada de Peribebuí: este o fez sob proposta de Otaviano,[102] e aquela, de Ferreira Viana.[103]

13 de setembro

Às nove horas da manhã, embarquei em direção a Assunção no *Guaicuru*. Antes do meio-dia, vieram a nosso encontro Elisiário, Paranhos e Polidoro. Do cais de desembarque, fomos à casa de Barrios andando. Herval apresentou-se logo depois. Passamos o dia em reuniões com Herval, Polidoro e Paranhos. Às quatro horas, tivemos de ver as cavalhadas (jogo da argolinha) executadas pelos oficiais de cavalaria. É parecido com o que temos em Itaboraí, mas feito com bastante mais luxo: os cavalos foram ornados com prata maciça e com trajes de seda muito elegantes. Trouxeram-me a primeira argolinha. A segunda foi entregue a Herval.

Então, fui embora, porque às cinco horas teria de receber os membros do Governo Provisório, que me pareceram mais estúpidos do que nunca. Durante o jantar, apresentaram-se o coronel argentino Aguero e seus oficiais; em seguida, logo após o jantar, uma tropa inteira de senhoras e de senhoritas que vinham demonstrar satisfação de ver-se livres do poder de López. Um jovem rapaz da numerosa família dos Decoud fez um discurso, em nome deles todos, com eloquentes palavras terminadas por um *viva o libertador das famílias paraguaias!*

14 de setembro

Às 6h30, fiz a inspeção das prisões e dos hospitais com Salustiano, até mais de onze horas. À uma hora, enfim, consegui embarcar no trem para Piraiú. O trajeto foi executado em menos de três horas, malgrado algumas paradas que duraram minutos em Areguá e em Taquaral.

A região por onde passa a ferrovia está, agora, muito povoada: em Piraiú, inclusive, estabeleceram-se muitas senhoritas distinguidas que nos fizeram demonstrações análogas àquelas de Assunção. Uma delas leu um discurso.

15 de setembro

Montei a cavalo às cinco horas exatas (o dia começava a despontar), e marchamos com Salgado, Galvão e quatro oficiais que estavam de folga hoje e o estarão amanhã. Fui também escoltado pelo esquadrão do corpo de cavalaria, que estacionou em Piraiú.

Eis as anotações que tomei e que podem servir para ter uma ideia das distâncias. Saída da praça do vilarejo de Piraiú, às cinco horas; chegamos às 5h15 à estação ferroviária; às 5h35 minutos, ao vau do rio; às 6h30, à casa em que López morou antes de ocuparmos Piraiú e que, desde então, é o limite de nossos reconhecimentos. A partir daqui, começa uma subida muito íngreme. Às 7h10, alcançamos a casa chamada Sangahú, onde López residiu do 24 de maio até o 13 de agosto; às 7h30 minutos, a bifurcação das estradas de Peribebuí e de Caacupê; às 7h50, Caacupê. Temos ali uma estação telegráfica, onde descansamos 25 minutos, até as 8h15. Às dez horas exatas, passamos o ponto no qual os soldados do 1º Corpo do Exército deixaram suas bagagens no dia da Batalha de Nhu Guassú (16 de agosto);[104] dez minutos mais longe, paramos num matagal de laranjais, para deixar os cavalos respirarem e comer goiabada. Saindo de lá ao meio-dia, passamos à 1h10 [da tarde] pelo primeiro riacho disputado durante a batalha; à 1h20, o segundo; às 2h25, a ponte onde temos nossa última estação telegráfica: bem perto de onde dormi à noite após a batalha. Fizemos então uma pausa de 15 minutos, e deram, então, as 2h40. Às 4h15, paramos na barraca de Mitre, a quem queria prestar visita, mas não o encontrei; e, às 4h30, chegamos à praça do vilarejo de Caraguatai.

Depois de uma conversa com Vitorino a respeito do mapa e de outras questões, ele serviu-nos o jantar. Então, quando terminamos, Mitre apresentou-se. Oferecemos vinho (o que nunca recusa). Quando o chamei para discussão privada, entrou subitamente em matéria e disse-me que tinha grandes dificuldades no que concerne à alimentação das tropas; que o Exército brasileiro era mais que suficiente para destruir o que restava do Exército de López; que, por conseguinte, tinha resolvido retirar-se para as vizinhanças de Assunção, mas que, caso desejasse que o Exército argentino tomasse parte nas operações, colocaria a minha disposição uma de suas divisões de oitocentos homens. Achei que o acerto era excelente, visto que isso conservaria a aliança em toda a sua evidência e evitaria, mais tarde, o desgosto de ter de me entender com ele sobre as operações.

Em seguida, conversamos sobre os destinos a serem dados aos bens conquistados, isto é, entre os mais importantes, um montão de mate encontrado em Peribebuí. Paranhos desejou que absolutamente tudo o que foi espoliado do inimigo fosse outorgado ao Governo Provisório. Embora não estivesse convencido de que, em direito, tenha que ser assim, não me importei com o assunto. Mas Mitre afirmou que não poderia renunciar à parte que concerne a seu governo. Disse-me, então, que, para evitar longas discussões, o melhor seria fazer a partilha e que cada um dos aliados dispusesse de sua parte como bem quisesse, o que me pareceu razoável. Pelo resto, continuou afirmando que não tinha objeções no que diz respeito a ceder ao Governo Provisório a prataria roubada por López das igrejas e o produto dos aluguéis das casas de Assunção.

Depois de retirar-se, Mitre colocou o coronel argentino chamado Calvet sob minhas ordens. Calvet veio então apresentar-se. Marquei encontro em Arecutaguá.

16 de setembro

Pusemo-nos em marcha às 5h20. Sob os auspícios do comandante do 2º Regimento de cavalaria, que estacionou nos campos de batalha, em vez de retornar pela estrada pela qual tínhamos vindo, tomamos outra que ele pensava ser mais curta e que nos levou ao vilarejo de Barrero Grande. Acho que o caminho é um pouco mais longo: talvez, nossos cavalos estivessem mais cansados do que ontem. Fato é que nos tomou mais tempo. Eram 5h30 quando chegamos à estação de Piraiú: a noite caía. Ali, tive de esperar por quase uma hora o major e comandante do corpo de cavalaria. Tinha-lhe dado ordens para que lá estivesse, mas não estava.

Felizmente, o trem levou-nos a Assunção com extraordinária rapidez: chegamos às oito horas. Paranhos tinha reservado jantar. Tinha chegado correio do Rio: fiquei até meia-noite abrindo cartas e lendo jornais.

17 de setembro

Não saí de meus aposentos. Tive de preparar as cartas para o Rio, que saíram às três horas no *Bonifácio*. O restante do tempo foi empregado para receber e resolver multiplicidade de solicitações fabulosas para tratar de vários assuntos. Recebi, entre outras, as visitas do comandante da canhoneira italiana *Ardita* e do cônsul de sua nação. Fastidiosos personagens: o primeiro somente falava italiano!

18 de setembro

Às 7h30, embarquei no vapor *Galgo*, que nos conduziu até Arecutaguá. Pareceu-me que o rio tinha baixado consideravelmente, de modo que a maioria dos quebra-mares que tínhamos construído, pensando no embarque das tropas, ficou inoperante. Os vapores não poderiam atracar. Tiveram que construir outro quebra-mar a jusante, um quarto de légua mais à frente, para que a cavalaria pudesse chegar; e abrir espaço entre os matagais que cobrem a margem do rio. Esse duplo trabalho foi feito com rapidez incrível, neste mesmo dia, por quatrocentos homens do batalhão de engenheiros, sob o comando do coronel C. Bittencourt e de R. Galvão.

19 de setembro

Preparamo-nos para embarcar. Passei o tempo todo redigindo um monte de instruções para Polidoro, Vitorino, Câmara e outros.[105] O calor e a ausência completa de vento deram-me forte dor de cabeça.

20 de setembro

Embarcamos nos vapores *Conde d'Eu*, *Leopoldina*, *Galgo*, *Elisa*, *Serpente*, *Ivaí*, *Araguaia*, *Dayman*, *Guaicuru* e *Dezesseis de Abril*. O material de artilharia já estava embarcado nos encouraçados *Barroso* e *Bahia*. Como não poderia deixar de ser, o embarque foi lento: somente ao meio-dia, o *Conde d'Eu*, onde estava, pôs-se em movimento. Já estava embarcado quando Elisiário chegou de Assunção no [vapor] *Camarão*.

À tarde, houve forte trovoada. O *Conde d'Eu*, embora tenha saído por último, deixou longe para trás todos os outros vapores, de forma que tivemos de parar, para não chegarmos sozinhos ao local de desembarque.

21 de setembro

Elisiário fez cessar a navegação durante a noite, porque o rio tem muitos baixios nos quais poderíamos encalhar e, ainda, porque a escuridão não permitia distinguir as margens.

Enfim, por volta das oito horas da manhã, chegamos aonde os outros vapores já tinham começado a desembarcar o pessoal com a lentidão de sempre. Foi somente após o meio-dia que pudemos marchar em direção ao vilarejo de Rosário. Eu também empreendi viagem à 1h45 [da tarde] e, a passo de cavalo, tardei hora e meia da margem do rio à praça do vilarejo, um dos mais miseráveis que já encontramos.

22 de setembro

Houve mudança de temperatura inimaginável. Fez um frio penetrante e chuviscou durante a maior parte do dia. Ainda assim, fui passear na margem do Paraguai, num ponto metade mais afastado daquele onde desembarcamos, e, também, ao longo do pequeno arroio de Cuarepoti, que corre a poucos passos do vilarejo. É um belo caudal de água este de Cuarepoti: são águas claras e profundas, serpenteando entre os matagais cujas ramificações se cruzam entre as margens. Na altura do vilarejo, há uma bonita praia de grama, onde atracaram imediatamente as chalupas a vapor, uma multidão de canoas e outras embarcações de comércio.

23 de setembro

Durante todo o dia, soprou frio e áspero vento do Sul, e o sol não apareceu.

A principal preocupação foi a crise alimentar que veio à tona devido à absoluta falta de carnes, vivas ou secas (nem gado, nem charque). Essa crise tem sua origem naquela do carvão, gênero que falta atualmente em todo o curso do Paraguai, e isso devido à negligência de não sei quem.

Fui a todos os pontos de desembarque, para obter informações a esse respeito e, também, para acionar o desembarque das forragens, serviço constantemente paralisado pela incorrigível má vontade dos fornecedores.

24 de setembro

As armas estiveram de luto, por causa do aniversário da morte de Dom Pedro I, e nós fomos à missa.

Fui novamente até o local de desembarque das forragens. A manhã estava fria, mas sem nuvens: pelo menos até oito horas, podia-se suportar o frio com cachecol de lã. Mais tarde, esquentou. À tarde, recebemos jornais do Rio datados até o dia 10 [de setembro].

De manhã, tinha chegado o vapor *Cosmos* com os carregamentos de carne-seca (charque), mas ainda sem gado. Enviaram-se vinte homens da cavalaria sob a direção de um vaqueano, para ver se encontravam gado no campo. Correram durante todo o dia, mas apenas trouxeram sete animais. É verdade que eram touros de grande beleza e de dimensões tais como não me lembro de ter jamais visto. Cada um desses touros paraguaios vale pelo menos por quatro ou cinco dos miseráveis animais que nos fornece Lanús.

25 de setembro

Contrariamente a meu hábito, não saí a cavalo. Primeiro, porque dormi bastante; depois, porque, após o almoço, achei que o sol estava escaldante e, assim, posterguei a saída para depois do jantar; e, enfim, nesse momento, chegaram comunicados de Paranhos e de Vitorino, cuja leitura e resposta tomaram-me todo o tempo até as nove da noite. Deschamps voltou de Assunção no vaporzinho de guerra *Lamego*. Mas, quanto ao gado, somente deram promessas. Felizmente, o campo está semeado de cana-de-açúcar, de mandioca (aipim), de milho, de abóboras, de batatas e de bananeiras por todos os lados, de forma que essa alimentação vegetal compensa o efeito adstringente da carne-seca e, portanto, o estado sanitário da tropa não sofre tanto. Ao que parece, os soldados do Norte disseram que Rosário é o paraíso do Paraguai. Eles imediatamente improvisaram engenhocas e moendas de estilo primitivo e, agora, passam o tempo livre preparando caldo de cana.

26 de setembro

Fez calor. Por volta das onze horas, Herval apresentou-se. O mês de repouso parecia ter-lhe devolvido suas faculdades. Tão logo chegou, sugeriu uma série de medidas para resolver a crise alimentar, e tivemos, junto com Deschamps, uma reunião muito proveitosa.

Nossas expedições de cavalaria foram até 17 quilômetros de distância e trouxeram uns vinte animais. Encontraram também, pela primeira vez, uma guarda inimiga, que escapou, deixando em nossas mãos três cavalos selados.

Depois do jantar, fui até os dois locais de desembarque. A tarde estava esplêndida, e as pradarias, amareladas pela seca prolongada desde o mês de julho, tomaram feições avermelhadas depois do pôr do sol.

27 de setembro

Fui acordado por uma notícia atordoante. Galvão estava desaparecido havia 24 horas. Buscando informar-me, fiquei sabendo que ele embarcara na chalupa a vapor com o capitãozinho Amarante e Rozwadowski (polonês meio louco que reside no Brasil há alguns longos anos e que teve a desafortunada ideia, recentemente, de vir ao Paraguai), mas não soubemos qual direção tomaram.

Deram-se ordens para que outras chalupas fossem procurá-los, mas eles apresentaram-se a pé por volta das dez horas. Parece que, ao querer explorar não sei qual braço do Paraguai, terminaram encalhando numa ilha e, portanto, tiveram que lá passar a noite. Um oficial do monitor *Rio Grande*, que os buscava numa canoa, percebeu-os por acaso e trouxe-os a terra firme. A chalupa ficou encalhada.

28 de setembro

Chegaram comunicados de Paranhos, de Polidoro e de Vitorino. Tive de responder e, logo, terminar as cartas para o Rio.

Nossa cavalaria trouxe duzentos animais, o que nos fez nadar em abundância, mas somente por um dia. Ao que parece, em sua maioria, esses animais eram bezerros.

Depois do jantar, desci o Cuarepoti na chalupa a vapor: é um passeio muito agradável. A abundância de peixes que saltava em nosso entorno foi uma coisa fabulosa.

29 de setembro

Chegaram seiscentas cabeças de gado pelos vapores *Cosmos*, *Rosário* e *Susan Bern*, o que pôs termo à crise. Não me lembro de nenhum outro acontecimento.

30 de setembro

Choveu durante toda a manhã, o que nos deu perspectivas pouco prováveis para marchar em breve. Felizmente, à tarde, o tempo abriu-se completamente.

Outubro

1º de outubro

Fez um tempo esplêndido: era uma manhã fria. Fui ao local de desembarque, no porto; como dizem aqui: o porto de baixo, onde encontrei trezentas vacas desembarcando do vapor *Paissandu*.

2 de outubro

O bom tempo continuou.

3 de outubro

Idem, mas o calor aumentou. Começaram a apresentar-se mulheres vindas de Itacuruhy e de San Estanislao.

4 de outubro

Durante a manhã, fui ao local de desembarque; à tarde, passeamos pelo Cuarepoti na chalupa.

5 de outubro

Idem.

6 de outubro

No local de desembarque, tive a agradável surpresa de saber que o transporte de todo o material e pessoal que ficou em Arecutaguá concluiu-se, enfim, hoje, ao cabo de 16 dias! De fato, durante o dia desembarcou a segunda metade do batalhão de engenheiros e de infantaria. O general Marques de Sá sempre teve a missão de ficar no rabo da expedição, para assegurar-se de que nada ficasse para trás.

Visto que Deschamps e Salgado me fizeram notar, ao mesmo tempo, a existência de uns 15 veículos para transportar farinha e sal pertencentes aos dois fornecedores, resolvi não retardar mais a marcha nem esperar o resto dos meios de transporte prometidos havia tanto tempo. Portanto, após o jantar, enquanto voltava de meu passeio nas margens do Cuarepoti, entrei nos aposentos de Herval. Ele estava sentando à mesa, de forma que achei o momento inoportuno para também me sentar. "Queria alguma coisa?", disse-me. "Sim." "Pois então lá vou." "Pois sim, lá o espero."

Meia hora depois, apresentou-se em meus aposentos e, dessa vez, não fez nenhuma objeção. Limitou-se a propor alguns detalhes que foram rapidamente resolvidos.

7 de outubro

Fui ver a picada que Galvão fez abrir para nossa marcha. Visto que a estrada segue de perto uma longa pradaria, empregamos o tempo de espera em Rosário para fazer uma abertura de 12 quilômetros de extensão e de 12 metros de largura no mato que cobre a coxilha. Isso nos rendeu uma bela estrada reta e seca, tal como, quiçá, não encontramos em lugar algum. Não me recordo de nenhum incidente.

Tive de pôr ordem num monte de papéis e escrevi até tarde.[106] À noite, o maluco de Rozwadowski apresentou-se à hora indevida, querendo absolutamente falar comigo. O oficial de serviço, não suportando mais a obstinação de Rozwadowski, expulsou-o com ajuda da sentinela, a ponta de baioneta!

8 de outubro

Mandei soar o toque de alvorada às 3h30. Eram quase 5h45 quando o dia começou a despontar. Somente então mandei executar o toque de avançar.

Não se pode dizer que a manhã estava fria, mas, enquanto durou a marcha, o sol não foi quente o suficiente para que o calor se tornasse sufocante. Ao deixar nossa picada, marchamos através de bonita pradaria, ao cabo da qual acabamos acampando por volta das 8h30, na entrada de uma outra picada.

Destacando-se da grama brilhante da pradaria e sobre os confins do esplêndido matagal, as barracas compuseram um acampamento muito pitoresco. Até o meio-dia, soprou uma brisa, mas, à tarde, ao contrário do que acontece no Rio de Janeiro, o ar ficou pesado. À noite, as nuvens pareciam anunciar uma tormenta que, no entanto, não ocorreu.

9 de outubro

Encontramos diferentes picadas novamente. Algumas muito enlodaçadas. Desembocando numa longa pradaria de légua inteira, Herval, contrariamente a seu modo de ser, imaginou que poderíamos acampar a infantaria numa ponta e a cavalaria, em outra. Avancei até as proximidades do acampamento da cavalaria e parei num pequeno mato de laranjais que pertencia a uma casa abandonada. Esses laranjais tinham-me chamado a atenção, porque esperava encontrar água potável, que é o grande objeto de desejo dessas regiões. Ficamos completamente decepcionados a esse respeito: somente havia água enlodaçada, que, mesmo filtrada, conservou aspecto alaranjado. Estava quente, como era de se esperar. Este lugar chama-se Ocioso.

De fato, embora tivessem caído algumas gotas de água durante a manhã, continuou fazendo calor em excesso. Quando a noite caiu, chegaram cartas do Rio datadas até o dia 15 de setembro.

Novamente, o tempo ameaça trovoar, mas não foi assim que ocorreu.

10 de outubro

Segundo Frei Fidélis, era domingo, e ouvi missa às quatro horas. Uma pequena caminhada levou-nos até o vilarejo de Itacurubi, pequeno assentamento rural que estava em ruínas, inclusive a igreja. Lá havia algumas mulheres em estado de miséria habitual e três homens desarmados, aos quais López dera ordem de seguir nossos passos. Eles foram capturados por nossa vanguarda.

Avançamos meia légua para além do vilarejo e fomos acampar no topo de um belo terreno ondulado, de onde apreciamos amplo panorama. Durante todo o dia, soprou um vento que, embora fosse do Norte, portanto, quente, tolheu o calor tórrido. Fizemos também a preciosa descoberta de uma fonte, cuja água estava límpida e supreendentemente fria.

À tarde, apresentou-se um oficial da Marinha, um certo Fulano Marques Guimarães, que deixara Rosário na manhã. Trouxe-nos cartas do Rio datadas até o dia 27 de setembro. Que rapidez extraordinária.

11 de outubro

Durante a noite, soprou vento do Sul. Veio tempestade: o resultado foi uma manhã fria. Tivemos de passar por alguns pântanos e acampamos tarde (por volta das dez horas) numa pradaria que faz parte da Estancia Carolina. Levantei minha barraca debaixo de um laranjal. A água era potável.

12 de outubro

Encontramos um pântano que faz parte da Estancia Vaca-hú e acampamos nas margens de um pequeno riacho chamado, como muitos outros no Paraguai, de Ihú, o que quer dizer água preta, ao que parece. O riacho desemboca no esteiro Aquaracati, espécie de lago que se estende entre Caraguatai e Rosário. No lugar onde o atravessamos, correm águas límpidas, entre árvores, num fundo de areia. Muitos se deram ao prazer do banho, embora o tempo se mantivesse frio durante todo o dia, a ponto de tornarem necessários, à noite, cobertores de lã.

13 de outubro

Saindo de uma longa picada que passa entre árvores colossais, desembocamos no Tapiracuaí, rio maior que o Ihú, mas que, como este, projeta-se em direção ao Aquaracati. A água subiu até o peito dos cavalos. Uma passarela feita pelos paraguaios deu passo à infantaria. Rapidamente a ampliamos, para que servisse também a uma parte dos veículos. Tínhamos de mantê-la seca (eram suportes de artilharia e outros). O resto passou graças a uma barca sustentada por tubos de borracha.

Temi que a passagem fosse lenta demais, e a opinião de todos foi acampar lá mesmo; mas, vendo que às 8h30 toda a infantaria e, pouco depois, toda a artilharia havia passado, que o tempo estava frio e que o céu, coberto, decidi ir até Estanislao.

Saindo do pequeno vale onde corre o Tapiracuaí, passamos uma espécie de diminuto assentamento rural e subimos num planalto sem mata e muito ventilado. Dali, tem-se uma vista muito ampla.

Em seguida, entramos nos matagais. A estrada serpenteia entre barrancos estreitos. Chegamos então a San Estanislao, enfadonho vilarejo – bastante miserável, mas com uma grande igreja – que se assenta num morro onde a vista se estende num vasto horizonte inteiramente recoberto pela mata.

14 de outubro

Falhamos. Em primeiro lugar, a passagem pelo Tapiracuaí retardou consideravelmente a chegada das bagagens; e, em segundo, nesse tempo de espera, achei que receberia alguns carregamentos de farinha e de sal. Há tempos já havíamos consumido o carregamento saído conosco de Rosário. De fato, chegou um desses, e Herval, que desde sua volta de Assunção deixou de lado o gosto pela lentidão, quis continuar a marcha amanhã mesmo. Mas Deschamps assegurou que esperava, incessantemente, um carregamento de milho, alimento para a cavalhada e para a mulada. Essa perspectiva obrigou-me a esperar mais um dia em San Estanislao.

15 de outubro

O milho prometido chegou. A manhã foi fria e radiante; em todo o dia, nuvem alguma mostrou-se no horizonte. Mas, à tarde, soprou vento do Norte, e o calor tornou-se excessivo, portanto. Não houve acontecimento nenhum digno de nota.

16 de outubro

A alvorada ocorreu às 3h30. Ventou do Leste, e fez calor. Marchamos por um caminho estreito e sinuoso que corta uma série de matagais e de pequenas pradarias. O relevo é acidentado e bastante pitoresco. Passamos pelo vau de muitos riachos, cujos nomes me escapam, e, por fim, o Tapiracuaí, o mesmo rio que havíamos encontrado antes de San Estanislao.

Pouco depois, acampamos no potreiro Apipu, lugar alto e sem mato. O vento continuou soprando, e o céu conservou-se sem nuvens.

17 de outubro

Durante a noite, irrompeu tormenta formidável. Quando amanhecia, a chuva cessou; e, quando foram 4h30, deixei a barraca para ouvir missa, visto que era domingo. Pareceu-me que o tempo se recompunha e ordenei que se fizessem o primeiro e o segundo toque de aprontar. Tão logo montei a cavalo, começou novamente a chover torrencialmente, mas avançamos. Foi uma marcha comprida, durante a qual choveu quase sem interrupção, por vezes mais intensamente do que por outras.

A estrada estava esburacada e enlodaçada. Abria-se entre uma mata virgem mais densa do que em certos lugares do Brasil. A estrada era estreita, o que não deixava passar senão um veículo por vez. Naturalmente, isso retardou muito a coluna, e, ainda, mais de uma caixa de artilharia tombou.

Eram 11h30 quando desembocamos num riacho cujas águas versam, evidentemente, no Jejui. Os vaqueanos dizem que ele se chama Cururu--coró. Seu curso, subitamente engrossado devido à chuva, elevava-se até o peito dos cavalos, de maneira que montamos as jangadas de borracha, para que as munições pudessem passar. Logo depois desse riacho, começa o potreiro Capivari, como o precedente, formado por relevos altos, mas bastante mais amplos.

Acampamos em cima do primeiro planalto. A chuva tinha cessado e não recomeçou mais nesses dias. O tempo permaneceu aberto, e o céu, somente aberto por uma brecha azul entre a densidade cinza e uniforme.

18 de outubro

Durante a noite, soprou vento do Sul, e fez frio. Fui até a vanguarda, que estava à margem do rio Capivari. O curso d'água, afluente do Jejui, passa pelo meio do potreiro ao qual dá nome e corre entre riachos apertados e arborizados. Neste momento, não é atravessável a pé. Visto que López teve o cuidado de destruir a ponte de madeira que antes havia, tivemos de construir outra.

O tempo manteve-se cinzento, mas não choveu quase nada. Pouco antes da noite, saiu um raio de sol. A ausência de uma ponte não foi a única razão que nos obrigou a parar neste potreiro; havia outra não menos séria, isto é, a falta absoluta de alimentos. Ontem, dia 17, matamos nossos últimos bois e, quanto aos outros víveres, haviam-se passado já alguns dias sem novidades dos fornecedores.

19 de outubro

A falta de alimentos persistiu. Distribuímos mil libras de extrato de carne, que havia comprado fazia alguns meses junto ao doutor Ubatuba. Fizemos sopa, juntando-o aos palmitos que felizmente abundam nesta região. Mas não satisfizemos os soldados, e as queixas foram muitas.

O tempo manteve-se frio.

20 de outubro

Felizmente, trouxeram algumas cabeças de gado na manhã. Disseram que seriam umas cem, mas terminaram sendo noventa, das quais tivemos que matar 75 imediatamente. Mais tarde, durante o dia, trouxeram uma tropa de umas cento e poucas cabeças, o que nos devolveu as energias momentaneamente. Chegaram cartas de Assunção, datadas do dia 13 [de outubro]. Paranhos, sempre inclinado a ilusões ingênuas, escreveu assim: "Ontem, escrevi ao senhor Lanús e, hoje, esteve ele comigo. Pelo que me disse, as Forças de Vossa Alteza não sofreram falta de víveres!"

Considerada a gravidade da situação e a impossibilidade de avançar sem ter garantias contra nova crise de fome, enviei Salgado a Assunção, para obrigar os fornecedores a trazer-nos, quer quisessem, quer não, trezentas cabeças de gado. Passei a noite (que foi novamente muito fria) escrevendo para Assunção.

21 de outubro

De manhã, houve denso nevoeiro até as oito horas. Fez um frio penetrante, como no mês de julho, em Piraiú; que climinha este do Paraguai!

Chegaram alguns sacos de milho e de farinha que, caso poupados, poderiam durar três dias. Pela primeira vez desde Rosário, recebemos notícias do 2º Corpo do Exército. Uma série de emissários, que chegaram com pequenos intervalos de diferença, trouxeram quatro cartas de Vitorino, dos dias 9, 16, 18 e 20 [de outubro]. As últimas duas foram escritas de um lugar chamado Encruzilhada, pouco distante de Arroyo Hondo. No decurso do dia, voltaram dois emissários de São Joaquim, os engenheiros Amarante e Jordão. Este trouxe uma carta, datada do dia 20, do coronel Hermes, que o estúpido Resin deixou no comando. Declarava que seus víveres também acabariam no dia 21. Coitado de mim! Não havia forma de enviar-lhes nada (este emissário somente chegou às oito horas da noite). Trazia consigo dois desertores inimigos, um alferes e seu filho. Entre outras coisas, os emissários declararam que as tropas de López tomaram conhecimento da constituição do Governo Provisório por intermédio de mulheres que, libertadas por nós, voltaram ao acampamento de López em segredo. Buscavam induzir seus maridos a desertar.

22 de outubro

Nenhum acontecimento. Conseguimos arranjar o suficiente para dar meia ração de carne e de farinha aos combatentes. Resolvi enviar Bonifácio a São Joaquim, para que examinasse a razão da falta de remédios e de médicos. Era queixa da guarnição.

23 de outubro

Chegaram 54 cabeças de gado, mas, quando entrávamos no acampamento, os soldados da guarda que está na beira da estrada, por criancice ou pelo azar das coisas, assustaram o gado, e dezoito bois correram para o mato. Ordenei a prisão do oficial que comandava essa guarda.

24 de outubro

Por volta das dez horas da manhã, tivemos a alegria de ver Reginaldo chegar, o ajudante de ordens que tinha enviado a Paranhos no dia 16 [de outubro]. Ele saiu de Rosário no dia 22. Encontrou-se então com Salgado, que noticiou a chegada incessante de 230 cabeças de gado, entre as quais cinquenta eram de gado paraguaio muito gordo. Este tinha sido reunido nas redondezas de Rosário pelo tenente-coronel Manuel Lucas de Sousa, que ficou em comando naquele lugar.

Também soubemos, por meio de carta de Hermes, que foram recebidos 176 bois e farinha para cinco dias em São Joaquim, não se sabe por qual via milagrosa. Menos satisfatoriamente, soubemos que López tinha deixado Curuguati com toda a sua tropa. Dirigia-se a Iguatemi e à serra de Maracaju.

25 de outubro

Fui tomar banho no Cururu-coró, pequeno riacho que corre num fundo de areia e à sombra de bambus e de samambaias. Infelizmente, é pouco profundo. Um pouco mais embaixo, ele forma uma magnífica cachoeira. O potreiro Capivari é um cativante lugar por sua natureza: ar fresco, águas puras e belos matagais. Quando chegamos, o potreiro estava coberto de flores esplêndidas, que a boca de nossos animais não poupou. Há, ainda, nos confins dos matagais, alguns cactos colossais cujos caules estavam ornamentados por grandes flores brancas, muito bonitas.

26 de outubro

Fui novamente tomar banho. Não me lembro de nenhum acontecimento.

27 de outubro

À noite, estourou violenta tormenta, e choveu abundantemente até de manhã. A água atravessou o teto de minha barraca e pingou em minha cara grande parte da noite, o que não me impediu de dormir.

28 de outubro

Tomei banho. As manhãs continuam muito frias. Chegou a primeira parte do comboio de mulas e de veículos que havia enviado a Rosário, no dia 21 [de outubro], para trazer víveres. Não trouxeram senão carne-seca e farinha para um dia, visto que sobrara apenas parcela desses alimentos nos depósitos de Rosário.

Recebemos as notícias oficiais do pequeno triunfo de Câmara, o que veio bem a calhar, visto que eu tinha cartas a enviar para o Rio. Todo o meu tempo foi absorvido pela leitura desses papéis e de outros, pela preparação de diferentes ofícios e por carta que escrevi a Paranhos. Fiquei ocupado até mais de meia-noite.

Recebi também os ofícios do governo sobre as operações nas Cordilheiras, com data de 6 de outubro.

29 de outubro

Não saí de meu quartel-general. Chegaram, pelos fornecedores, 340 cabeças de gado e farinha para um dia. Quando a noite caiu, apresentou-se o capitãozinho Argolo, que tinha saído de Curuguati às oito da manhã. Trouxe a notícia do pequeno êxito alcançado por Fidélis sobre a vanguarda inimiga na manhã do dia 28 [de outubro]. A vanguarda paraguaia foi comandada por um tal chamado Adorno. Fidélis solicitou reforço de cavalaria e de artilharia, para continuar avançando. Mas consideramos, Herval e eu, que a artilharia não poderia chegar até lá senão muito lentamente, visto o mau estado da estrada. Além disso, não convinha de forma alguma que

Fidélis passasse o Jejui, de modo que enviamos ordem para que explorasse o terreno até lá e, então, voltasse aqui.

30 de outubro

À noite, houve grande tormenta e geada. Meus ajudantes de ordens contaram que os flocos da geada eram da espessura de um ovo, o que terminou matando o papagaio de José Luís. Talvez seja mentira, mas, de todas as formas, a chuva foi passageira e não entrou em minha barraca.

Não deixei meus aposentos. Durante o dia, o bom tempo não foi constante. À noite, apresentaram-se umas trinta mulheres, escapadas de Curuguati, e dois homens, um deles com braço amputado.

31 de outubro

Tomei banho e ouvi missa. Fez bom tempo. Entre as mulheres libertadas, descobrimos uma sobrinha do famigerado Estigarribia.

À noite, Herval mandou dizer-me que os prisioneiros capturados por Fidélis estavam chegando. Achavam-se tão extenuados pela falta de alimentação que tiveram de parar do outro lado de Capivari. Foram trazidos de Curuguati pelo sobrinho de Dona Rosa, Joaquim Florêncio de Toledo Ribas.

Novembro

1º de novembro

Tomei banho e fui à missa. Os prisioneiros de Curuguati chegaram ao quartel-general. Eram em torno de setenta homens e número menor de mulheres, que, ao que parece, compunham família com aqueles. Entre os homens, muitos eram crianças, como de costume, mas homens robustos estavam em número igual. Também havia um padre de tamanho colossal, que dizia ser o pároco de Curuguati, de Carimbataí e de Iguatemi. Aparentemente, ele teria sido empregado por López para abrir várias picadas, uma delas de Carimbataí em direção ao Sudeste, isto é, a Palomares; e a outra, de Iguatemi em direção ao Noroeste, isto é, a Panadero. Ele supõe ser esta última direção a que López tomou. Preferirira que assim fosse, mas duvido de que assim seja.

2 de novembro

Novamente, tomei banho e fui à missa. Manduca Cipriano enviou cem bois paraguaios tomados por sua cavalaria. Especificou, como é seu hábito, que "três são de presente: um para Sua Alteza, outro para o senhor Visconde e o terceiro para o senhor general José Luís".

À noite, um oficial veio da vanguarda anunciar que se apresentaram em torno de mil mulheres e crianças em tal estado de extenuação que muitas já estavam mortas de fome. Apesar de nossa penúria de gêneros alimentícios, tivemos de enviar-lhes uma libra de milho por cabeça.

Chegou a papelada de Vitorino, de Câmara, de Paranhos e de Polidoro. Não houve nenhum outro acontecimento.

Para poupar os cavalos, já enfraquecidos pela falta de alfafa, farei passeio a pé de agora em diante, todos os dias, depois do jantar, com o doutor e dois oficiais de serviço, grupo composto, geralmente, por Jerônimo Coelho e Benedito Torres.

As principais discussões dão-se, quase sempre, entre o doutor e Coelho (sem eles, não falaríamos de política). O doutor tem espírito distinguido e notavelmente instruído; Coelho é tapado, mas, visto que estudou e viajou, possui certa cultura e tem a mania de colocar, em todos os seus assuntos, palavras pomposas, o que provoca réplicas admiráveis do doutor.

3 de novembro

Tomei banho. Soprou, novamente, vento frio, a ponto de exigir uso de cachecol de lã. Manduca Cipriano enviou cinquenta cabeças de gado.

Por volta do meio-dia, as famílias de Curuguati apresentaram-se no acampamento. Elas foram contadas, para assim fazer a distribuição de milho. Eram 1.403 indivíduos dos tipos mais horrendos e grotescos, como de costume. Foram obrigados a tomar a rota de San Estanislao.

4 de novembro

Tomei banho. Fez um tempo muito frio, mas, ainda assim, esplêndido.

Chegaram, mais uma vez, famílias de Curuguati. Não sei por qual razão eram de estirpe superior àquelas que vemos habitualmente. Algumas mulheres usavam lenços de seda e de lã. Deveriam ser objetos importados da Europa. Foram interrogadas sobre como conseguiram obter esses objetos. Não conseguimos arrancar desses seres estúpidos senão esta explicação: "É o único que sobrou; todo o resto foi tomado por López."

Nenhum outro acontecimento ocorreu.

5 de novembro

Por volta das oito horas da manhã, apresentou-se Salgado sem ser chamado. Tinha saído ontem de Rosário. Não me trouxe cartas e, em suma, o resultado de sua comissão não foi muito satisfatório: embora tenha embarcado 3 mil bois em Paso de la Patria, chegaram apenas seiscentos aqui. Malgrado os 150 de Manduca Cipriano, somente tínhamos sessenta para amanhã, dia 6.

Apresentaram-se dois mensageiros de Curuguati. Eram pessoas mais distintas do que se encontram comumente entre os paraguaios. Disseram pertencer ao quartel-general de López. Asseguraram-me que este não tinha mais do que dois mil homens, mas ainda 21 canhões, e que tinha decidido tomar a direção do departamento de São Pedro Amém, saindo de Iguatemi.

6 de novembro

Tomei banho. Choveu por momentos, e, nesses instantes, o tempo tornou-se pesado e cinzento.

Ao ver que Herval não se apresentava passados já dois dias, fui a pé até seus aposentos, para conversar sobre a necessária redução das tropas, em razão da falta de alimentos, cada dia mais severa. Ele disse que tinha sofrido uma queda, o que o impedia de cavalgar e, inclusive, de sentar-se a não ser numa rede. Quanto à redução das tropas, ele não ficou satisfeito com a proposta, mas terminou aceitando. Gostaria de ter reduzido o número a 4 mil homens, mas ele afirmou (sem muita razão, creio eu) que, nos números dos mapas de força pronta, havia grande contingente de não combatentes e, portanto, que não poderíamos ficar com menos de 5 mil homens.

Ele também fez objeções a que, nesse número, fossem incluídos os oitocentos argentinos. Como eles são companheiros muito incômodos, terminei cedendo.

7 de novembro

Tomei banho e fui à missa. Choveu novamente, por intervalos. Apresentou-se, novamente, sob o comando de Fidélis, grande número de famílias de Curuguati. Foram contados mais de 950 indivíduos, sem contar as crianças trazidas nos braços de suas mães.

Evidentemente, a miséria não é aqui do tamanho daquela que estávamos acostumados a observar entre outras porções da população paraguaia. Não somente traziam lenços de seda, mas também grande número de joias. Isso ocasionou odiosa especulação entre os soldados argentinos e os nossos. Propunham trocar um colar de ouro por um biscoitinho; ou um anel de pedra preciosa por uma camisa esburacada. Nessa multidão de luxo, faltavam a elas sapatos, como sempre. É o resultado natural de terríveis peregrinações às quais López forçou essa pobre população.

8 de novembro

Tomei banho. Não choveu, e fez calor, mais calor do que antes havíamos sentido neste lugar, mas bem menos do que em Rosário ou nos primeiros acampamentos da marcha.

Demos ordens para retirar dos batalhões de Voluntários aqui existentes todos os soldados de linha e para substituí-los, em número igual, por Voluntários da Pátria. Há muito tempo, havia tido essa ideia. Ao comunicá-la a Herval no dia anterior, quando discutimos a propósito da redução de tropas, ele achou a ideia boa. Objetou apenas que isso somente poderia ser feito por intermédio de um longo trabalho de escrituração. Pinheiro Guimarães, contudo, insistiu a respeito de a ideia não ser de difícil execução e, num piparote, redigiu instruções tão completas que afastariam qualquer confusão, o que me incitou a colocá-las em prática.

9 de novembro

Ao voltar do banho, montei a cavalo e fui encontrar-me com Herval. A respeito da questão dos Voluntários, disse-me em tom alegre: "E a mim, quando me solta? Eu também sou Voluntário." Deixei escapar exclamações de surpresa. Explicou-me que desejava ir à Europa, para ter seu maxilar operado por um cirurgião chamado Maisonneuve (eu nunca havia ouvido esse nome). Ele disse, ainda, que tinha 69 anos, que não tinha dinheiro (o que é verdade, eu acho), que previa o dia em que o governo suspenderia o soldo dos militares e que precisava cuidar do futuro de seus filhos (duas meninas e três meninos, cujos dois mais velhos são estudantes de Direito).

Como eu não estava nada preparado para essa manifestação, somente respondi com generalidades. Ao levantar-me, agradeci os ovos de galinha com os quais me havia presenteado ontem, e ele disse: "É mais uma razão para me deixar ir depressa, pois assim ficará com as galinhas", ao que respondi: "Ora! Que troca!" Então, montei a cavalo.

Recebemos o correio que tinha saído do Rio no dia 16 de outubro: que lentidão!

O episódio que Pedro Américo retrata em *Batalha de Campo Grande* (1871) foi narrado pelo Conde d'Eu em seu diário, no dia 16/8/1869: "Então, reproduziu-se, mais uma vez, a cena ridícula de Peribebuí: Galvão e Almeida Castro tomaram as rédeas de meu cavalo, e, malgrado meus esforços, nada os fez soltá-las. Teria sido necessário que eu tirasse meu sabre, para cortar-lhes o pulso, ou que ordenasse suas detenções; mas, provavelmente, essa segunda possibilidade não geraria efeitos."

Em repetidas ocasiões, o Conde d'Eu relatou em seu diário encontros com militares e diplomatas. Da esquerda para a direita: major Hilário Mariano da Silva; coronel Rufino Galvão; farmacêutico Augusto Alves de Abreu; João Ribeiro de Almeida; capitão Jerônimo Francisco Coelho; capitão Rodrigo Augusto da Costa; engenheiro Frederico Maximiliano Meyer; coronel Francisco Pinheiro Guimarães; major Benedito de Almeida Torres; capitão de mar e guerra João Mendes Salgado (Barão de Corumbá); Henri; tenente Castro de Andrade Neves; Charles Ryder; Conde d'Eu; Alfredo d'Escragnolle Taunay (Visconde de Taunay); major J. J. Macedo Pimenta; conselheiro de Estado José Maria da Silva Paranhos (Visconde do Rio Branco); capitão Aristides Armínio Guaraná e coronel Eduardo Augusto Cabral Deschamps.

Conde d'Eu em campanha militar no Paraguai. Na retaguarda: em segundo plano, está Manuel Luís Osório (Marquês de Herval), em terceiro plano, José Antônio Correia da Câmara (Visconde de Pelotas); e, em quarto plano, Luís Alves de Lima e Silva (Duque de Caxias).

Princesa Isabel em seu passatempo predileto, o piano. Possivelmente a foto foi tirada pouco antes ou durante a campanha de seu marido, o Conde d'Eu, no Paraguai.

Parada no Largo do Paço, atual Praça XV, no Rio de Janeiro, por ocasião do casamento da Princesa Isabel com o Conde d'Eu.

Marechal Solano López, presidente do Paraguai, em campanha contra a Tríplice Aliança.

Dona Juana Carrillo de López, mãe do marechal Solano López. No diário, o Conde d'Eu referiu-se a seus encontros com ela nos dias 17/3/1870, 20/3/1870 e 12/4/1870.

A trincheira da Batalha do Tuiuti, ocorrida um ano e meio após o início da Guerra do Paraguai, expressa bem o cotidiano das tropas em 1869. Relatou o Conde d'Eu em seu diário, em 4/8/1869: "Construir-se-iam trincheiras que, segundo ele, teríamos de começar a montar ainda hoje, o que muito aprovei. Herval disse então a Vitorino que deveria fazer como lhe conviesse, porque estava caindo de sono."

No diário, as menções à ação militar do coronel Mallet são constantes. Em 10/8/1869 – às vésperas da Batalha de Peribebuí –, o Conde d'Eu narrou: "Desemboquei com o 2º Corpo pelo caminho da direita. Quando chegamos perto do vilarejo, colocamo-nos ao alcance da metralha inimiga: rapidamente, granadas começaram a passar por cima de nossa cabeça. Mallet indicou de imediato as posições que lhe pareciam adequadas para posicionar nossas baterias, de maneira a calar a artilharia inimiga. Conviemos que começaríamos a construção das barricadas assim que a noite caísse." Na foto, vê-se a bateria de Mallet.

Não foram poucas as companhias de comércio que se apresentaram nas frentes de combate, como as de Lambaré, retratadas na imagem. O Conde d'Eu não as perdeu de vista em seu diário, como neste episódio de 2/1/1870: "Há duas cartas datadas do dia 19. A primeira solicita o envio de fotografias da família López. A outra trata de solicitações dos fornecedores Lanús e Mauá. Há também outras duas datadas do dia 22. A primeira solicita que envie requerimento ao fornecedor Molina & Cia para entrega de forragem."

No fim da guerra, Luque, que havia sido capital do Paraguai após a tomada de Assunção, tornou-se importante entreposto militar para as tropas imperiais. Os engenheiros militares improvisaram estradas de ferro, como a da foto acima, para abastecer as forças que avançaram em direção à região das cordilheiras, perseguindo Solano López. Lê-se no diário do Conde, em 14/4/1870: "Hermes conduziu-me à catedral, por entre um mar de lodo, para assistir a um te-déum, cuja música é de sua composição. Em seguida, levou-me ao palácio de um dos cunhados de López. O prédio foi rapidamente ocupado pelos oficiais da guarnição. Ali, também, apresentou-se o general Guilherme Xavier de Souza, vindo de Luque pela ferrovia."

No diário, em 29/4/1869, o Conde anotou: "Mitre veio cedo, para 1. trazer exemplar de um trabalho volumoso que mandou fazer sobre os crimes de López (não pude senão agradecer a atenção que me deu); 2. propor a nomeação de uma comissão encarregada de vistoriar domicílios em Assunção, com o intuito de apreender objetos que supomos estarem escondidos (expliquei que lhe daria uma resposta mais tarde); e 3. queixar-se, ainda que em bons termos, de soldados brasileiros que, na noite anterior, tinham atacado um guarda argentino e ferido dois homens." Na foto, a vista da cidade de Assunção.

Construído em 1857 por Solano López, o Palácio de los López foi ponto de paragem para as tropas imperiais – e também para o Conde d'Eu – nos anos finais da guerra. Conforme se lê no diário, em 28/6/1869: "Última pausa, para conferir a grande ponte de Ibiraí, que foi serrada recentemente. Agora, há ali e, também, na estação vizinha de Trinidad um destacamento oferecido por um dos batalhões de guarnição de Assunção. Antes de chegar à terminal, mandei parar o trem, para visitar Castro. Dali, fui ao palácio [...], onde cheguei morto de fome (seriam umas duas horas)."

Especialmente a partir de junho de 1869, o Conde d'Eu fez reiteradas menções à situação de carestia das famílias paraguaias, que muitas vezes buscavam refúgio nas tropas brasileiras. A esse respeito, lê-se no diário, em 7/8/1860: "Percorremos uma légua de subida íngreme e estreita. No topo, há um planalto semeado de capões de mato. Rapidamente, surgiu grande número de famílias paraguaias, no estado de miséria habitual, que acolheram nossa passagem com marcada satisfação." Na foto, veem-se mulheres e crianças paraguaias atendidas por médicos e enfermeiros brasileiros.

A guerra gerou um contingente de famílias empobrecidas no Paraguai, como a da foto. O Conde d'Eu narrou em 28/6/1869: "Apresentou-se, também, uma comissão internacional humanitária, instituída para socorrer as famílias paraguaias que não estão mais em poder de López."

A rotina dos hospitais, que tomou forma de revista militar para o Conde d'Eu, não escapou à grande maioria dos combatentes. Em 15/4/1869, sua anotação no diário tratou do tema: "Desembarquei às nove horas, para fazer a vistoria dos hospitais e das casernas. Há 776 doentes no Exército e 147 na Marinha: o número cai todos os dias. O chefe de serviço da saúde é o doutor Gitahy, muito elogiado por Bonifácio."

Sobre os acampamentos das forças brasileiras, como o que está retratado na imagem acima, o Conde registrou em seu diário, em 31/8/1869: "Após o jantar, fiz um passeio a pé, em torno dos acampamentos. O aspecto geral das coisas é alegre e limpinho. O branco das barracas entre os laranjais recobertos de flores, o verde do mato circundante em seu frescor primaveril, o azul dos horizontes longínquos: tudo isso reconciliou-me com Caraguatai."

O cotidiano dos soldados era também religioso durante a guerra, como o Conde comentou em seu diário, em 7/5/1869: "À noite, fui à missa que frei Fidélis faz todas as noites na igreja repleta de oficiais e soldados. [...] Em seguida, o bom frei subiu num palco e fez seu sermão, com sotaque italiano [...]." Na imagem, tropas imperiais em missa na Igreja do Rosário.

Revistas militares do Conde d'Eu (como a da foto, em Lambaré) e seus problemas logísticos foram relatados várias vezes no diário. Em 13/7/1869, o Conde anotou: "Às dez horas, apesar do sol tórrido, fui a Taquaral, para passar em revista o 2º Corpo do Exército. [...] A revista teve mais êxito do que aquela de anteontem. O sol prestou-se a nossos esforços."

Na imagem, o 40º Batalhão de Voluntários da Pátria, da Bahia, em guarda de honra, em frente à igreja erguida por frei Fidélis d'Ávila, que foi próximo do Conde. Não são poucas as referências, no diário, às missas celebradas por frei Fidélis, como a de 11/7/1869: "Servimos almoço para todo o corpo diplomático e, às onze e meia, montamos a cavalo para passar a revista. Dado que o relevo não permitia formar todo o corpo do Exército em uma linha única, formamos espécie de quadrado e, no meio, erguemos uma bela barraca, onde houve missa (que frei Fidélis não permitiu que ouvíssemos montados a cavalo). Depois disso, houve bênção e distribuição das bandeiras; em seguida, distribuição das medalhas; e, enfim, desfile."

Prolongado por 21 colunas representativas das vitórias no Paraguai, o Arco triunfal do Arsenal da Marinha foi erguido para o regresso dos primeiros batalhões de Voluntários da Pátria. A fotografia acima foi feita provavelmente horas antes do desembarque desses militares, em 23/2/1870.

Projeto de Louis Rochet para a construção de uma coluna de bronze no Largo do Paço. O esboço foi oferecido a Dom Pedro II em 20/6/1870, em comemoração ao fim da Guerra do Paraguai, mas nunca foi realizado.

Em 30/4/1870, o jornal *Vida Fluminense* registrou o retorno do Conde d'Eu ao Rio de Janeiro após o término da Guerra do Paraguai. Na legenda [incompleta no original disponível], lê-se: "Consta que um dos maiores poetas recitará uma pequena poesia logo que o vapor que conduz Sua Alteza passar em frente ao ponto escolhido pelo poeta, o que dará causa a uma demora de mais de doze horas pelo menos!"

O Templo da Vitória, de estrutura provisória, foi construído no Campo da Aclamação (atual Campo de Santana), no Rio de Janeiro, em comemoração ao fim da Guerra do Paraguai. A celebração ocorreu em 10/7/1870 e foi um fracasso, marcando o início do declínio da monarquia brasileira.

10 de novembro

Tomei banho. Houve missa fúnebre por causa do dia de hoje.[107] Choveu sem parar até o meio-dia. À tarde, o tempo abriu.

Pedra, que vai conduzir os Voluntários da Pátria a Rosário, veio pedir para retirar-se também. Hesitei longamente a respeito. Não sabia se dispensava Pedra ou José Auto. Se tivesse ouvido apenas minhas simpatias pessoais, teria retido Pedra. Mas José Auto pediu-me insistentemente para ficar: tinha mais direitos. Assim, pedi a Herval que escolhesse, embora ele também preferisse Pedra. Terminou decidindo a favor de José Auto, considerando que Pedra era incompatível com Vasco Alves.

Seriam umas oito da noite quando um ajudante de ordens de Herval trouxe um ofício dele. Dizia que sua saúde o obrigava a retirar-se do Exército, "pois com dificuldade posso caminhar e, por isso, impossibilitado estou de montar a cavalo. Nestas circunstâncias, peço a Vossa Alteza que se digne a dar-me suas ordens". Eu disse ao ajudante de ordens que responderia amanhã.

11 de novembro

De madrugada, às 4h30, fui à saída do potreiro, para ver a partida dos Voluntários. Disse algumas palavras aos comandantes de brigada, Francisco Lourenço e Faria Rocha, que responderam com vivas. Ambos são coronéis da Guarda Nacional da província da Bahia e usam barbas colossais. Prometeram não as cortar até voltar à Bahia.

Ao retornar, começou a chover. Entre as sete e as oito horas, a chuva tornou-se torrencial: a metade do interior de minha barraca ficou completamente inundada. Isso continuou, embora com menos força, durante algumas horas.

À tarde, fez bom tempo, e fui aos aposentos de Herval. Continuou lamentando-se, longamente, sobre seu estado de saúde, e terminei por dizer que voltaríamos a falar a respeito quando mudássemos o acampamento de lugar.

12 de novembro

Apresentou-se uma expedição de cavalaria argentina que declarou vir de Patinho-Cuê por Peribebuí, São José, Ajos e São Joaquim, para juntar-se à divisão de infantaria [argentina] que estaria conosco. Ao não a encontrar, continuaram até Rosário. Eles trouxeram uns cinquenta cavalos de reserva e muitas mulinhas carregadas de víveres.

Fez bom tempo. Tomei banho, e, à tarde, Herval apresentou-se. Falamos dos cem homens de cavalaria que Fidélis solicitava, para ir até Iguatemi assegurar-se sobre a presença de López. Mas, à noite, enviou-me nota na qual dizia que a cavalaria estava sem os cem cavalos necessários para a expedição.

13 de novembro

Tomei banho. A manhã foi fria. Chegaram ofícios do Rio de Janeiro, datados do dia 15 de outubro!

No meio do dia, fui ver Herval. Montei a cavalo por volta das 11h30 e voltei às 12h30. Embora o céu estivesse sem nuvens e, no meio do potreiro, não houvesse nenhuma sombra, não fez calor algum. Há quantidade extraordinária de moscas no lado onde Herval está acampado, mas não há insetos que mordam, como os mosquitos.

Falamos sobre mudar de acampamento. Iríamos para o outro lado do potreiro, o que nos aproximaria, uns doze quilômetros, de Curuguati e de São Joaquim. Conviemos que essa mudança de acampamento teria lugar depois de amanhã, dia 15.

À noite, recebemos a notícia de que o *Davidson*, o único vapor capaz de levar gado a Rosário, estava fora de serviço. Tinha-se chocado com um edifício no porto de Assunção!

14 de novembro

Houve missa. Não saí de meu quartel-general, pois estava ocupado com diversas papeladas, entre outras, com a redação de instruções para que Portinho nos enviasse gado por Itapua, Vila Rica e São Joaquim.[108]

Felizmente, soubemos por intermédio do doutor Leonardo Mendoza, agente da casa Lanús, que o vapor *Davison* estava novamente em serviço e tinha já desembarcado duzentas cabeças de gado em Rosário. Isso tirou-nos um peso imenso das costas.

15 de novembro

Fez bom tempo, malgrado o frio. Às 4h30, montei a cavalo, para fazer a mudança de acampamento. Levei, a passo de cavalo, 55 minutos até Capivari.

Ali, tive que me deter, porque a manada de cavalos e as bagagens obstruíram a ponte. Nesse tempo, Herval chegou em seu cabriolé e pôs pés à terra, para cruzar a ponte. Foi prudente, visto que, no meio da ponte, os cavalos do cabriolé empacaram até que soltaram um deles, que foi tomado pela crina.

Enfim, às 5h45, passei a ponte e levei quarenta minutos dali até a boca da picada, isto é, do lugar entre onde o potreiro termina e a estrada entra no matagal, mais denso ali, talvez, do que em qualquer outro lugar.

Ao voltar na direção do rio, vislumbrei Herval, que já havia estabelecido o acampamento numa excelente coxilha.

16 de novembro

Fez bom tempo. Chegaram cartas de Assunção datadas do dia 11 [de novembro]. Fidélis saiu em direção a Curuguati e a Iguatemi com duzentos magníficos cavalos chegados ontem de Rosário.

17 de novembro

Tomei banho no Capivari. A água estava quente, quase mais quente que o ar, mas a correnteza puxava muito. Embora desse pé, teria sido levado até o Jejui se não fosse o grande tronco de palmeira que ligava as duas margens e ao qual me agarrei.

Não houve grandes novidades. Apresentou-se um brasileiro que dizia ter vindo de Itapua por Vila Rica em 17 dias, trazendo novecentos [ilegível] machos para vender, que, pelo momento, estão em São Joaquim. Pedimos que os trouxesse aqui, vistas nossas necessidades. Ele também disse ter deixado em Vila Rica duzentos bois. Foi uma aparição luminosa, pois se abriu a perspectiva de estabelecer comércio terrestre por essa linha aí.

18 de novembro

Fez bom tempo de manhã, e tomei banho. À tarde, choveu abundantemente. E isso até a noite. Como de hábito, a chuva entrou em minha barraca e molhou todos os meus papéis.

O grande momento do dia foram os comunicados que vieram de Rosário. Os primeiros, datados do dia 15 [de novembro], foram trazidos pelo tenente de engenharia Eugênio Adriano Pereira da Cunha Melo. Ele foi enviado por Câmara, para propor, verbalmente, modificações no plano de operações do Norte.

19 de novembro

Fez bom tempo. Nada de novo aconteceu.

Respondi a Paranhos e a Vitorino a respeito dos assuntos do Norte. As cartas de Paranhos estão apresentando tamanha incoerência e desatino que é de crer na demência que por vezes o acomete. A última, datada do dia 16 [de novembro], de Rosário, irritou bastante Salgado, mas sem razão, a meu ver, porque estou certo de que as intenções de Paranhos são excelentes, embora seja, em seus julgamentos, deploravelmente precipitado.

20 de novembro

Quanto às notícias de Fidélis, os soldados que ele tinha enviado com quatro prisioneiros disseram ter deixado Curuguati ontem, às quatro horas da tarde. Antes das 3h20 [da tarde], eles apresentaram-se aqui: isso que é caminhar a passo firme.

Fidélis escreveu. Disse que continuava marchando à margem de Jejui, onde se encontra a vanguarda inimiga, que conta com setecentos homens. Fidélis disse que caso seja surpreendida e, assim, derrotada, ele avançaria até Itanara com apenas 1.500 homens! É lá onde estaria López.

21 de novembro

Não houve acontecimento algum, a não ser a chegada de Hermes e de sua divisão, que mandei vir de São Joaquim, porque a julgava inútil: iríamos ocupar definitivamente Curuguati.

Valporto e Bibiano contaram-me que, quando chegaram a São Joaquim no dia 20 de setembro, poderiam ter salvado todas as famílias retidas por López em Ihú. Elas somente foram retiradas dali três dias depois, mas Resin, no lugar de enviar as tropas conforme minhas instruções, permaneceu o tempo inteiro numa estúpida inação.

22 de novembro

Fez calor: o vento soprou do Norte. Um soldado apresentou-se. Vinha de Curuguati, dizendo que, ontem à noite, ouviu tiros de canhão na direção de Jejui, para onde Fidélis havia marchado. Por volta do meio-dia, quando ia montar a cavalo para encontrar-me com Herval, apresentou-se um cabriolé.

Herval insistiu, resolutamente, em voltar ao Brasil. Como sinal definitivo, enviou-me requerimento, reclamando o pagamento ao qual tem direito e cavalos que perdeu em batalhas dos anos precedentes (acho que são dos dias 24 de maio de 1866, 16 de julho e 11 de dezembro de 1868).[109] Com pesar, disse-lhe que concederia a licença.

23 de novembro

Com os elogios devidos, coloquei em detalhes a partida de Herval (registro das ordens do dia). Pouco antes de anoitecer, José Auto apresentou-se, para dizer no mais humilde tom: "Venho participar a Vossa Alteza que assumi o comando do 1º Corpo." Respondi então: "Não julguei que fosse tão cedo, ainda não pensei bem sobre esta organização. Só amanhã é que poderei dar ordens." Pedi que se retirasse após essas palavras de vaticínio ameaçador.

Choveu de manhã, mas, à tarde, fez bom tempo.

24 de novembro

Choveu praticamente sem interrupção durante todo o dia: algumas vezes com mais intensidade, o que, como de hábito, molhou meus papéis. É essa a principal calamidade provocada pelo mau tempo debaixo de minha barraca.

Por volta das seis da manhã, Herval apresentou-se disposto a partir. Após uma última conversa com ele, montei a cavalo, para acompanhá-lo até a ponte do Capivari; mas, como começou a chover intensamente e eu tinha certa perturbação na barriga, deixei-o partir e voltei a meus aposentos. Mais tarde, ordenei que Vasco Alves comparecesse e disse-lhe que, dadas as reduções necessárias na organização da cavalaria, estava disposto a conceder-lhe o pedido de demissão solicitado no dia 7 de setembro, quando então estava no Passo do Manduvirá. Mostrou-se muito satisfeito e agradecido.

25 de novembro

De manhã, recebemos de Manduca Cipriano a notícia apavorante de que a chuva de ontem havia destruído a ponte de Tapiracuaí. Imediatamente, mandei Galvão partir com cem homens, para que remediassem a situação. Para grande felicidade, chegaram quase simultaneamente 309 cabeças de gado. Elas tinham atravessado a ponte antes do desastre, o que melhorou os ânimos.

Em torno do meio-dia, escrevi a Fidélis. Queria notícias. Às dez da noite, no entanto, chegou uma carta dele, com data de ontem. Confirmou a notícia de que López não possui mais de 1.500 homens deste lado. Ele enviara Caballero ao Norte e, assim, iria efetivamente cruzar o Jejui-guaçu.

26 de novembro

Fez bom tempo, embora quente. Não me recordo de nenhum acontecimento. Tive que concluir as cartas para o Rio, visto que a Marinha solicitou a partida dos paquetes de Assunção no dia 30 [de novembro], sem falta.

27 de novembro

Por intermédio de vários oficiais vindos da vanguarda, tivemos notícias de Fidélis, embora nada por escrito. Alguns inimigos teriam surpreendido um entreposto de seis homens de infantaria na manhã do dia 25 [de novembro]. Fidélis, que havia feito a besteira de deixar suas munições de reserva em Curuguati, decidiu não atravessar o Jejui sem antes buscá-las.

Em consequência, ao ver esse atraso, que não tinha a ver com o fato de o entreposto ter sido surpreendido e que podia deixar tempo a López para agrupar suas forças do Norte, enviei ordem a Fidélis para que evitasse atravessar o rio. Teria de consolidar sua posição em Curuguati.

28 de novembro

Nada de novo. Durante todo o dia, soprou vento do Norte. Fez muito calor até a caída da noite, quando começou a chover. Pouco depois, estourou grande tempestade que durou toda a noite.

Felizmente, Larue, que tinha visto se aproximar vento típico de tormenta, tinha apertado as cordas de minha barraca, de modo que a água não entrou;

contudo, não consegui dormir durante as primeiras horas da noite e recorri a meu remédio habitual contra a insônia: tomar o *Jornal do Commercio* e ler as discussões na Câmara de Deputados.

29 de novembro

Não choveu, mas o céu permaneceu cinzento durante todo o dia. Às oito da noite, chegou parte da mala de cartas que deixou o Rio em 1º de novembro. Entre outras cartas, recebi uma de Isabel datada do dia 6 [de outubro]. Recebi também exemplares do *Jornal do Commercio* datados até o dia 9 [de outubro]. Com afeto, soube que a Imperatriz se restabeleceu de sua doença. Estava agora em convalescença.

Igualmente, chegou considerável papelada de Paranhos, que parece ter recobrado seus sentidos: retraiu-se honrosamente e de bom grado.

30 de novembro

Houve denso nevoeiro de manhã, mas fazia calor (singular fenômeno).

Ao retornar do meu passeio habitual a cavalo, por volta das sete horas, recebi carta de Vitorino do dia 27 [de novembro]: fiquei sabendo, por meio de um ofício do chefe de Esquadra, Lomba (sem dar datas), que Câmara tinha marchado em direção a Concepción, para combater coluna inimiga de mais de mil homens. Essa notícia causou-me grande alegria.

Passei o dia escrevendo a Paranhos, a Herval, a Polidoro, a Elisiário, a Vitorino e a Câmara. Tive de deixar para amanhã a correspondência oficial e extraoficial que devo a Mitre.

Estava ocupado com essas tarefas quando, na hora de jantar, o secretário pessoal de Fidélis nos remeteu papel no qual se dizia que este havia passado o Jejuí e derrotado a força inimiga que protegia a ponte desse rio. Foram tomados dois canhões também.

Portanto, reuni um conselho privado, composto por Salgado, Galvão Pinheiro Guimarães, José Auto e José Luís. Os pareceres foram unânimes, embora não todos explicitados: Fidélis deveria manter a posição ocupada, e deveríamos mandar reforços colocados a sua disposição, por exemplo, no Jejui-guaçu.

Dezembro

1º de dezembro

Para enviar esse reforço, teria sido necessário que ficasse em Capivari com apenas dois batalhões. Não enxerguei razão de ser nesse fracionamento, que complicaria toda a administração e deixar-me-ia sem saber do que se passaria.

Resolvi que marcharíamos somente amanhã, apesar das posições de Pinheiro Guimarães e de Deschamps. Eles previam, não sem alguma razão, nova crise de fome.

Mas o que fazer? Passaram-se quatro meses e 14 dias de espera, a força foi reduzida à mais magra expressão, não contamos com alimentação garantida, não é isso matéria para perder a paciência?

2 de dezembro

Às 4h10, montei a cavalo e levei meia hora até a entrada da picada. Lá, esperei mais meia hora, para que a tropa passasse, e, somente às cinco horas, entrei no matagal que chamamos de picada de Guabirá. Segundo o itinerário traçado pelo capitão de engenharia Lassance, a picada não tem menos de 12 quilômetros de extensão. Ao sair dali, passamos por um riacho atravessável a pé chamado Tablas. Do outro lado, o itinerário parecia de bons augúrios para acampar. Achamos, não obstante, que esse pretenso acampamento não era mais do que um espaço estreito e limitado pelos matagais. Além disso, havia ali imenso pântano. Não havia maneira de acampar. Tivemos que avançar até mais longe, portanto. Atravessamos uma série de pequenas pradarias, de coxilhas e de matagais pouco densos; em seguida, desembocamos num potreiro que cruza o rio Retamo. Acampamos aquém desse curso de água.

Era quase meio-dia quando a cabeça da coluna nos alcançou. Embora o céu estivesse sem nuvens, o calor não era muito. Mas os pregos de minhas botas pretas me causaram dor nas pernas e nos pés, quando o sol os esquentou. Não consegui ficar de pé quando desci do cavalo. Joguei-me no chão e tirei as botas.

O doutor prescreveu um banho emoliente e proibiu-me tomar café, vinho e a mínima gota de licor.

3 de dezembro

Atravessamos o Puctama a pé e, 1.500 metros mais longe, encontramos o rio Corrientes, um rio largo e muito profundo que não permite travessia a pé. Tivemos de construir uma jangada de borracha e, por causa da largura do caudal, a passagem da artilharia foi espantosamente lenta.

Depois de observar o ocorrido, deitado na areia, à margem do rio, fui escolher o acampamento a uns cem metros dali. Era quase meio-dia.

Quando as últimas companhias de infantaria chegaram, eram mais de cinco horas. A noite caiu sem que as munições tivessem terminado de passar. Recebi cartas saídas do Rio no dia 30 de outubro pelo vapor *Vassimon*!

4 de dezembro

Dadas todas essas complicações, tivemos de aguardar mais do que o esperado. Passei o dia estendido em frente a minha barraca, no intuito de curar a inflamação nos pés ou, melhor, os calos que continuam a causar-me dor quando quero fazer um simples passo. Galvão ocupou-se de fazer uma abertura através do terreno próximo ao rio. A passagem da infantaria havia transformado esse local num verdadeiro atoleiro.

5 de dezembro

Montei a cavalo, para ir à missa. O céu permanecia sem nuvens desde nossa partida de Capivari. Fazia calor.

O terreno do acampamento é arenoso, e a poeira, considerável. Matamos nossas últimas 25 cabeças de gado e permanecemos na esperança, tantas vezes anunciada pelo agente do fornecedor, que outras setecentas não tardariam em chegar amanhã. Mas às oito horas da noite, o major Constantino de Sousa chegou de Rosário e anunciou que não havia qualquer boi aquém de San Estanislao. Foi notícia desesperadora, o que me fez escrever a Vitorino uma carta em tom bastante forte.

6 de dezembro

Foi o primeiro aniversário da Batalha de Itororó. O ajudante de serviço recordou-o: mas a prudência geral fez que a conversa não adentrasse a questão, ainda muito incandescente para não se tornar irritante para uns ou para outros.

A primeira parte do dia foi triste devido à falta de gado. Mas, por volta do meio-dia, tivemos a distração da chegada de prisioneiros enviados de Jejui por Fidélis. Eram 83, e, às 4h30, veio a reconfortante notícia de que 34 bois estavam do outro lado do Corrientes, de modo que, rapidamente, pudemos tocar à carneação.

7 de dezembro

Chegaram jornais do Rio, mas eram fabulosamente velhos. Também vieram sessenta cabeças de gado, e, assim, como estávamos muito mal acampados num terreno estreito e enlodaçado, dei ordens para transferir, amanhã, nosso acampamento para a entrada da picada de Pacová.

À noite, Frei Fidélis me fez prever que era amanhã a festa da Conceição. Se tivesse me lembrado antes, não teria escolhido este dia para marchar.

8 de dezembro

Ouvimos missa às quatro horas. O dia começava apenas a raiar. Às 4h45, marchei e, depois de atravessar o pequeno potreiro e de alcançar o riacho que corre na entrada da picada de Pacová, desci do cavalo às 5h45 e montei minha barraca à margem do matagal.

Fez um calor espantoso durante o dia. O doutor registrou 102°F, ou seja, acho eu, em torno de 40°C.

À noite, apresentou-se grande quantidade de mensageiros enviados por Fidélis, entre os quais, dois oficiais.

9 de dezembro

À noite (por volta das nove horas), soprou vento de grande violência, que ameaçou arrancar minha barraca e a encheu de poeira. Em seguida, choveu abundantemente, mas não por muito tempo.

10 de dezembro

Não me lembro de nenhum acontecimento. Escrevi para o Rio.

11 de dezembro

Tivemos o prazer de receber Salgado. Como de hábito, ele estava cheio de histórias e, desta vez, com boas-novas a respeito da questão sempre vital do gado; nos dias 5, 6 e 7, 2.696 animais foram transportados de Assunção para Rosário, por meio dos vapores *Susan Bern*, *Davidson* e *O'Connell*.

A marcha foi adiada para amanhã.

12 de dezembro

Durante a noite, começou a chover abundantemente. Por infortúnio, ainda era domingo. Como a manhã foi extremamente escura, somente saí da barraca para ir à missa às 4h15. Não chovia mais; às cinco horas, marchei. Pouco depois, a chuva recomeçou e continuou a cair quase sem intervalos durante o tempo que estivemos na picada. Por vezes, a chuva foi de grande violência.

Como dessa vez a tropa era pequena e como não queria, por causa das últimas manifestações de minha dor de garganta, expor-me à chuva mais do que o necessário, não parei para esperar a tropa, como é de meu hábito. Passei a picada numa vez só, a passo de cavalo. Tardamos 3h10 para atravessar esse matagal sem clareiras. Lassance avaliou a distância em 1.980 metros. Não havia clareiras, mas, no meio, um lago que, engrossado indubitavelmente pela chuva e agitado por força do vento do Sul, apresentava aspecto lúgubre, devido também ao mato e às nuvens negras. Ao sair da picada, encontramos, debaixo de uma pequena mangueira, o gado que nos esperava no lugar pensado para o acampamento. Havia ali bom número de pobres mulheres paraguaias que, quase sem roupas, como de costume, buscavam abrigo longe das chuvas torrenciais, sob couro bovino. Elas apertavam seus filhos contra o peito da maneira mais lamentável possível. Muitas pareciam não ter senão poucos momentos mais de vida! Em volta delas, havia cascas de laranja. Era o principal alimento dessa pobre população, o que nos estimulou o olfato. Os laranjais que compõem a beleza de todos esses vilarejos paraguaios são quase inexistentes no espaço deserto percorrido depois de San Estanislao.

Fui acampar ali mesmo, mas José Luís notou, judiciosamente, que valia mais ir adiante, imediatamente, porque a chuva continuaria e teríamos melhor abrigo, comparativamente às barracas, nas casas do vilarejo de Curuguati, onde José Auto estava desde ontem com a primeira metade das tropas.

Assim fizemos: deixamos um oficial, para que ele dissesse ao coronel Barros Falcão para acampar ali com as tropas e para carnear. Nós continuamos. Atravessamos os rios chamados Carimbataí e Abajibá graças às pontes que o curso da água vai derrubar, sem dúvida. Às 10h30, chegamos a Curuguati, vilarejo parecido ao de San Estanislao: estava muito bem situado num planalto coberto de grama, de onde a vista açambarca a amplitude do matagal.

José Auto deu-me meias e pantufas. Graças a esses cuidados, minha dor de garganta passou, ao contrário do que poderia supor, devido à exposição à chuva. À tarde, o tempo abriu, e o pôr do sol foi magnífico. Fez um frio delicioso. Passavam-se já 58 dias dormidos debaixo das barracas.

13 de dezembro

O dia começou com espesso nevoeiro. Fez frio, e, em seguida, o dia tornou-se radiante.

Às 10h30, fui a cavalo até o rio Curuguati, que corre a pouca distância do vilarejo. Trotando, tardei uma hora e quinze. Encontrei muitas famílias que voltavam de Iguatemi. À tarde, pouco antes de jantar, Fidélis apresentou-se, como sempre, cheio de vaidades e de informações mais ou menos inteligíveis, que preencheram o tempo do jantar. Veio também um oficial com comunicados segundo os quais Paranhos havia deixado Encarnação no dia 5 [de dezembro]. É um bom passo.

À noite, chegaram cartas do Rio datadas de 18 de novembro.

14 de dezembro

Novamente, fez bom tempo, não muito quente. Às 10h30, montei a cavalo e fiz a volta do vilarejo: há riachos que formam cascatas cativantes. Encontrei uma parte das famílias chamadas *destinadas*, que voltava de Iguatemi.

Como sabemos, são famílias condenadas à morte por López. Quando exiladas em Ihú, foram conduzidas a Iguatemi e, dali, ao outro lado da serra de Maracaju, onde vivem ao lado de índios e sem outra alimentação do que animais selvagens. Os animais eram ofertados pelos índios a preço de ouro. A fome dessas famílias era tal, que chegaram a trocar uma libra esterlina por um sapo!; duas onças, por um cãozinho; e não sei quantos diamantes, por um macaco, o que era um banquete supremo para elas! Enfim, ao se desfazerem de suas joias, algumas obtiveram dos índios condução através dos matagais até nossa vanguarda.

Os *destinados* disseram que 3 mil pessoas estão sob o comando de López.

15 de dezembro

Não houve grandes acontecimentos. Novamente, saí a cavalo. É um belo campo este de Curuguati: para além das plantações de milho e dos laranjais, há arbustos carregados de goiabas, de araçás e de guabirobas; verdes, no entanto.

Os pregos das botas voltaram a machucar-me não sei por qual razão, e, portanto, evitei novos passeios a pé. Encontrando-me, excepcionalmente, desocupado, li de uma vez só o *Civilização e barbárie* de Sarmiento, que havia começado no Brasil, sem nunca encontrar ocasião para terminá-lo. É certamente uma obra muito eloquente.

16 de dezembro

Não deixei meus aposentos, no intuito de curar-me dos calos nos pés. Choveu das oito da manhã até a tarde, mas o sol pôs-se com um esplêndido arco-íris e sob uma brisa admiravelmente fria.

Recebi cartas e jornais saídos do Rio no paquete do dia 15 de novembro. Apresentaram-se não menos de nove desertores inimigos, vindos de Panadero. Um deles, um menino, disse ter fugido quatro dias atrás. Segundo ele, López tencionava passar do outro lado da serra [de Maracaju].

17 de dezembro

Fez bom tempo. Fui passear a cavalo ao meio-dia. Por volta das quatro horas, apresentou-se um major, que era comandante de um dos corpos de cavalaria de López. Declarou ter desertado de Panadero no dia 11 [de dezembro]. López tinha dado ordens para cruzar a serra [de Maracaju] no dia seguinte. No cálculo que faz este oficial superior, não haveria mais de novecentos homens com López e que, no máximo, este poderia reunir 2.700 (somando os doentes, todos os destacamentos isolados e os empregados de todos os tipos).

O major afirmou que muitas famílias *destinadas* tinham conseguido escapar novamente (entre as quais, a viúva do cônsul de Portugal, Leite Pereira) e que as teria deixado na passagem do Jejui-guaçu.

18 de dezembro

Não saí de meus aposentos. À tarde, choveu abundantemente.

19 de dezembro

Choveu por momentos. Fui à missa, que teve lugar na igreja, grande e bem conservada.

Apresentaram-se somente dois mensageiros, que disseram ter desertado de Panadero havia vinte dias.

20 de dezembro

Choveu por momentos, mais uma vez. Soube-se que todos os rios, para além e para aquém de onde estamos, mas também o Jejui, o Caraguatai, o Carimbataí e o Corrientes, haviam medonhamente transbordado, a ponto de tornar a passagem muito perigosa. Felizmente, contudo, tínhamos resguardado aqui gado para mais de um mês, farinha e sal, de modo que encaramos o acidente sem temer catástrofe imediata.

21 de dezembro

Fez bom tempo, mas não saí da barraca, por causa dos calos nos pés, que novamente me fizeram mal.

22 de dezembro

Idem, idem. Continuaram apresentando-se famílias *destinadas* que escaparam da serra de Maracaju.

23 de dezembro

Idem, idem.

24 de dezembro

Idem, idem. À noite, em homenagem à noite de Natal, soldados de infantaria vieram representar, à frente da porta de meus aposentos, ridículo divertimento teatral que consiste em fantasiar um deles de boi e outros dois de personagens grotescos. Tinham as barbas cobertas por farrapos. Enquanto um desses três personagens executava uma espécie de lundu, os outros, atirando-se mutuamente ao chão, acompanhavam a música batendo palmas um pouco em ritmo do batuque. Cantavam letras absurdas, como "ande, boi, ande; ah!, não há quem me leve o boi na porteira do curral. Morreu o boi: venha o doutor para curá-lo".

Depois disso, fomos à missa de meia-noite.

25 de dezembro

Continuou fazendo um tempo ótimo. Visto que meus calos iam melhor, saí a cavalo pela estrada de Capivari: havia muita poeira.

26 de dezembro

Idem. Fui a cavalo até além do Curuguati, que ainda está transbordado, embora se possa cruzá-lo graças a uma ponte que consertamos.

Apresentou-se um alemão excêntrico chamado Luester. Disse ser nativo de Hanover e ter uma casa comercial em Pernambuco. Teria vindo até aqui por divertimento, mas também para colher informações no intuito de escrever sobre a Guerra do Paraguai. Tudo isso me pareceu muito estranho.

Por carta de Vitorino do dia 19 [de dezembro], soubemos que Câmara tinha de ter tomado Panadero no dia 22 [de novembro]. Ainda, graças a informações da vanguarda, soubemos que outras duzentas pessoas *destinadas* escaparam da serra de Maracaju.

27 de dezembro

Fez bom tempo e calor. Não houve outro acontecimento mais do que a chegada de uma caixa de biscoitos enviada de Rosário por Hilário. Estava hermeticamente fechada com pregos, mas, ao abri-la, vimos que estava praticamente vazia: não restava senão um punhado de biscoitos devorados por moscas!

Fui a cavalo encontrar-me com Fidélis, que está numa chácara cercada de laranjais nas imediações do vilarejo. Ele está sofrendo de febres intermitentes, da mesma forma que quase todos aqueles que regressaram da expedição de Iguatemi.

28 de dezembro

Recebi cartas do Rio datadas do dia 30 de novembro. Fui a cavalo na direção de um vilarejo chamado Ihú (nome muito comum no Paraguai). Com meia hora de marcha, encontrei um rio (provavelmente o Curuguati) que oferece ótimo lugar para banho.

Quando a noite caiu, apresentou-se o tenente-coronel Antônio José de Moura, que foi além da serra de Maracaju com trinta homens. Ao passar o rio Iguatemi, ele havia chegado a Passo do Espadim e encontrado, ali, mil mulheres retidas por ordem de López. Trouxe-nos algumas delas, em torno de cem. As outras estariam muito cansadas para segui-lo.

Apresentou-se a viúva do tenente Pereira, jovem mulher que estava inteiramente vestida de preto: ela nasceu no Paraguai, filha de um português e de uma brasileira. Seu marido, português também, era cônsul de Portugal em Assunção e foi fuzilado por López. Ela declarou não ter filhos. Seu português é correto, embora tenha leve sotaque europeu. Parecia estar perdida; e sua voz, quase apagada, delatava aversão pela palavra.

29 de dezembro

Às sete horas, chegou um grande grupo de *destinados*. Eram quase trezentas pessoas, entre as quais, dois franceses e muitos espanhóis e argentinos. As figuras principais eram a mãe do bispo do Paraguai e a esposa de Decoud; este, homem tão estúpido quanto o comum dos paraguaios – ou, quiçá, ainda mais. Ele tinha se candidatado ao Governo Provisório e mostrara intenção de ser o Chefe Político da Capital. Seus filhos, ainda jovens, tiveram educação literária em Buenos Aires ou em Corrientes e são redatores do jornal da Assunção regenerada, o *La Regeneración*.

Quanto à mãe do bispo, trata-se do personagem mais estranho que se possa imaginar: renuncio à descrição.

30 de dezembro

Continuaram chegando *destinados* que se perderam na estrada. A mais notável era uma chilena que fora a Assunção para ser atriz. Como todas as outras, um belo dia, seu marido foi preso e, provavelmente, fuzilado. Ela foi levada a Ihú e, dali, a Curuguati, onde Madame Lynch obrigou-a a confeccionar umas vinte perucas. Ela tivera de seguir Lynch até Panadero, mas, visto que a chilena se recusou e manifestou desejo de ficar em Curuguati, ela foi imediatamente levada a Espadim com as outras condenadas a morrer de fome. Tal é sua história.

31 de dezembro

Não me lembro de nenhum acontecimento. Vieram comunicados de Vitorino do dia 26 e de Câmara do dia 24 [de dezembro].

Notas

1. João Maurício Vanderlei, Barão de Cotegipe (1815-1889), foi ministro da Marinha durante o gabinete do Visconde de Itaboraí (16 de julho de 1868 a 29 de setembro de 1870).
2. Almirante Elisiário Antônio dos Santos, Barão de Angra (1806-1883). Sucedeu a Joaquim José Inácio, Visconde de Inhaúma, no comando da Esquadra imperial.
3. José Inácio Silveira da Mota (1811-1893) foi deputado provincial, deputado geral, conselheiro de Estado e senador entre 1855 e 1889. Em 1868, concomitantemente à fundação do Centro Liberal, patrocinou a constituição do Clube Radical. Silveira da Mota foi autor da lei que estabeleceu, em junho de 1862, a proibição da venda de escravos sob pregão e sob exposição pública, bem como a proibição de, em qualquer venda, separar o filho do pai e o marido da mulher. Ver: Aspectos biográficos dos senadores do Império. Senado Federal. Disponível em <http://www.senado.gov.br/senadores/senadores_biografia>. Acesso em: 13 de outubro de 2014.
4. Joaquim Manuel de Macedo (1820-1882). Escritor, professor e deputado pelo Partido Liberal. Tinha com Pedro II e com a família imperial fortes laços de amizade. Chegou a ser preceptor e professor dos filhos da Princesa Isabel e do Conde d'Eu. Ver: ERMAKOFF, George. *Dicionário biográfico ilustrado de personalidades da História do Brasil*. Rio de Janeiro: G. Ermakoff Casa Editorial, 2012, p. 740.
5. Luís Augusto de Saxe-Coburgo-Gota (1845-1907), Duque de Saxe e primo do Conde d'Eu. Embora tivesse sido designado, inicialmente, para casar-se com a Princesa Isabel, terminou casando-se com a Princesa Leopoldina, segunda filha de Dom Pedro II. Ver: LYRA, Heitor. *História de Dom Pedro II (1825-1891). Declínio (1880-1891)*. Vol. 3. Belo Horizonte: Itatiaia, 1977.
6. Carlota Guilhermina de Lima e Silva (1817-1894), filha do Regente Francisco de Lima e Silva e irmã do Duque de Caxias. Ver: ERMAKOFF, George. *Dicionário biográfico ilustrado de personalidades da História do Brasil*. Rio de Janeiro: G. Ermakoff Casa Editorial, 2012, pp. 443-445.
7. Bartolomé Mitre (1821-1906) foi presidente da Argentina de 1862 a 1868. Ver: DE MARCO, Miguel Ángel. *Bartolomé Mitre, biografia*. Buenos Aires: Planeta, 1998.
8. O Barão de Cotegipe assumiu a pasta dos Negócios Estrangeiros após José Maria da Silva Paranhos, futuro Visconde do Rio Branco, ter sido enviado em missão diplomática a Assunção.
9. O Município Neutro do Rio de Janeiro foi criado em 1834, pelo Ato Adicional à Constituição Imperial de 1824.

10. Alfredo d'Escragnolle Taunay (1843-1899). Participou na Guerra do Paraguai como engenheiro militar de 1864 a 1870. Seu diário de campanha foi publicado pela Biblioteca do Exército. Ver: VISCONDE DE TAUNAY. *Diário do Exército, 1869-1870: de Campo Grande a Aquidabã e a Campanha da Cordilheira*. Rio de Janeiro: Editora Biblioteca do Exército, 1958; ver também _____. *Memórias*. Vol. VI. São Paulo: Edições Melhoramentos, 1946.

.11 Polidoro da Fonseca Quintanilha Jordão (1802-1879), mais tarde Visconde de Santa Teresa. Defendeu o Império na Revolução Farroupilha (1835-1845) e na Guerra do Paraguai (1864-1870). Tornou-se comandante do 2º Corpo do Exército em substituição ao Visconde de Porto Alegre, em 1866. Ver: MACIEL DA SILVA, Alfredo Pretextato. *Os generais do Exército brasileiro de 1822 a 1889*. Rio de Janeiro: Biblioteca Militar, 1940, pp. 484-503.

12. É provável que se trate de João Francisco Jardim, coronel da Guarda Nacional.

13. João Mendes Salgado (1832-1894), mais tarde Barão de Corumbá. Defendeu o Império na quase integralidade da Guerra do Paraguai. BLAKE, Augusto Vitorino. *Dicionário bibliográfico brasileiro*. Rio de Janeiro: Tipografia Nacional, 1898.

14. João de Sousa Fonseca Costa (1823-1902), mais tarde Barão e Visconde da Penha. Foi chefe de Estado-Maior de Caxias entre 1866 e 1868. Regressou ao Paraguai em março de 1870, acompanhando o Conde d'Eu. Ver: LAGO, Laurênio. *Os generais do Exército brasileiro de 1860 a 1889*. Rio de Janeiro: Biblioteca Militar, 1942, pp. 67-73.

15. Antônio Tibúrcio Ferreira de Sousa (1837-1885). Combateu durante toda a Guerra do Paraguai. Foi comandante do 16º Batalhão de infantaria e do 26º Batalhão de Voluntários da Pátria, do Ceará. Ver: LAGO, Laurênio. *Os generais do Exército brasileiro de 1860 a 1889*. Rio de Janeiro: Biblioteca Militar, 1942, pp. 211-259.

16. Refere-se a um nacional da República Oriental do Uruguai.

17. Chefe da legação diplomática brasileira em Montevidéu.

18. Francisco Manuel Barroso da Silva (1804-1882). Foi o comandante que conduziu a Marinha Imperial à vitória na Batalha do Riachuelo (11 de junho de 1865). Ver: BOITEUX, Lucas Alexandre. *Ministros da Marinha, notas biográficas*. Rio de Janeiro: Imprensa Naval, 1959.

19. Irineu Evangelista de Sousa (1813-1889), Barão e futuro Visconde de Mauá. Teve participação constante na modernização industrial do Império. Mauá investiu, com capital próprio e estrangeiro, no transporte marítimo, na criação de bancos e na construção de ferrovias e de telégrafos. Instalou companhia de gás no Rio de Janeiro e em Montevidéu. Suas casas bancárias tinham sede, para além do Império, em Córdoba, Rosário e Montevidéu. Financiou tropas brasileiras durante a Guerra do Paraguai. Foi membro do Partido Liberal,

eleito deputado entre 1856 e 1873. Ver: ERMAKOFF, George. *Dicionário biográfico ilustrado de personalidades da História do Brasil*. Rio de Janeiro: G. Ermakoff Casa Editorial, 2012, pp. 1.311-1.312.

20. Referência à Batalha de Jataí, que ocorreu em 17 de agosto de 1865.
21. Venancio Flores (1808-1868). Presidente do Uruguai em duas ocasiões: de 1854 a 1855 e de 1865 a 1868. Morreu assassinado em Montevidéu. Ver: MAIZTEGUI CASAS, Lincoln. *Orientales, una Historia Política del Uruguay*. Vol. 2 (1865-1938). Montevidéu: Planeta, 2004.
22. Lorenzo Cristóbal Manuel Battle y Grau (1810-1887). Presidente do Uruguai entre 1868 e 1872. Ver: MAIZTEGUI CASAS, Lincoln. *Orientales, una Historia Política del Uruguay*. Vol. 2 (1865-1938). Montevidéu: Planeta, 2004.
23. Referência à Rendição de Uruguaiana, na qual o general paraguaio Estigarribia se rendeu às tropas aliadas na presença de Dom Pedro II, do Conde d'Eu, do Duque de Saxe e dos presidentes argentino e uruguaio, respectivamente, Bartolomé Mitre e Venancio Flores. Por solicitação de Pedro II, o Conde d'Eu, que estava em viagem de núpcias com a Princesa Isabel na Europa, retornou ao Brasil para acompanhar seu sogro ao *front* gaúcho, em julho de 1865. Ver: CONDE D'EU, *Viagem militar ao Rio Grande do Sul*. São Paulo: Editora da Universidade de São Paulo, 1981.
24. Francisco Solano López (1827-1870). Presidente do Paraguai entre 1862 e 1870. Ver: CAPDEVILLA, Luc. *Une Guerre Totale. Paraguay, 1864-1870*. Rennes: Presses Universitaires de Rennes, 2007.
25. Francisco Bonifácio de Abreu (1819-1887). Foi chefe do Corpo de Saúde do Exército. Ver: VISCONDE DE TAUNAY. *Memórias*. Vol. VI. São Paulo: Edições Melhoramentos, 1946.
26. Referência à colônia do Santíssimo Sacramento, fundada em 1680 pela Coroa portuguesa.
27. José Maria da Silva Paranhos (1819-1880), enviado em missão diplomática a Assunção em 1869. Tornou-se Visconde do Rio Branco em 1870. Foi presidente do Conselho de Ministros de 1871 a 1875 pelo Partido Conservador. Ver: ERMAKOFF, George. *Dicionário biográfico ilustrado de personalidades da História do Brasil*. Rio de Janeiro: G. Ermakoff Casa Editorial, 2012, p. 1.322.
28. José Maria da Silva Paranhos Júnior (1845-1912), futuro Barão de Rio Branco. Esteve à frente do Ministério das Relações Exteriores de 1902 a 1912. Ver: ERMAKOFF, George. *Dicionário biográfico ilustrado de personalidades da História do Brasil*. Rio de Janeiro: G. Ermakoff Casa Editorial, 2012, pp. 151, 152.
29. Juan Manuel de Rosas (1793-1877). Presidente da Confederação da Argentina de 1835 a 1852. Ver: GÁLVEZ, Manuel. *Vida de don Juan Manuel de Rosas*. Buenos Aires: Tor, 1954.

30. Domingo Faustino Sarmiento (1811-1888). Presidente da Argentina entre 1868 e 1874. Ver: HALPERÍN DONGHI, Tulio. Sarmiento's place in postrevolutionary Argentina. In: JAKSIC, Ivan; KIRKPATRICK, Gwen (orgs.). *Sarmiento: Author of a Nation?*. Los Angeles: University of California Press, 1994.
31. Bernardino de la Trinidad González Rivadavia y Rivadavia (1780-1845). Presidente das Províncias Unidas do Rio da Prata de 1826 a 1827. Ver: ROMERO, José Luis e ROMERO, Luis Alberto. *Buenos Aires, Historia de Cuatro Siglos*. Buenos Aires: Abril, 1983.
32. Nicolás Remigio Aurelio Avellaneda Silva (1837-1885). Presidente da Argentina de 1874 a 1880. Ver: BARBA, Fernando Enrique. *Los Autonomistas del 1870*. Buenos Aires: Centro Editor de América Latina, 1982.
33. Francisco Pinheiro Guimarães (1809-1877). Cirurgião da Marinha Imperial durante a Guerra do Paraguai. Ver: DORATIOTO, Francisco. *Maldita guerra. Nova história da Guerra do Paraguai*. São Paulo: Companhia das Letras, 2002.
34. Juan Andrés Gelly y Obes (1815-1904). Foi ministro da Guerra durante a presidência de Bartolomé Mitre. Ver: DE MARCO, Miguel Ángel. *Bartolomé Mitre, Biografía*. Buenos Aires: Planeta, 1998.
35. Referência à Batalha de Monte Caseros (1852), na qual Rosas foi derrotado pelo Império do Brasil.
36. Referência à tomada da Fortaleza de Itapiru, em maio de 1866.
37. Wenceslao Paunero (1805-1871). Militar argentino membro do Partido Unitário. Ver: DE MARCO, Miguel Ángel. *Bartolomé Mitre, Biografía*. Buenos Aires: Planeta, 1998.
38. Manuel Luís Osório (1808-1879), futuro Marquês do Herval. Defendeu o Império na Guerra Cisplatina (1825-1828), na Revolução Farroupilha, na Guerra contra Oribe e Rosas (1851-1852) e na Guerra do Paraguai. Osório foi alvejado no rosto durante a Batalha do Avaí, em 11 dezembro de 1868, tendo a bala de fuzil atravessado seu maxilar. Retirou-se para o Rio Grande do Sul, em janeiro de 1869, para tratar da saúde. A convite do Conde d'Eu, Osório, muito popular no Exército, retornou ao Paraguai em junho de 1869, quando assumiu o 1º Corpo do Exército estacionado em Piraiú. Participou, assim, da Campanha das Cordilheiras (1869-1870). Ver: ERMAKOFF, George. *Dicionário biográfico ilustrado de personalidades da História do Brasil*. Rio de Janeiro: G. Ermakoff Casa Editorial, 2012, p. 790; e DORATIOTO, Francisco. *General Osório, a espada liberal do Império*. São Paulo: Companhia das Letras, 2008.
39. Alexandre Gomes de Argolo Ferrão Filho (1821-1870), primeiro Visconde de Itaparica. Foi comandante do 2º Corpo do Exército. Participou das campanhas de Tuiuti (maio de 1866) e de Itororó (dezembro de 1868). Nesta, foi ferido, o que ocasionou sua morte dois anos depois. Ver: LAGO, Laurênio.

Os generais do Exército brasileiro de 1860 a 1889. Rio de Janeiro: Biblioteca Militar, 1942, pp. 11-18.

40. Hermes Ernesto da Fonseca (1824-1891) era irmão de Deodoro da Fonseca e pai de Hermes Rodrigues da Fonseca, que foi presidente dos Estados Unidos do Brasil entre 1910 e 1914. Ver: ERMAKOFF, George. *Dicionário biográfico ilustrado de personalidades da História do Brasil*. Rio de Janeiro: G. Ermakoff Casa Editorial, 2012, p. 493.

41. Guilherme Xavier de Sousa (1818-1870) foi um dos nomes cogitados para substituir Caxias no comando em chefe das tropas aliadas, em dezembro de 1868. Ver: LAGO, Laurênio. *Os generais do Exército brasileiro de 1860 a 1889*. Rio de Janeiro: Biblioteca Militar, 1942, pp. 18-22.

42. Sobre ordem do dia, cf. Apêndice, p. 271.

43. Trata-se do 36º Batalhão de Voluntários da Pátria. Fonte: Arquivo Histórico Exército (AHEx), Rio de Janeiro. Relatório do ministério dos Negócios da Guerra de 1872.

44. Eram quatro os batalhões de Voluntários da Bahia: o 40º, o 41º, o 46º e o 54º. Fonte: AHEx, Relatório do ministério dos Negócios da Guerra de 1872.

45. Palácio construído em 1857 por Solano López. Hoje, é sede do governo paraguaio.

46. José Auto da Silva Guimarães (1819-1880), primeiro e único Barão de Jaguarão. Defendeu o Império na Revolução Farroupilha, na Guerra contra Oribe e Rosas e na Guerra do Paraguai. Comandou a divisão de ocupação do Paraguai após a guerra, até 1875. Ver: LAGO, Laurênio. *Os generais do Exército brasileiro de 1860 a 1889*. Rio de Janeiro: Biblioteca Militar, 1942, pp. 46-53.

47. Salustiano Jerônimo dos Reis (1822-1893), futuro Barão de Camaquã. Defendeu o Império na Revolução Farroupilha, na Guerra contra Oribe e Rosas e na Guerra do Paraguai. Ver: LAGO, Laurênio. *Os generais do Exército brasileiro de 1860 a 1889*. Rio de Janeiro: Biblioteca Militar, 1942, pp. 70-73.

48. Manuel de Almeida Lobo d'Eça (1828-1894), futuro Barão de Batovi. Defendeu o Império na Revolução Farroupilha, na Guerra contra Oribe e Rosas e na Guerra do Paraguai. Mais tarde, envolveu-se na Revolução Federalista (1893-1895), na qual foi preso e fuzilado por ordem do então presidente Floriano Peixoto. Ver: *Barão de Vasconcellos. Archivo nobiliarchico brasileiro*. Lausanne: La Concorde, 1918.

49. João Manuel Mena Barreto (1824-1869). Defendeu o Império na Revolução Farroupilha, na Guerra contra Oribe e Rosas e na Guerra do Paraguai. Faleceu em Peribebuí, no Paraguai, ao receber tiro de fuzil enquanto liderava a 3ª Divisão de infantaria. Ver: ERMAKOFF, George. *Dicionário biográfico ilustrado de personalidades da História do Brasil*. Rio de Janeiro: G. Ermakoff Casa Editorial, 2012, pp. 838, 839.

50. Severiano Martins da Fonseca (1825-1889), irmão de Deodoro da Fonseca. Os oito irmãos eram: Afonso Aurino da Fonseca, Deodoro da Fonseca, Eduardo Emiliano da Fonseca, Hermes Ernesto da Fonseca, Hipólito Mendes da Fonseca, Pedro Paulino da Fonseca, Severiano Martins da Fonseca e Severino Martino da Fonseca. Exceto Pedro Paulino, todos participaram da Guerra do Paraguai, na qual faleceram Afonso Aurino, Eduardo Emiliano e Hipólito Mendes. Ver: ERMAKOFF, George. *Dicionário biográfico ilustrado de personalidades da História do Brasil*. Rio de Janeiro: G. Ermakoff Casa Editorial, 2012, p. 493.
51. José Antônio Correia da Câmara (1824-1893), futuro Visconde de Pelotas. Defendeu o Império na Revolução Farroupilha e na Guerra do Paraguai. As tropas de Câmara cercaram as de Solano López em Cerro Corá, em 1º março de 1870, quando o presidente paraguaio foi ferido e morto nas barrancas do arroio de Aquidabã. Ver: ERMAKOFF, George. *Dicionário biográfico ilustrado de personalidades da História do Brasil*. Rio de Janeiro: G. Ermakoff Casa Editorial, 2012, p. 1.314.
52. Vasco Alves Pereira (1818-1883), futuro Barão de Santana do Livramento. Defendeu o Império na Revolução Farroupilha, na Guerra contra Oribe e Rosas e na Guerra do Paraguai. Ver: PORTO-ALEGRE, Achylles. *Homens ilustres do Rio Grande do Sul*. Porto Alegre: Livraria Selbach, 1917.
53. José Joaquim de Andrade Neves (1807-1869), Barão do Triunfo. Defendeu o Império na Revolução Farroupilha, na Guerra contra Oribe e Rosas e na Guerra do Paraguai. Ver: ERMAKOFF, George. *Dicionário biográfico ilustrado de personalidades da História do Brasil*. Rio de Janeiro: G. Ermakoff Casa Editorial, 2012, p. 153.
54. Referência à Batalha do Passo da Pátria.
55. Referência à segunda Batalha de Tuiuti.
56. Joaquim Leite Ribeiro de Almeida, mais tarde Barão de Ribeiro de Almeida. Foi médico da Marinha. Ver: DORATIOTO, Francisco. *Maldita guerra. Nova história da Guerra do Paraguai*. São Paulo: Companhia das Letras, 2002.
57. Manuel Floriano Vieira Peixoto (1839-1895). Sua carreira nas armas começou em 1857. Em 1863, deslocou-se para o Rio Grande do Sul, para participar da intervenção brasileira em Montevidéu. Em 1865, foi promovido a capitão e, em 1868, a major, ambas as promoções por atos de bravura na Guerra do Paraguai. Retornou ao Rio de Janeiro em 1870, no fim da guerra, no cargo de tenente-coronel. No dia da Proclamação da República, Floriano Peixoto foi encarregado de reprimir o levante militar, porém adotou posição contrária, preferindo atuar do lado dos rebeldes. Foi vice-presidente durante o mandato de Deodoro da Fonseca e tornou-se presidente em 1891. Ver: ERMAKOFF, George. *Dicionário biográfico ilus-*

trado de personalidades da História do Brasil. Rio de Janeiro: G. Ermakoff Casa Editorial, 2012, pp. 975, 976.

58. Ernesto Augusto da Cunha Matos (1843-?). Foi um dos personagens envolvidos na Questão Militar. Em 1886, o coronel Cunha Matos denunciou irregularidades no comando do quartel da província do Piauí. A Câmara de Deputados criticou a postura do liberal Cunha Matos, e, na imprensa, o deputado conservador Simplício Resende acusou-o de ter ensinado aos paraguaios, quando prisioneiro na guerra, o uso da artilharia. Ver: SCHULZ, John. *O Exército na política. Origens da intervenção militar (1850-1894)*. São Paulo: Editora Universidade de São Paulo, 1994, p. 105; e CASTRO, Celso. *Os militares e a República. Um estudo sobre cultura e ação política*. Rio de Janeiro: Jorge Zahar Editora, 1995, pp. 85-105.
59. José Gomes Portinho (1814-1886), mais tarde Barão de Cruz Alta. Lutou a favor da Revolução Farroupilha. Defendeu o Império na Guerra contra Oribe e Rosas e na Guerra do Paraguai. Ver: PORTO-ALEGRE, Achylles. *Homens ilustres do Rio Grande do Sul*. Porto Alegre: Livraria Selbach, 1917.
60. Carabanchel é um distrito administrativo de Madri. A Espanha entrou em guerra contra o Marrocos em 1859, por causa de reiterados ataques de bandoleiros marroquinos às posses espanholas na costa setentrional africana. O Conde d'Eu, que concluiu sua formação militar na Espanha em 1855, participou do combate como oficial subalterno. Ver: RANGEL, Alberto. *Gastão de Orléans, o último Conde d'Eu*. São Paulo: Companhia Editora Nacional, 1935, pp. 57-91.
61. O Conde d'Eu festejava, na data, seu 27º aniversário.
62. George William Frederick Villiers, 4º Conde de Clarendon (1800-1870). À época, Clarendon era secretário de Estado para os Negócios Estrangeiros do Reino Unido.
63. Trata-se da Rainha Vitória da Inglaterra (1819-1901), cujo reinado durou de 1837 a 1901.
64. Trata-se da expedição naval enviada por Elisiário em 18 de abril, para destruir os últimos vapores paraguaios estacionados desde janeiro de 1869. Ver: DORATIOTO, Francisco. *Maldita guerra. Nova história da Guerra do Paraguai*. São Paulo: Companhia das Letras, 2002, p. 403.
65. Manuel Luís da Rocha Osório, sobrinho do Marquês do Herval. Ver: VISCONDE DE TAUNAY. *Diário do Exército. 1869-1870: de Campo Grande a Aquidabã e a Campanha da Cordilheira*. Rio de Janeiro: Editora Biblioteca do Exército, 1958, p. 37.
66. Emílio Luís Mallet (1801-1886), futuro Barão de Itapevi. Defendeu o Império na Guerra Cisplatina, na Revolução Farroupilha, na Guerra contra Oribe e Rosas e na Guerra do Paraguai. Por sua atuação militar, foi considerado,

em 1962, o patrono da **Artilharia do Exército**. Ver: ERMAKOFF, George. *Dicionário biográfico ilustrado de personalidades da História do Brasil*. Rio de Janeiro: G. Ermakoff Casa Editorial, 2012, p. 137.
67. General Martin Thomas MacMahon (1838-1906). Defendeu a União contra os confederados na Guerra de Secessão (1861-1865). Exerceu o cargo de plenipotenciário dos Estados Unidos em Assunção entre 1868 e 1869, substituindo Washburn, de quem Solano López desconfiava. Ver: DORATIOTO, Francisco. *Maldita guerra. Nova história da Guerra do Paraguai*. São Paulo: Companhia das Letras, 2002.
68. Elisa Alicia Lynch (1835-1886). De origem irlandesa, Elisa Lynch foi primeira-dama do Paraguai durante a presidência de Solano López.
69. Antônio da Silva Paranhos (1818-1870). Defendeu o Império na Sabinada (1837-1838), na Farroupilha, na Guerra contra Oribe e Rosas e na Guerra do Paraguai. Ver: LAGO, Laurênio. *Os generais do Exército brasileiro de 1860 a 1889*. Rio de Janeiro: Biblioteca Militar, 1942, pp. 92-95.
70. José Luís Mena Barreto (1817-1879). Defendeu o Império na Revolução Farroupilha, na Guerra contra Oribe e Rosas e na Guerra do Paraguai. Ver: MACIEL DA SILVA, Alfredo Pretextato. *Os generais do Exército brasileiro de 1822 a 1889*. Rio de Janeiro: Biblioteca Militar, 1940, pp. 257-260.
71. Após a Dezembrada, série de batalhas vencidas pela Tríplice Aliança em dezembro de 1868 (quais sejam, a Batalha de Itororó, de Avaí, de Lomas Valentinas e de Angostura), Solano López retirou-se em direção à cordilheira de Altos e instalou a nova capital paraguaia em Peribebuí. Em 22 de maio, conforme relata o Conde d'Eu, entabulou-se a caça a López. Seria o início da Campanha das Cordilheiras. Ver: DORATIOTO, Francisco. *Maldita guerra. Nova história da Guerra do Paraguai*. São Paulo: Companhia das Letras, 2002, pp. 402-419.
72. Manuel Deodoro da Fonseca (1827-1892). Tomou parte no combate à Revolução Praieira (1848-1850). Deslocou-se para o Paraguai em 1865, cabendo a ele o comando do 2º Batalhão de Voluntários da Pátria. Foi promovido em 1868 a tenente-coronel por atos de bravura. Tornou-se chefe do Governo Provisório após proclamar a República em 15 de novembro de 1889. Ver: MAGALHÃES JÚNIOR, Roberto. *Deodoro: a espada contra o Império*. Rio de Janeiro: Companhia Editora Nacional, 1957.
73. Trata-se da ocupação de San Pedro pelas forças lideradas por Câmara. Pouco depois, no dia 30 de maio, travou-se embate entre Câmara e o major paraguaio Galeano, documentado pelo Conde d'Eu no dia 2 de junho. O confronto, ocorrido na várzea de Tupi-hú, redundou no aprisionamento, segundo as ponderações do Conde, de trezentos paraguaios, que Câmara mandou degolar. Ver: DORATIOTO, Francisco. *Maldita guerra. Nova história da Guerra do Paraguai*. São Paulo: Companhia das Letras, 2002, pp. 403, 404.

74. Cf. nota de López e resposta do Conde d'Eu no Apêndice deste livro, p. 272.
75. Cf. réplica de López no Apêndice deste livro, p. 274.
76. Herculano Sancho da Silva Pedra (1817-1879). Defendeu o Império na Revolução Farroupilha, na Guerra contra Oribe e Rosas e na Guerra do Paraguai. Assumiu o posto de João Manuel Mena Barreto, quando este faleceu em 12 de agosto de 1869. Ver: LAGO, Laurênio. *Os generais do Exército brasileiro de 1860 a 1889*. Rio de Janeiro: Biblioteca Militar, 1942, pp. 87-92.
77. Referência à Batalha de Paraguari ou de Cerro Porteño, que ocorreu em 11 de janeiro de 1811. Foi o enfrentamento militar entre as forças da Junta Provisional Governativa das Províncias Unidas do Rio da Prata, a mando de Manuel Belgrano, e a Intendência do Paraguai, que, sob o comando de Bernardo Velasco y Huidobro, buscou maior autonomia em relação a Buenos Aires. Três meses depois, o Paraguai declarou sua independência. Ver: GOLDMAN, Noemí e TERNAVASIO, Marcela. La revolución y sus rumbos (1810-1815). In: GELMAN, Jorge (org.), *Argentina, Crisis Imperial e Independencia. América Latina en la Historia Contemporánea. Vol. I (1808-1830)*. Buenos Aires: Fundación MAPFRE – Taurus, 2011, pp. 64-75.
78. Cf. texto com as notas integrais no Apêndice deste livro, p. 277.
79. Durante o mês de julho de 1869, as forças aliadas prepararam ataque a Peribebuí. Entabulou-se, para tanto, Conselho de Guerra do qual participaram Emilio Mitre, os generais Osório e Polidoro, o chefe de Esquadra Elisiário e o conselheiro Paranhos. O general argentino propôs ataque frontal a Peribebuí, mas prevaleceu o plano do Conde d'Eu, segundo o qual as forças aliadas deveriam deslocar-se, em maioria, para o sul da posição de López, com vistas a atacar a retaguarda inimiga. Assim, as forças paraguaias ficariam cercadas, em razão da presença de tropas aliadas no norte. Conforme relata o Conde d'Eu, o plano de ataque não foi implementado de maneira consensual. Desentenderam-se Paranhos, de um lado, e Vitorino e Osório, do outro. Quanto ao mais, no mês de julho avolumou-se a entrega de víveres e de forragens, mas de forma inconstante, em razão de recorrentes ameaças de ataques de guerrilha paraguaios, conforme narrou o Conde d'Eu no dia 28 de junho. Ver: DORATIOTO, Francisco. *Maldita guerra. Nova história da Guerra do Paraguai*. São Paulo: Companhia das Letras, 2002, pp. 405-406.
80. Celebra-se, no dia 2 de julho, a adesão da província da Bahia ao Brasil independente. Em fins de 1822, as províncias do Sul haviam aderido ao Rio de Janeiro; mas o Norte – Ceará, Maranhão, Pará e Piauí –, a Cisplatina e parte da Bahia permaneceram fiéis a Lisboa. A união em torno de Dom Pedro I teve de impor-se por meio de guerras de independência que se concluíram em março de 1824. No caso da Bahia, as vitórias brasileiras nas Batalhas de Cabrito e de Pirajá, em novembro de 1822, e a malfadada tentativa portu-

guesa de ocupar a ilha de Itaparica, em janeiro de 1823, marcaram o avanço das tropas de Dom Pedro I em direção a Salvador. Poucos meses depois, o bloqueio naval de Salvador, promovido pela Esquadra brasileira sob o comando de Lorde Cochrane, sufocou as tropas portuguesas. Sem suprimentos para suas tropas, o general português Madeira de Melo capitulou no dia 2 de julho de 1823.

81. Uniformes diferentes permitiam aos corpos de Voluntários da Pátria singularizar-se em função da província de procedência. No caso da Bahia, o tenente Quirino Antônio do Espírito Santo formou a Companhia dos Zuavos em fevereiro de 1865. O nome era referência à tribo Kabila da qual se extraíam os soldados dos regimentos especiais de infantaria do Exército francês criados em 1831, na Argélia. Na descrição do general Cerqueira, os Zuavos eram "todos negros [...]. Os oficiais eram negros. Usavam largas bombachas vermelhas presas por polainas que chegavam à curva da perna, jaqueta azul, aberta, com bordados de trança amarela, guarda-peito do mesmo pano, o pescoço limpo sem colarinho nem gravata e um fez na cabeça". À época do diário, a Companhia dos Zuavos já havia sido dissolvida. Ver: CERQUEIRA, Dionísio. *Reminiscências da campanha do Paraguai*. Tours: Imprimerie E. Arrault e cie., 1910, p. 72. Hendrik Kraay recorda que o Dois de Julho era momento de grande júbilo para os Zuavos. Garbosamente vestidos, eles desfilavam nos acampamentos, onde realizavam comemorações públicas. Ver: KRAAY, Hendrik. *Os companheiros de Dom Obá: os zuavos baianos e outras companhias negras na Guerra do Paraguai*. Afro-Ásia, Salvador da Bahia, núm. 46, pp. 121-161, 2012. Após as perdas brasileiras na Batalha de Curupaiti, em setembro de 1866, a Companhia dos Zuavos, já dispersa entre regimentos, foi definitivamente dissolvida; as descrições do Conde d'Eu, no entanto, indicam a manutenção das comemorações patrióticas dos Zuavos baianos.

82. Sobre protocolo para a constituição do Governo Provisório do Paraguai, cf. Apêndice, p. 280.

83. Rufino Eneias Gustavo Galvão (1831-1909), futuro Visconde de Maracaju. Defendeu o Império na Guerra contra Oribe e Rosas e na Guerra do Paraguai. Em 1872, serviu na comissão demarcadora de limites entre o Brasil e o Paraguai. Ver: LAGO, Laurênio. *Os generais do Exército brasileiro de 1860 a 1889*. Rio de Janeiro: Biblioteca Militar, 1942, pp. 201-205.

84. Vitorino José Carneiro Monteiro (1816-1877), futuro Barão de São Borja. Defendeu o Império na Guerra contra Oribe e Rosas e na Guerra do Paraguai. Ver: LAGO, Laurênio. *Os generais do Exército brasileiro de 1860 a 1889*. Rio de Janeiro: Biblioteca Militar, 1942, pp. 201-205.

85. Sobre as instruções do Conde d'Eu aos comandantes, cf. Apêndice, p. 281.

86. O 1º Corpo do Exército, sob o comando de Osório, marchava em direção à Valenzuela quando se defrontou com trincheira inimiga numa picada chamada Sapucaí. Ver: DORATIOTO, Francisco. *Maldita guerra. Nova história da Guerra do Paraguai.* São Paulo: Companhia das Letras, 2002, p. 406.
87. Carlos Resin (1801-1886). Defendeu o Império na Guerra Cisplatina, na Revolução Farroupilha, na Guerra contra Oribe e Rosas e na Guerra do Paraguai. Ver: LAGO, Laurênio. *Os generais do Exército brasileiro de 1860 a 1889.* Rio de Janeiro: Biblioteca Militar, 1942, pp. 92-95.
88. Durante o dia 11 de agosto, o Conde d'Eu aproveitou o tempo de espera para cuidar dos preparativos à tomada de Peribebuí. Intimou o coronel Pablo Caballero a render-se, ao que o paraguaio respondeu contrariamente. No amanhecer do dia 12, o Conde interpôs nova intimação, dessa vez solicitando que mulheres e crianças fossem evacuadas do centro fortificado da vila. Caballero respondeu, mais uma vez, negativamente, alegando que elas estariam seguras sob comando paraguaio. Ver: DORATIOTO, Francisco. *Maldita guerra. Nova história da Guerra do Paraguai.* São Paulo: Companhia das Letras, 2002, pp. 407, 408.
89. Referência à passagem de Humaitá pelas forças aliadas entre 1866 e 1868.
90. Dia da Batalha de Peribebuí.
91. Trata-se de um dos batalhões de Voluntários da Pátria da Corte.
92. A esse respeito, Francisco Doratioto recorda que "no dia 23 [de setembro de 1868], a vanguarda brasileira foi encarregada de tomar a única ponte que existia sobre o arroio Surubihí, de modo a garantir a passagem do Exército aliado. Tendo atravessado a ponte, a vanguarda foi surpreendida por uma tropa paraguaia maior do que esperava, pois uma parte estava escondida no mato em torno da cabeceira. Travou-se renhida luta, em que muitos brasileiros tombaram mortos e o restante da tropa foi obrigado a recuar. Foi realizado um novo ataque e, após dura luta, a ponte foi tomada e os paraguaios bateram em retirada". Ver: DORATIOTO, Francisco. *Maldita guerra. Nova história da Guerra do Paraguai.* São Paulo: Companhia das Letras, 2002, p. 353.
93. Sobre as controvérsias da atuação do Conde no Paraguai, cf. Apêndice, p. 285.
94. Dia da Batalha de Campo Grande, também conhecida como Batalha de *Los Niños* e de *Acosta Ñu*.
95. O episódio deu origem ao quadro de Pedro Américo intitulado "Batalha de Campo Grande". Cf. Apêndice, p. 289.
96. Referência à Batalha de Itororó, que ocorreu em 6 de dezembro de 1868. As tropas aliadas, então, estavam sob o comando de Caxias.
97. Trata-se de Bernardino Caballero de Añasco y Melgarejo (1839-1912), e não de Pablo Caballero. Bernardino foi presidente da República do Paraguai entre 1880 e 1886.

98. A invasão do Mato Grosso ocorreu em dezembro de 1864.
99. Referência à Revolução Farroupilha (1835-1845).
100. Cf. Apêndice, p. 291.
101. Eduardo Wandenkolk (1838-1902). Defendeu o Império na Guerra do Paraguai. Participou da proclamação da República e tornou-se ministro da Marinha durante o Governo Provisório de Deodoro da Fonseca. Ver: ERMAKOFF, George. *Dicionário biográfico ilustrado de personalidades da História do Brasil*. Rio de Janeiro: G. Ermakoff Casa Editorial, 2012, p. 1329.
102. Francisco Otaviano de Almeida Rosa (1826-1889). Foi um dos negociadores do tratado da Tríplice Aliança Ofensiva e Defensiva entre a Argentina, o Brasil e o Uruguai contra o Paraguai, em 1º de maio de 1865. Tornou-se senador em 1867. Ver: Anais biográficos da Academia Brasileira de Letras. Disponível em: <www.academia.org.br>. Acesso em: 19 de setembro de 2014.
103. Antônio Ferreira Viana (1833-1903). Foi deputado e ministro da Justiça durante o gabinete conservador de João Alfredo Correia de Oliveira, que durou de março de 1888 a junho de 1889. PORTO-ALEGRE, Achylles. *Homens ilustres do Rio Grande do Sul*. Porto Alegre: Livraria Selbach, 1917.
104. Trata-se da Batalha de Campo Grande.
105. Sobre as instruções, cf. Apêndice, p. 295.
106. Sobre ofício do Governo Provisório enviado ao Conde, sobre abolição da escravidão no Paraguai, cf. Apêndice, p. 297.
107. Referência ao dia em que o vapor *Marquês de Olinda* foi capturado pelas tropas de Solano López em Assunção, em novembro 1864, dando início à Guerra do Paraguai.
108. Sobre as instruções, cf. Apêndice, p. 298.
109. Respectivamente, são referências à primeira Batalha de Tuiuti, à Passagem de Humaitá e à Batalha do Avaí.

1870

Janeiro

1º de janeiro

O dia começou chovendo, embora pouco. Depois, foi de tempo aberto. Fez muito calor. Por volta do meio-dia, recebi saudações de toda a oficialidade. Não tinha nada a lhes dizer: não falo senão o que penso e, não sei por que, o que pensava não era nada lisonjeiro. Dispensei-os depois de uma conversa banal sobre o estado de saúde de alguns oficiais superiores que manifestaram febre em Jejui.

Quando Pinheiro Machado veio com os oficiais de sua repartição, não consegui me conter e lhe disse: "Tomara [que] este ano veja o fim da festa!" E me responderam: "Com certeza." Então retruquei: "Não sei."

2 de janeiro

Chegaram jornais do Rio da Prata, e recebi muita papelada de Paranhos; a saber, comunicados oficiais – que, felizmente, não pediam resposta – e não menos de dez cartas particulares datadas de 16 a 23 de dezembro.

A carta do dia 16 era a mais longa: tratava do fim da guerra, do regresso dos Voluntários [da Pátria] e de outras grandes questões de atualidade. A do dia 17 tratava do fornecimento de víveres, do transporte de material e de outras questões secundárias. Na do dia 18, solicitou que o ajudasse a obter do governo imperial condecorações para os aliados: é uma ideia muito justa, que tinha completamente esquecido. Há duas cartas datadas do dia 19. A primeira solicita o envio de retratos fotográficos da família

López. A outra trata de solicitações dos fornecedores Lanús e Mauá. Há também outras duas, datadas do dia 22. A primeira solicita que envie requerimento ao fornecedor Molina & Cia. para entrega de forragem. A segunda trata da partilha entre os aliados da prataria que se julga ter pertencido a López. Há, enfim, três outras do dia 23. Uma diz respeito a um oficial do Exército francês que deseja ingressar no serviço militar brasileiro. A segunda transmite um requerimento do Governo Provisório para que lhe seja concedido o uso de uma locomotiva. A última recomenda fazer nova solicitação a Mauá & Cia. O total de dez cartas soma 42 páginas, mais os anexos, que agregam outras 27.

3 de janeiro

Fui tomar banho no Caraguatai. Não foi um banho tão geral quanto aquele que tomei no Capivari, porque somente havia água até meus joelhos. É água turva, embora corra sobre areia. Além disso, o galho de árvore sob o qual me banhei tinha um enorme ninho de marimbondos.

Chegou mala do Rio, com jornais datados até o dia 30 de novembro e números do *Diário do Rio de Janeiro* dos dias 7 e 8 de dezembro.

Recebi cartas do Visconde de Lajes e do doutor Joaquim Manuel de Macedo, do dia 20 de novembro: ambos aconselham declarar a guerra terminada.

4 de janeiro

Fui tomar banho de manhã. Depois do meio-dia, choveu muito, e com muita intensidade.

Soube-se que o major Pérez, paraguaio a nosso serviço, capturou nove espiões em Iguatemi, entre os quais, quatro oficiais: um deles tinha uma carta de López do dia 31 de dezembro na qual ordenava a retirada para o Jequecí, rio que corre mais ou menos entre o Iguatemi e o Panadero.

Respondi com dez páginas às setenta de Paranhos. Não recebi nenhuma carta.

5 de janeiro

Há tempos, desejava pôr em prática projeto de ir a Rosário, para ver, de lá, o que está acontecendo em Concepción. Ao saber que as munições de reserva com as mulas correspondentes tinham chegado, ordenei executar o projeto e dei ordens nesse sentido. Chamei primeiro o general Marques de Sá. É um homem *muito cumpridor de ordens*, como dizem os gaúchos, humilde e sem opinião sobre as grandes questões: ele não me fez, portanto, nenhuma observação.

Mas, quando chegou a vez de Deschamps, ele protestou. Disse que perderíamos, todos, o fruto dos recursos hoje acumulados em Curuguati; que uma operação empreendida deste lado, por cima da serra de Maracaju, daria resultados decisivos, enquanto, pela via de Concepción, onde nada estava preparado, somente haveria resultado vantajoso em muito tempo.

As palavras de um homem tão pacífico quanto Deschamps perturbaram-me um pouco, e chamei Salgado, para que tomasse parte no assunto. Ele declarou, todavia, que era inteiramente impossível empreender uma operação decisiva com a tropa que tínhamos aqui, visto o estado de enfraquecimento físico e moral oriundo das privações suportadas de San Estanislao até Curuguati (16 de outubro a 13 de dezembro).

Solicitei a Deschamps que levasse essas considerações a Pinheiro Guimarães (que é amigo íntimo dele), porque fiquei indeciso.

Retiraram-se, e Pinheiro Guimarães não tardou em chegar, para me dizer que Deschamps tinha razão, porque uma operação por aqui era a única possível. Reconheceu que não tínhamos o número suficiente de tropas para empreender a operação. Teríamos que trazer de Rosário e de Assunção, o mais rápido possível, 2 mil homens de linha. Era esse um conselho que ele me dera três semanas atrás, o qual eu tinha descartado por uma série de razões.

Em primeiro lugar, esse chamado a reforços poderia produzir efeitos morais negativos no Brasil e alhures. Segundamente, caso López, como é provável, tomasse posições mais longínquas e fora de nosso alcance no mês em que o reforço estivesse vindo, teríamos resultados ridículos. A operação poderia tornar-se impraticável, visto que não sabemos ainda se há meios para transportar a artilharia por cima da serra de Maracaju. Terceiramente, esses reforços, que iriam assentar aqui, talvez, sem utilidade, poderiam ser necessários em Concepción, para empreender algumas operações no Apa ou em outro lugar. Em quarto lugar, estou a ponto de voltar ao Brasil – a esta hora, a permissão solicitada talvez já tenha deixado o Rio – e não gostaria de aumentar as dificuldades de meu sucessor, deixando possibilidades de ação em momento desvantajoso para pô-las em prática. Portanto, rejeitei a hipótese *in limine*.

Restou a possibilidade de operar, imediatamente, com os quase mil homens que temos aqui. Não considero isso absolutamente impossível. O último mapa da força pronta apresentado por José Auto dá um total de 3.955 homens em Curuguati. Desde então, recebemos um contingente de 147 homens saídos dos hospitais, mais o 6º Batalhão (que ficou muito reduzido após os sofrimentos de São Joaquim), que está em Capivari para proteger as munições. Além disso, temos as companhias de engenheiros que foram designadas para construir pontes. Tudo isso poderia elevar o total a não menos de 4.600 homens, o que daria a chance de deixar algumas centenas em Curuguati, para proteger os doentes e os depósitos, outros mil em Iguatemi, para proteger nossa retaguarda, e, assim, marchar com o resto contra López.

Essa ideia causou aversão geral entre meus próximos. Bonifácio admitiu-me que grande número de homens dados como prontos e aptos para o serviço ordinário não seria capaz de empreender marcha e deveria ser deixado para trás.

Nessas circunstâncias, a operação era se não arriscada, pelo menos muito audaciosa. Tê-la-ia empreendido, se fosse indispensável para nosso êxito ou, ainda, para diminuir os sacrifícios do Brasil. Mas não seria o caso, porque, com o tempo, a fome terminaria destruindo os aliados de López, inevitavelmente. Em última hipótese, terminaríamos encontrando meios para atacar López mais comodamente por Concepción.

Quanto a Galvão, não o consultei, porque sei que é contrário a todo movimento para além de San Estanislao, onde deseja que permanecêssemos tranquilos.

Efetivamente, essa vez, quando lhe disse que tinha resolvido abandonar a ideia de avançar por aqui e, assim, cessei minhas palavras para ver o que diria, ele me respondeu com considerações genéricas sobre a dificuldade das operações.

Em homenagem à Noite de Reis, os músicos dos batalhões vieram dar-me uma serenata acompanhada por cantos alusivos aos três reis do Oriente.

6 de janeiro

Evidentemente, houve missa. Nenhum acontecimento digno de nota, a não ser a chegada da correspondência que deixou o Rio no dia 15 de dezembro.

Além das cartas habituais de Isabel, do Imperador e da Imperatriz, recebi uma carta do Visconde de Guaratinguetá,[1] datada de 22 de novembro em Guaratinguetá: recomendou-me o nome de diferentes Voluntários da Pátria, todos guaratinguetaenses. Em relação àquelas da Europa, recebi somente as de Bushy,[2] de 8 de novembro.

À noite, vieram também cartas daqui do Paraguai, a saber: uma de Don Enrique Castro, datada de 9 de novembro em seu acampamento de Cerro León: pedia-me licença, *tendo que me retirar com os poucos orientais a serviço da pátria*. O pobre homem somente consegue assinar seu nome, e seu secretário não brilha pela redação nem pela caligrafia.

Recebi também duas cartas de Paranhos, dos dias 26 e 27 de dezembro. A primeira recomenda um segundo-tenente que se queixa de não ter sido promovido. A outra trata do extrato de carne.

Em carta do dia 31 [de dezembro], o pobre Polidoro suplicou que o deixasse voltar ao Brasil, para operar-se de abcessos. Não há forma de não consentir.

Vitorino, enfim, escreveu no dia 30, para relatar notícias que obtivera por meio de expedições de cavalaria nas margens de Jejui. Escreveu, ainda, no dia 1º de janeiro, para oferecer votos de feliz ano.

7 de janeiro

Antes das quatro horas, já estávamos de pé, e, às 4h30, os primeiros clarões do dia surgiram. Pusemo-nos em marcha.[3]

Trouxe José Auto conosco até onde passam as mulas de transporte. Ali, descemos dos cavalos e tivemos uma conversa depois da qual decidi deixá-lo retornar a Curuguati com seu grupo. Voltamos à marcha. Eram seis horas e, nesse instante, o primeiro raio de sol projetou sombra a nossa frente por pouco tempo, porque sobreveio intenso nevoeiro. Às sete horas, o sol retomou à frente, e surgiu um céu de intenso azul e sem nuvens. Felizmente, entramos no matagal de Pacová sem tardar. O verde do mato estava radiante e deu-nos sombra quase incessantemente.

Às dez horas, recuperamos nosso antigo acampamento. À tarde, houve violenta tempestade com abundante chuva.

8 de janeiro

Tivemos que parar, porque todas as minhas bagagens haviam ficado a não sei qual distância, devido ao cansaço dos animais. Também ficaram para trás minha barraca, minha cama e meus alimentos. São coisas insubstituíveis. Além disso, ficaram meus papéis, que são indispensáveis.

Dormi bem na barraca e na cama do doutor, que consegui dar um jeito para encontrar seu lugar, não como acontece com Torres ou Salgado.

Choveu espaçadamente. À noite, já tarde, chegaram duas cartas de Vitorino, uma do dia 4 e outra do 5 [de janeiro]. A primeira foi escrita para presentear-me um pássaro (urubu-rei), mas não explica se está vivo ou morto. A segunda trata das operações do Norte e do envio de gado.

9 de janeiro

Durante a noite, houve grande trovoada. Estava completamente escuro às 4h30, visto que o céu permaneceu nublado. Enfim, às 4h45, surgiu o primeiro clarão do dia, e começamos a marchar.

Tardamos 35 minutos até chegar ao rio Corrientes, outros 25 minutos dali até o Retamo e mais hora e 45 minutos até o Tablas. Às sete, portanto, entramos no matagal de Guabirá e somente saímos às 9h15.

Durante a primeira parte da marcha, a chuva caiu por intervalos, mas depois tornou-se contínua e chegou ao máximo de sua violência às dez horas, quando passamos pela ponte do Capivari. Precipitamo-nos para tomar o lugar de nosso acampamento anterior, do outro lado do potreiro. Ali, buscamos refúgio no hangar construído, então, para depositar víveres. A partir desse momento, não choveu mais.

Chegou uma mala do Rio que trazia cartas de Isabel e do Imperador, ambas do dia 21 de dezembro. Havia outra do Visconde de Lajes, do dia 15, e, ainda, a de Bushy, do dia 21 de novembro, e do senhor Gauthier, do dia 22.

10 de janeiro

A manhã foi bonita. Às quatro horas, retomamos a marcha. Depois de 25 minutos, entramos no matagal de Saié e, ao cabo de hora e cinquenta minutos, desembocamos no potreiro de Apicú.

Às 9h30, chegamos a San Estanislao: o sol estava quente. San Estanislao povoou-se muito desde nossa primeira passagem. Foi montada uma padaria, de forma que ali encontramos pão, gênero alimentício do qual fôramos privados desde nossa partida de Rosário, no dia 8 de outubro. Além disso, Cipriano deu-me uma deliciosa cumbuca de leite, que é outro luxo raro no Paraguai.

Durante o dia, chegou um monte de papelada. Recebi uma carta do dia 15 de dezembro do ministro da Guerra. Eram sete páginas nas quais respondeu a minhas cartas dos dias 28 de outubro e 11 de novembro. Fez considerações sobre as promoções e sobre outros interesses secundários. Recebi também outra carta do Rio. Era de André Rebouças, datada do dia 13 de dezembro. Nela, ele fala das expedições que seu irmão realizou na província do Paraná. Contou-me, também, que ele foi nomeado gerente da nova Companhia de Estaleiros do Rio. Além disso, recebi carta de Luís Carlos da Costa Pimentel, diretor da fábrica de armas (ele tece considerações genéricas sobre a necessidade de declarar a guerra terminada).

Igualmente, veio uma carta de Vitorino do dia 7 [de janeiro]: o portador da carta é um dos filhos de Decoud. Este vinha buscar sua mãe, que foi, recentemente, *salva das garras de López*. Vitorino deu-me explicações sobre o alemão extravagante que se apresentou em Curuguati. Enfim, recebi quatro cartas de Paranhos: a primeira, a mais comprida, é do dia 31 [de dezembro].

É uma carta áspera, na qual ele se indigna com minha insistência sobre a maneira de efetuar o retorno dos Voluntários [da Pátria] e afirma que poderia haver crise ministerial por essa causa! As outras três são do dia 2 [de janeiro]: uma trata, mais uma vez, das pretensões de Lanús; a outra, das de Mauá: esses negócios são verdadeiros serrotes muito afiados. Na terceira, ele tece considerações sobre mudanças de comando exigidas pela retirada de Polidoro, o que era assunto sobre o qual o havia consultado, e sobre outros temas desprovidos de interesse.

11 de janeiro

Saímos às quatro horas. A manhã estava fresca e, malgrado o sol ter despontado no horizonte às 5h30 e o céu ter permanecido sem nuvens, o calor não foi pesado durante o dia. Soprou pequena brisa do Sul.

Às sete horas, paramos no arroio Ihú, onde temos uma estação telegráfica. Pouco após as dez, acampamos num belo laranjal que faz parte da Estancia Carolinas, embora esteja mais perto do Ihú do que daquele onde acampáramos na ida.

Em marcha, foi-me remetida carta de Vitorino do dia 9 [de dezembro]. Embora tenha dez páginas, não apresenta interesse: são divagações sobre as promoções que realizei em seu Estado-Maior, sobre os prováveis planos de López, sobre os meios de transporte dos fornecedores, sobre o gado e sobre as operações de Câmara.

12 de janeiro

Em torno das sete horas, entramos na miserável aldeia de Itacurubí, onde estacionou o 9º Batalhão, cujo comandante (major Floriano Peixoto) encontramos com um trio composto por: Amorim, o representante da casa Mauá; Molina, o fornecedor de forragens; e Barreiro, antigo encarregado de negócios de López em Paris. O último havia fracassado no que diz respeito à candidatura para o Governo Provisório e, assim, tornou-se advogado dos fornecedores de forragens.

Depois de uma pausa de quase uma hora na estação telegráfica, voltamos a marchar, para ir até o Campo Ocioso, que atravessamos por volta das dez horas. Fazia muito calor. Acampamos na entrada da picada que dali se estende.

13 de janeiro

A manhã foi fresquinha enquanto o sol não se levantou alto lá no céu. A meia hora de Rosário, Vitorino apresentou-se com um imenso Estado-Maior e o 6º Corpo de Cavalaria.

Passamos o acampamento em revista. Ele havia colocado as tropas em prontidão. Somente pelas nove horas, consegui descer do cavalo, na praça do vilarejo. Foi nesse instante que fizemos a fotografia do grupo inteiro.

14 de janeiro

A posição central de Rosário, relativamente às diferentes frações de nossas forças, e a existência, neste lugar, da maior parte dos Voluntários da Pátria que devem ir para o Brasil impediram-me tomar nota, dia após dia, dos acontecimentos advindos durante esse período. Também contribuíram para isso: o monte de pedidos feitos pelos voluntários; a tagarelice descosturada de Vitorino; as dissertações sensatas, mas entediantes, de Mallet; e muitas outras coisas.

15 de janeiro

É este um dos dias nos quais não pude escrever.

16 de janeiro

Às quatro horas, por intermédio de telegrama chegado do porto, soubemos que Paranhos e Lomba acabavam de chegar no *Galgo*, mas que somente desembarcariam após o jantar.

Por volta das seis horas, fui recebê-los a bordo do *Cuarepoti*, e a reunião prolongou-se até tarde.

17 de janeiro

Paranhos veio almoçar comigo, e Lomba, jantar. Retiraram-se, novamente, quando já era tarde.

18 de janeiro

19 de janeiro

20 de janeiro

21 de janeiro

Paranhos chegou e desembarcou quando a noite caiu.

22 de janeiro

Novamente, Paranhos permaneceu conosco durante todo o dia. Tiramos fotos dos grupos, durante os intervalos das reuniões nas quais concordamos sobre o embarque do primeiro contingente de Voluntários nos vapores *Galgo*, *São José* e *Presidente*. Depois de longa discussão sobre preferências a serem dadas a esta ou àquela província, escolhemos os batalhões 17º, 40º e 53º.[4] Imediatamente, fiz anunciar, com minúcias, que esses batalhões partiriam nos primeiros dias de fevereiro, formando uma brigada sob o comando de Faria Rocha.

23 de janeiro

Houve missa.

24 de janeiro

25 de janeiro

26 de janeiro

27 de janeiro[5]

28 de janeiro

29 de janeiro

Quando ia passear no porto, encontrei a mãe do bispo acampada, com suas filhas, na beira da estrada e, imediatamente, entabulou as mostras de carinho que lhe são particulares: "Meu Príncipe! Minha esperança! Consolo de minha vida! Chave de ouro que abriu as portas do céu!", e outras coisas tão ridículas quanto essas. Em seguida, ela disse: "Eu quero ir com o senhor até o [Rio de] Janeiro, quero ir aonde estão o Imperador e a Princesa." Assim, tomou minha mão e apertou-a com tamanha força que tive muita pena em separar-me dela.

30 de janeiro

Houve missa.

31 de janeiro

Pela segunda vez, banhei-me no Cuarepoti: a água estava um pouco mais fria do que da outra vez, mas sensivelmente mais quente do que o ar.

Fevereiro

1º de fevereiro

Havíamos combinado que neste dia comemoraríamos os casamentos dos soldados. Ocorre que Frei Fidélis, ao retornar de Assunção (aonde fora encontrar-se com o Governo Provisório), arrefeceu muito o entusiasmo pelos casamentos ao afixar, na porta da igreja, que seria necessário confessar-se preliminarmente e que, além disso, eram precisas testemunhas para provar ausência de casamento anterior. Portanto, dadas as dificuldades, somente se apresentaram nove casais quando a hora chegou. A igreja transbordava de gente, e a cerimônia foi muito divertida: em primeiro lugar, devido à feiura grotesca de todas as noivas e, em segundo, às dissertações de Frei Fidélis, quase tão grotescas quanto.

2 de fevereiro

Em torno das onze da manhã chegaram malas com cartas e jornais do Rio, datados até o dia 15 de janeiro. Não havia cartas nem correspondências oficiais para mim. A leitura dos jornais ocupou-me durante o dia inteiro, e, à noite, tive de preparar pequena correspondência que seguiria no *Galgo* com os primeiros Voluntários.

3 de fevereiro

Levantei-me antes de amanhecer. Pouco depois, marchamos em direção ao porto com a brigada de Faria Rocha. O 53º Batalhão embarcou no

São José, e o 40º, no *Galgo*. Quando a operação terminou, a veia oratória tomou seu curso: o coronel Luís José Pereira de Carvalho, comandante da brigada da qual esses dois batalhões foram separados, começou lendo a ordem do dia número 1,[6] notável pela acumulação de lugares-comuns, por pensamentos desprovidos de bom senso, por solecismos e pelas mais abomináveis construções gramaticais. Faria Rocha respondeu, saudando o Exército de linha em nome dos Voluntários da Pátria: improvisou. Sem ser eloquente, suas palavras têm sempre tom cordial, que toca a alma dos ouvintes.

O doutor Dória, em seguida, leu uma proclamação intitulada *Algumas palavras*, menos bárbaras do que aquelas de Carvalho quanto ao estilo, mas não muito superiores quanto às ideias.

O coronel Francisco Lourenço falou em nome dos Voluntários que ficaram, tentando, segundo ele, purificar a instituição dos Voluntários da Pátria dos preconceitos de alguns: é um homem corajoso, em todas as acepções da palavra, e, malgrado não ter grande inteligência e instrução, conferiu emoção enérgica às palavras, o que redundou em aprovação geral.

Faria Rocha respondeu novamente, mas não me lembro o que disse.

Um cadete, aluno da Escola Militar e empregado na estação telegráfica, leu poesia aos: "Briosos filhos do Norte/ Valentes, gentis e fortes." A intenção era excelente: infelizmente, o melhor pensamento – este do fim da segunda estrofe: "Ide, pugilo de bravo;/ Curvastes milhões de escravos/ De López, covarde e vil;/ Soubestes interpretar/ Do nosso Pedro o pensar;/ Interpretastes o Brasil" – está num verso que contém uma sílaba de mais!

O doutor Antônio Gonçalves de Carvalho, membro da Junta de Justiça, apresentou duas poesias corretas e bem pensadas: uma dedicada aos Voluntários do Norte, e a outra aos Voluntários mineiros. No entanto, ele disse não ter voz suficiente para lê-las.

Enfim, deixamos o *Galgo*, que tardou mais uma hora para colocar-se em movimento. Então, Faria Rocha e seus [Voluntários] baianos desapareceram no horizonte, enquanto não cessavam de agitar seus lenços e de entoar intermináveis vivas.

Às 8h30, estava de volta ao vilarejo e, para minha grande surpresa, encontrei dois músicos argentinos e um oficial na frente de meus aposentos. Este explicou que se tratava de comemorar "o 3 de fevereiro, aniversário do dia em que as forças brasileiras depuseram o tirano da República Argentina".⁷ Tinha esquecido completamente esse aniversário.

Correspondendo à galanteria, convidei o coronel Ivonowski para jantar: tínhamos a esperança de embriagá-lo, o que não ocorreu, porque ele teve o cuidado de tocar a taça de champanhe somente na hora de brindar, nos termos mais amáveis, à saúde do Imperador e de familiares.

De meio-dia em diante, choveu com abundância, o que esfriou o ar consideravelmente.

4 de fevereiro

Por volta das duas da tarde, fui a cavalo até o porto: o terreno estava inundado por causa da chuva de ontem.

5 de fevereiro

De manhã, tentamos tirar fotografias montados a cavalo, mas não tivemos êxito. As moscas não deram sossego aos cavalos e, para concluir o fracasso, o vidro da máquina caiu no chão e rompeu-se.

Às oito horas, Salgado saiu em direção ao Jejui. À tarde, chegou a canhoneira *Fernandes Vieira de Concepción*. Trazia consigo um monte de histórias absurdas sobre suposta fuga de López. Pouco depois, o comandante veio prestar-me contas sobre o imaginado episódio, que já conhecia. Pareceu-me um homem muito tapado; desconheço seu nome.

6 de fevereiro

Fui tomar banho; em seguida, tentamos novamente tirar fotografia montados a cavalo. Tivemos mais êxito do que na véspera; contudo, após a terceira tentativa, eu disse que não me prestaria mais a essa chatice. Fui até a margem do rio onde Galvão abriu caminho através dos matagais, para constituir novo cais. No atual lugar, visto que serve tanto aos negócios de Lanús quanto ao Exército, há prejuízo para um quando o outro está em serviço.

Ao voltar, encontrei-me com todos: esperavam-me para a missa. À tarde, tive reunião com Vitorino, que parte amanhã para Concepción. Recebi cartas e correspondências oficiais do Rio, datadas do dia 15 de janeiro.

7 de fevereiro

Às oito da noite, alguns soldados, a maioria do 23º [Batalhão] de Voluntários, organizaram um teatro de acrobatas e de palhaços que me deu um sono terrível. O espetáculo durou até às onze.

8 de fevereiro

Embora tenha chovido intercaladamente, o calor foi intenso, talvez, como nunca senti em minha vida. Por causa disso, tive dor de cabeça igualmente intensa, o que me impediu fazer qualquer coisa. Não consegui sequer ler *A luneta mágica*, de Macedo.[8]

Depois de jantar, fui a cavalo até a margem do rio, o que melhorou meu estado de saúde. À noite, Vitorino voltou de Concepción. Havia partido de manhã, às oito horas. Ele estava muito cansado, pois tinha vindo a pé do cais. Não foi muito eloquente e, rapidamente, deixou-me dormir.

9 de fevereiro

À tarde, choveu abundantemente, o que me impediu de sair a cavalo. Não me lembro de nenhum outro acontecimento.

10 de fevereiro

Não me lembro de nenhum acontecimento digno de nota.

11 de fevereiro

O *Anicota* chegou. Soído[9] apresentou-se, para combinar certas medidas sobre o envio de um batalhão ao Mato Grosso. Ficou para jantar. É um homem que gosta de longos relatos e que não deixa seus interlocutores abrir a boca.

Depois de jantar, fui à beira do rio.

12 de fevereiro

Nada de novo. Nomeei o coronel Hermes comandante do Sul do Mato Grosso, e o dia transcorreu numa troca de telegramas entre Tibúrcio e Soído no que se refere às dificuldades levantadas pelo comandante do vapor *Onyx*: não haveria maneira de preparar comida a bordo desse vapor, que tem de levar o primeiro destacamento a Corumbá.

13 de fevereiro

Choveu muito, o que não me impediu de ir à missa. Durante o dia, tive uma dor de estômago tão forte, que não fui capaz de escrever nada. Peguei o primeiro volume do *Vítimas-algozes* e li o "Simeão" de uma tacada só.[10]

Felizmente, o jantar me fez bem. Depois disso, seguindo os conselhos do doutor, fomos dar uma volta a pé entre uma chuvisca e outra. O que não é nada comum aqui, visto o calor pouco convidativo.

À noite, escrevi para o Rio, o que me ocupou até depois de meia-noite.

14 de fevereiro

De manhã, recebemos a visita de Wandenkolk, que é agora chefe de Estado-Maior da esquadra. Ele veio comentar a respeito dos vapores fretados e a serem fretados. Ficou para o almoço, no qual teceu relatos sobre a miséria de Assunção.

Mais tarde, Salgado apresentou-se espontaneamente. Fora a Lima pelo Jejui e pelo Aguaraí.

Choveu durante quase todo o dia, o que me impediu sair a cavalo.

15 de fevereiro

Por intermédio de Paranhos, recebemos o *Jornal do Commercio* do Rio, datado de 22 a 28 de janeiro, e o programa para a recepção dos contingentes de Voluntários, o que me causou grande satisfação. De forma geral, o programa pareceu-me sensato, a não ser pela escolha das ruas para o desfile.

Depois de jantar, passeamos a pé.

16 de fevereiro

Não me recordo de nada.

17 de fevereiro

À noite, em torno das oito horas, chegou uma mala vinda do Rio por Montevidéu. Foi trazida pelo *Werneck* e, depois, pelo *Rosário*, porque o *Werneck* ficou de quarentena.

Recebi cartas do Rio datadas até 31 de janeiro, e de Bushy, até o dia 8 do mesmo mês.

18 de fevereiro

Salgado, Taunay e Ryder partiram para Assunção. À noite (já estava deitado), Tibúrcio trouxe um telegrama de Soído: prestava contas das notícias trazidas pelo vapor *São Lourenço*, que esteve em Corumbá no dia 13 [de fevereiro]. Parece que os moradores dessas regiões estão apavorados com a possibilidade, bem fundada, de que López se aproxime de lá pelo [rio] Nioaque e pelo [rio] Miranda.

19 de fevereiro

Mandei Soído vir para o almoço, no intuito de interrogá-lo sobre as notícias do Mato Grosso. Ele não sabia mais do que aquilo antes comunicado por telegrama.

20 de fevereiro

Foi domingo. À noite, houve teatro de acrobatas representado pelo 23º de Voluntários. Eu estava de melhor humor do que da outra vez, de modo que não adormeci. Para além dos exercícios ginásticos, há um palhaço que é ótimo. É um soldado do batalhão de engenheiros chamado Justiniano José da Rocha: no Rio, ele pertenceu ao Corpo de Bombeiros e é afilhado de um genro de Lamego, o Inspetor do Arsenal da Marinha. Assim, ele tem a proteção de Hilário.

Ele interpreta todo tipo de brincadeiras sobre os paraguaios e as paraguaias, sobre "o violão que já sabe falar para pedir uma comissão de major" e, ainda, sobre outras galhofas do tipo.

21 de fevereiro

Ao cair da noite, Salgado e Taunay apresentaram-se. Voltavam de Assunção. Vieram pelo vapor *Rosário*. Trouxeram-me alguns poucos papéis e outras poucas notícias. Nenhuma carta de Paranhos.

22 de fevereiro

Quando acordei, fui dolorosamente surpreendido por Larue, que me disse o seguinte: "O capitão Reinaldo morreu esta manhã, às duas horas." Era um de nossos ajudantes de ordens que fora atacado, semanas atrás, por uma disenteria. Ele não a quis tratar, e ela degenerou numa febre contínua e numa ulceração dos intestinos. Era um homem cheio de zelo, de honestidade, de bom senso e, inclusive, de inteligência natural, embora sem nenhuma instrução. Passou a vida criando gado no Estado Oriental até que, como todos os brasileiros lá estabelecidos, tomou as armas em 1864 pela causa de Flores. Então, entrou no Estado-Maior de Herval e, quando este foi ferido em 11 de dezembro de 1868, passou a ser ajudante de ordens do novo comandante em chefe: Caxias tomou o Estado-Maior de Herval. Encontrei Reinaldo quando cheguei a Luque. Ele tinha 35 anos quando faleceu.

Felizmente, o doutor Ribeiro, a quem mandei pôr em prontidão naquele instante, preveniu Frei Fidélis à noite. Ao prestar-me contas, Frei Fidélis disse que "o Reinaldo foi sempre de sentimento religioso". Às cinco da tarde, trouxeram o caixão até a igreja, de onde o conduzimos ao cemitério, que está um pouco fora do acampamento. Fizemos, entrementes, um pequeno discurso.

Ao voltar, embora o sol estivesse desaparecendo nos matagais da beira do rio, fez um calor insuportável. Nunca senti tanto calor no Rio nessas horas do dia. Não havia nenhum sopro de brisa. Durante todo o dia não houve nuvem no céu, e o ar estava impregnado de poeira. Felizmente, tarde na noite, veio um bafo de vento, mas sem chuva.

23 de fevereiro

Assim, o ar refrescou-se consideravelmente, malgrado a ausência de chuva neste dia, uma vez mais.

Às 8h15, fui à representação dramática no teatro improvisado pelo 46º [Batalhão] de Voluntários. Em primeiro lugar, houve a inevitável poesia patriótica recitada pelo cadete Frederico Severo com bandeira em punho. Abriu a declamação com o inevitável verso: "Briosos filhos do Norte." Seguiu-se uma cena cômica (à maneira de Vasquez)[11] muito bem interpretada pelo capitão de Voluntários Joaquim Rodrigues do Vale. E, depois, o drama *Os extremos*, do qual engoli somente o primeiro ato.

24 de fevereiro

A principal ocupação do dia foi decidir sobre a partida de dois batalhões de Voluntários para Humaitá. O traslado havia sido sugerido por considerações de higiene, vista a predisposição geral para a diarreia. Pareceu-me essencial fazer o traslado antes do acúmulo de tropas que acarretará a chegada de José Auto com seu efetivo de 3.300 homens.

Estávamos preocupados com a falta de transportes, mas Salgado teve a feliz ideia de obrigar a Marinha a emprestar para o serviço, quisesse ou não, as duas canhoneiras estacionadas aqui: *Araguaia* e *Ivaí*.

25 de fevereiro

Ao amanhecer, fomos embarcar os batalhões 27º e 47º nas canhoneiras. Todo mundo estava cansado. Houve manifestações habituais de eloquência, mas sem improvisos; tudo foi lido, a saber: a terrível *ordem do dia número 2* do coronel Pereira de Carvalho, o discurso de adeus de Francisco Lourenço, outro do major de batalhão Joaquim Antônio Dias, mais duas poesias do cadete Frederico Severo e outra, muito superior, do capitão sergipano Leopoldo Antônio de França Amaral, jovem homenzinho imberbe, mas cheio de boas qualidades.

À tarde, fez novamente um calor tórrido; não chove há muitos dias.

26 de fevereiro

O tempo continuou igual. De manhã, o vapor *Rosário* chegou de Assunção. Trazia notícias sobre a chegada a Montevidéu dos vapores *Werneck* e *Cuiabá*. Comecei, então, a preparar correspondência para o Rio. Visto que o *Werneck* chegou tarde aqui, tivemos que postergar sua partida para o dia 28.

Depois do jantar, fui encontrar-me com Vitorino. Ficou em seus aposentos devido a uma oftalmia que o impede de ver a luz do dia. Em seu quarto, ele tem a bandeira do antigo 11º Batalhão de Voluntários, que se tornou o 42º.[12] Foi o primeiro batalhão a vir de Pernambuco. A maior preocupação de Vitorino é que eu organize, com o que resta de pernambucanos dispersos em vários corpos, o dito 42º, para levar essa bandeira a Pernambuco. Foi praticamente o único assunto do qual falou.

27 de fevereiro

Fui embarcar o 41º Batalhão[13] no *Rosário* em direção a Humaitá. É um vapor muito confortável, mas cuja construção não permite a navegação oceânica. Felizmente, não houve discurso de despedida.

O *Werneck* estava lá, desembarcando os dois regimentos de cavalaria de linha que trouxe de Assunção. Esses regimentos tomarão o lugar dos corpos da Guarda Nacional que voltarão ao Rio Grande do Sul.

À tarde, recebi os primeiros comunicados de Hermes, escritos em Corumbá e datados do dia 23 [de fevereiro].

O calor continuou insuportável.

28 de fevereiro

Fomos embarcar o 23º [Batalhão] de Voluntários no *Werneck*. Foram lidos muitos discursos: a ordem do dia do comandante de brigada, o coronel Vanderlei – muito superior a Carvalho –, o discurso de Tibúrcio, do major Francisco Acióli de Barros Vasconcelos, do capitão paraense Jacinto Correia da Silva Batinelly e do major Honorato Cândido Ferreira Caldas. Os últimos dois foram tão longos e insípidos que perdi a paciência e tive vontade de retirar-me antes que outro orador se apresentasse. Durante o discurso de Tibúrcio, a segunda ponte, na qual o povo se reuniu, começou a ceder. Houve momento de pânico.

Por volta das cinco da tarde, densas nuvens surgiram no céu, e houve ventania. Mas a chuva esperada não veio.

MARÇO

1º de março

Foi terça-feira de carnaval, mas ninguém se lembrou disso. Pelo contrário, houve missa de sétimo dia para o pobre Reinaldo.

O calor pareceu diminuir um pouco. Quando a noite caiu, soubemos da chegada do vapor *Cuiabá*, com o qual já não contávamos. Enquanto Vitorino dava ordens precipitadas para o embarque do 30º [Batalhão] de Voluntários[14] no *Cuiabá*, enviou-me um ofício de Câmara escrito em Campos de Aramburu no dia 28 [de fevereiro]. Anunciava que, no dia 17 [de fevereiro], López ainda permanecia em Cerro Corá e que Câmara iria marchar contra López com oitocentos homens de infantaria, seiscentos de cavalaria e duas bocas de fogo.[15] As informações excitaram as imaginações. As notícias de Câmara vieram de Concepción pelo vaporzinho particular *Mendoza Tercero*. Enfim, um pouco mais tarde soubemos que o *Conde d'Eu* tinha chegado de Assunção. Esperava-o para fazer a inspeção de saúde em Assunção, o que foi recomendado pelo doutor. E, como havia razão de se acreditar na chegada de José Auto e de sua coluna amanhã, a partida para Concepción foi postergada para depois de amanhã.

2 de março

Embarcamos o 30º [Batalhão de Voluntários da Pátria] no *Cuiabá*. Houve somente um discurso, suficientemente curto, do auditor de guerra major Francisco Rodrigues Pessoa de Melo. Na qualidade de pernambucano, ele não se furtou a falar "dos briosos filhos do Norte" e, depois, "dos perfis majestosos de Camarão, Henrique Dias, Pedro Ivo e Nunes Machado"[16] (não esperava por esses dois últimos nomes).

De volta a meus aposentos, esperei a chegada de José Auto, mas foi em vão. Ao meio-dia, tornou-se evidente que ele não se apresentaria ainda hoje. Assim, a partida para Concepción foi postergada para o dia 4. Mais tarde, um oficial enviado por Vitorino trouxe notícia a respeito de José Auto: ele ainda estaria acampado a duas léguas e meia daqui e, portanto, somente chegaria amanhã.

3 de março

Por volta das nove horas, José Auto apresentou-se. Não me recordo de nenhum outro acontecimento.

4 de março

Antes do completo amanhecer, às 5h10, marchamos em direção à beira do rio e, às 6h45, embarcamos no *Conde d'Eu*. Seguiram-se todos os movimentos preparatórios habituais. Somente em torno das 6h30 o vapor movimentou-se definitivamente. Às dez horas passamos em frente à embocadura do Jejuí; depois, pelo potreiro Ipunã, onde está acampado o resto da infantaria que embarcará para o Mato Grosso.

Estava de péssimo humor, amargurado pela presença do coronel Fidélis. Fui obrigado a levá-lo comigo, conforme ele havia solicitado. Tinha antipatia por ele, porque não conseguia parar de pensar no fato de que, caso outra pessoa houvesse comandado nossa vanguarda, teríamos alcançado López em Iguatemi no dia 25 de novembro. O sentimento foi redobrado, porque, alguns dias depois, quando disse a Salgado que o levaria comigo, ele me disse: "Isso, sim, que não é muito boa coisa, porque ele goza da antipatia geral; mas, enfim, que remédio? Para ajudar tais homens é que a gente tem educação."

Além disso, Fidélis é o mais velho entre os coronéis do Exército, de forma que, quando se apresentou, o mandei sentar à mesa, a minha esquerda (a direita pertence a Bonifácio desde sempre). Enfim, a companhia tornou o almoço silencioso e fastidioso.

Ao deixar a mesa, percebi que Bonifácio havia encontrado alguns livros entre os pertences do comandante que se encontrava no cais. Eu disse ao ajudante de ordens que me trouxesse a *Revista Universal Lisbonense*, publicada em 1842 por Antônio Feliciano de Castilho. "Não há outra?", perguntei. "Diz o senhor conselheiro (Bonifácio) que esta é a melhor, que Vossa Alteza há de gostar." Comecei a folhear maquiavelicamente o alfarrábio na mesa do convés.

Ao cabo de algum tempo, o ajudante de ordens veio e disse: "Está vindo uma dessas chatas que conduzem o gado por conta de Lanús." Saí em direção ao cais, e vi que era o *Davidson*. Ele é chamado de chata, porque é um desses vapores planos, de construção americana, destinados à navegação fluvial. Depois de vê-lo passar, entrei tranquilamente na cabine e deitei-me na cama enquanto continuava a ler.

Haviam-se passado alguns minutos quando (as cabines ficam na altura do cais) percebi Fidélis que me chamava por sinais, como para que eu visse uma curiosidade. Desembarquei e, então, de todos os lugares ouvi: "Morreu López!" e outras vociferações trocadas com o *Davidson*. O esquisito proprietário do vapor disse-me então: "Se a notícia for certa, Vossa Alteza dá licença que se mande tocar o Hino Nacional?" "Pois sim, certamente." Enfim, fizemos o *Davidson* deter-se, e o mensageiro dessa notícia desceu do *Conde d'Eu*. Era um gaúcho de cabelos grisalhos, sujos e sem elegância, de modo que perguntei: "Você é oficial?" "Capitão." "Que corpo?" "Dezoito." "Como se chama?" "Pedro José Rodrigues." "E traz ofício?" "Trago; para o general Vitorino." Tomei-o de suas mãos. De fato, era ofício de Câmara para Vitorino escrito a lápis, numa folha de papel aberta. O ofício fora escrito de Aquidabã e datava de 1º de março.

A bordo, fiz a leitura do ofício em voz alta, o que foi tumultuado por vivas e por abraços que me obrigaram a fazer a releitura. O oficial declarou ter deixado o acampamento de López em 1º de março, ao meio-dia. Tinha chegado a Concepción na manhã do dia 4. Contou poucos detalhes positivos, a não ser o fato de que López fora morto com golpes de lança por um cabo de infantaria do 19º [Batalhão] de infantaria chamado Chico Diabo.

Escrevi algumas linhas a Vitorino, a Paranhos, ao Imperador e a Isabel. Então, chamei Deschamps, para ordenar a suspensão das compras de cavalos e de mulas. Propuseram ir a Assunção para levar a notícia, o que foi aceito, embora haja no *Davidson* um segundo-tenente de infantaria enviado pelo coronel Antônio Augusto para encontrar-se com Paranhos nesse intuito.

O capitão Pedro Rodrigues continuou conosco até Concepción. Quando o vapor se pôs, novamente, em movimento, os oficiais do Estado-Maior mandaram trazer champanhe e declamaram vivas patrióticos com as taças alçadas. Ao cabo de pouco tempo, dirigiram-se ao que trouxe a notícia: "Viva o senhor capitão! Viva o senhor capitão!" (acho que eles esqueceram o nome de Pedro Rodrigues). "Não", exclamou um outro, "viva o senhor major!"; e todos os outros repetiram: "Viva o senhor major!" Pedro Rodrigues tomou para si a promoção e voltou-se para mim, estendeu-me a mão, desajeitado como todos os gaúchos, e disse como forma de agradecimento: "Desculpe, Vossa Alteza: a culpa não foi minha." De bom grado, aceitei o aperto de mãos, mas deixei no ar a promoção surrupiada.

Em torno das seis horas chegamos a Concepción. Ao descer da embarcação, encontramos o coronel Antônio Augusto de Barros Vasconcelos, que comanda pequena guarnição de quinhentos homens. Ele levou-nos a pé até a praça principal, onde há duas casas bonitas, embora sem andares. São antigas casernas de López. A igreja, em contrapartida, é a mais miserável já vista no Paraguai. Pouco depois, apresentou-se o Chefe Político, jovem paraguaio com pretensões de elegância.

Escrevi a Câmara; então, as senhoras do vilarejo vieram oferecer-me cumprimentos na forma de apertos de mão. Dali, elas foram a uma festa (organizada não sei por quem), e nós as seguimos.

Salgado e Pinheiro Guimarães deram o exemplo; depois, dançamos uma quadrilha, uma polca e, seguindo meus desejos, a palomita, dança paraguaia que é muito parecida ao lundu brasileiro. Mais tarde, fui dormir a bordo.

5 de março

Às seis, Antônio Augusto veio buscar-nos. Montamos a cavalo e fomos aos arredores do vilarejo. Havia ali manadas de cavalos e de mulas que tinham pouca saúde.

O relevo nos arredores de Concepción, embora plano, não é pantanoso e baixo como em Rosário. Ao voltar, encontramos pobres paraguaias comerciando cana-de-açúcar, laranjas ainda verdes e produtos de padaria. Às oito, estávamos de volta a bordo e lá permanecemos durante todo o dia. Ô se o calor era intenso!

Não chegou nenhuma notícia de Câmara. Pensei em esperá-lo no vilarejo de Concepción, mas o capitão Pedro Rodrigues comentou que ele tardaria quase 12 dias em voltar. Assim, considerei que eu seria mais útil em Rosário, onde tinha de presidir o embarque dos contingentes de Voluntários, que é uma questão sempre passível de desentendimentos.

Depois de jantar, por volta das 17h30, fomos ao Chaco, margem direita do rio, onde organizamos a enfermaria e, também, a prisão dos oficiais condenados.

Os oficiais do Estado-Maior de Antônio Augusto vieram a um baile do qual também participamos quando a noite caiu. Houve dança como ontem. O público foi mais numeroso, e as damas de Concepción, que passaram por rápido banho, estavam muito elegantes. Não houve outra bebida que limonada. Depois da palomita, fui dormir.

6 de março

Quando ia sair ao cais, o vapor pôs-se em marcha. O sol começava a despontar nas árvores da margem esquerda, e soprava uma brisa do Sul admiravelmente fresca.

Visto que era domingo, Frei Fidélis fez missa no convés do vapor. Por volta de uma da tarde, chegamos, e Soído deu vivas do encouraçado *Colomba* como forma de expressar alegria. Por causa do sol, embarcamos numa canoa que nos levou até Cuarepoti. Na praça do vilarejo, encontramos José Luís, Mallet e Tibúrcio à frente de uma multidão de oficiais que deram vivas. Seus cavalos agitaram a poeira de forma asfixiante.

Dispensei-os na praça da igreja e fui ver Vitorino, cuja oftalmia o retém, ainda, num quarto escuro. Talvez, por causa disso, não o encontrei tão excitado quanto imaginava.

No decorrer do dia, as duas humildes autoridades locais – Chefe Político e Juiz de Paz – vieram dar-me suas felicitações, naturalmente. Quando disse a este que, agora, todos os brasileiros retornariam ao Brasil pouco a pouco, ele exclamou num tom doloroso: "E quando todos partirem, o que vamos comer?" "Pois bem, o que comiam antes da guerra." "Antes comíamos carne, mas, agora, não há mais nada no Paraguai!" Essas reflexões ilustram bem a situação. Terminou dizendo que, como muitos paraguaios, queria morar no Brasil.

Houve iluminações à noite.

7 de março

De manhã, o 22º [Batalhão] embarcou no *Conde d'Eu* em direção a Humaitá. Dispensei-me a presença, porque preferi tomar banho, como de hábito, no Cuarepoti, cuja água é tão quente quanto se tivesse sido aquecida na brasa.

Não chegaram notícias de lugar nenhum. Às 5h30, Frei Fidélis cantou um te-déum, embora a igreja estivesse quase vazia. Fazia um calor horroroso. À noite, comerciantes brasileiros e portugueses apresentaram-se. Eram quase vinte. Um deles, um gaúcho, leu longa nota de felicitações.

8 de março

Embarcou-se o 26º [Batalhão de Voluntários][17] para Humaitá, no *Rosário*. Não fui ao embarque. Fiquei lendo a correspondência do Rio que chegou à noite. Está datada do dia 15 de fevereiro. Há também cartas de Bushy, do dia 22 de janeiro. Também chegou carta de Paranhos do 8, na qual expressava sua alegria pela grande notícia. Tudo isso foi trazido na canhoneira *Henrique Dias* pelo chefe de Esquadra, Lomba. Ele ficou aqui durante todo o dia: para almoçar e para jantar, portanto. Contou-me a respeito das manifestações em Assunção pelo triunfo de Câmara.

À tarde, chegou uma carta de Câmara a Vitorino do 3 [de março], escrita em Arroio Guaçu.[18] Câmara estava a caminho de Concepción.

9 de março

Embarcamos dois corpos de cavalaria no *Davidson* para Assunção e um no *Dezoito de Abril*.

Não chegou notícia de lugar nenhum.

10 de março

Não me recordo de nenhum acontecimento digno de nota.

11 de março

Continuou fazendo bom tempo até que, em torno das duas horas, levantou-se uma grande tormenta que sacudiu, em levas separadas, a poeira do chão. O alvoroço durou alguns minutos, mas terminou encobrindo-nos a vista. Parecia uma espessa neblina. Desde Madri que não havia observado este fenômeno digno de um Saara. Pouco depois, a poeira foi dissipada por algumas gotas de chuva, as primeiras a cair em Rosário desde o dia 15 de fevereiro! Nunca havia sentido de forma tão penosa esses 24 dias de seca paraguaia e o calor intenso, que se devem, acho eu, à ausência de qualquer brisa nas tardes.

A chuva não durou muito tempo, mas permitiu refrescar o ar completamente.

12 de março

A mudança de temperatura fez com que acordasse com dor de cabeça. Melhorei graças a colheradas de acônito. Proibiram-me deixar meu quarto e, o que é mais agradável, dar audiências.

13 de março

Escrevi para o Rio. Tibúrcio foi dispensado para levar para o Brasil o 26º Batalhão, que se encontra em Humaitá, onde embarca no paquete *Leopoldina*.

14 de março

O *Leopoldina* levara a Humaitá os 42º e 44º [batalhões de Voluntários]. O 39º embarcou no *Rosário*.[19] José Luís, que vai conduzir a cavalaria até São Borja, embarcou no *Dezesseis de Abril*.

Em honra ao aniversário do dia,[20] vários oficiais vieram cumprimentar-me e muitos aproveitaram a ocasião, indevidamente, para apresentar seus pedidos, mantidos em espera devido à ausência de audiência já faz alguns dias.

À tarde, jantaram comigo os oficiais-generais e outras autoridades. Em seguida, houve festejos e, enquanto olhávamos o palhaço do batalhão de engenheiros, que viera aqui executar cambalhotas com jovens paraguaios (seus alunos), o major José Simeão de Oliveira apresentou-se espontaneamente. Trazia a espada de López.

15 de março

O vapor *Conde d'Eu* chegou, enfim. Portanto, não pude marcar para amanhã minha partida para Concepción.

Passei o dia organizando papéis.

16 de março

Às 5h30, começamos a movimentar-nos em direção ao cais, mas, devido a atrasos recorrentes, o vapor somente zarpou às sete horas. Às seis [da tarde], chegamos a Concepción, onde Câmara nos esperava na praia. Ele levou-nos até seus aposentos, não longe dali. A noite caía.

Em seguida, apresentaram-se os corpos de oficiais. Cumprimentei-os pelo grande serviço que haviam prestado, junto com Câmara, no que diz respeito ao fim da guerra. Câmara retrucou que o mérito não era tão grande quanto parecia, porque "Vossa Alteza nos entregou o inimigo já moribundo".

Voltei a bordo após longa reunião com ele.

17 de março

Às seis horas da manhã, desembarcamos, passamos em revista o acampamento, visitamos a Guarda do Exército, no lugar de detenção, e, então, a mãe de López, Dona Juana Carrillo de López. Recebeu-nos com suas duas filhas, ambas viúvas, Dona Inocencia López de Barrios e Dona Rafaela López de Bedoya. As três estavam vestidas de preto. Eram muito loquazes e não deixaram de falar nos maus-tratos que haviam recebido de seus monstruosos filho e irmão.

À tarde, passeamos na cidade. Depois, houve um baile: quase todas as damas usavam fitas nas cores do Brasil e do Paraguai. O Chefe Político disse-me que havia convidado as irmãs de López, mas que elas não poderiam vir, desculpando-se pela falta de higiene.

18 de março

Quando o dia raiou, o vapor saiu e, por volta de uma hora, chegamos a Rosário.

Fui até a cidade pelo *Cuarepoti*. Fui recebido, na praia, por Mallet, Pedra e seus Estados-Maiores. Então, fui com eles até os aposentos de Vitorino, que deve estar em melhor estado de saúde e começando a fazer planos para quando eu lhe passe o comando em chefe. Dali, fomos até a Guarda do Exército; em seguida, tive uma reunião com Mallet e outra com Vitorino. Reembarquei no *Cuarepoti* quando eram mais de quatro [da tarde].

Antes das seis [da tarde], o *Conde d'Eu* zarpou para Assunção, aonde chegamos à noite.

19 de março

Às seis horas, José Auto e Lomba estavam a bordo. Fui com eles ao [navio] *Pontas Carlota*, para examinar a eterna questão dos detidos, dos motivos de suas detenções e do estado dos processos. Dali, passamos ao navio-almirante *Princesa de Joinville*, para ver os principais prisioneiros de Cerro Corá: Resquín, Palacios, Aveiro e o argentino Silverio.

Ao desembarcar, tivemos de vistoriar os dois hospitais da Marinha e do Exército. Somente às dez horas, cheguei aos aposentos de Paranhos, onde o almoço nos esperava.

Durante o dia, apresentou-se o doutor Carlos Lóizaga, o único membro do Governo Provisório em atividade atualmente, porque Bedoya está em Buenos Aires a pretexto de negociar um empréstimo, e Rivarola, seriamente doente.

No seu linguajar pouco articulado, convidou-me a um baile improvisado para esta noite. Vedia, o general argentino, também veio prestar visita.

Seguindo os conselhos de Paranhos, somente fomos ao baile às dez [da noite], o que foi prudente, porque não havia ainda nenhuma dama. Elas chegaram uma por uma. Eram poucas entre a multidão de uniformes brasileiros. Os organizadores (que não conheço) obrigaram-me a dançar a primeira quadrilha com Dona Atanasia Escato, jovem, loura, maquiada e de uma elegância sem críticas possíveis. Recusei a segunda dança e, quando vi que era mais de meia-noite, convenci Paranhos de retirar-nos, porque temia que o jantar fosse numa mesa imensa e que os brindes, que não poderiam faltar, prolongariam o evento até as três da manhã.

20 de março

Foi um dia de relativa calma. Terminei de ler a correspondência e os jornais que chegaram do Rio ontem, nos vapores *Isabel* e *Alice*. Estão datados até o dia 28 de fevereiro e cheios de detalhes sobre a recepção dos primeiros Voluntários.

Às 4h30, montei a cavalo com Paranhos. Em primeiro lugar, fomos visitar Vedia, que nos recebeu com sua mulher, na casa que pertenceu ao doutor Benigno López. A casa estava situada na parte alta da cidade; dali, tem-se fantástica vista panorâmica.

Então, fomos passear na direção de Luque e passar em revista as chácaras arborizadas; entre outras, havia a Trinidad, que foi preparada para receber a mãe de López.

21 de março

Às sete horas, Paranhos e José Auto acompanharam-nos a bordo do *Conde d'Eu*, para visitar Resquín e Lynch, que chegaram ontem.

Antes de tomar definitivamente a direção do Sul, o *Conde d'Eu* manobrou no porto durante muito tempo. Passando perto do *Princesa*, vimos duas criancinhas de Lynch no cais. Eram louras e usavam blusas vermelhas.

Fazia o mesmo tempo esplêndido desde o dia 14 [de março]. O vento que soprava do Sul era fresco.

Passamos pelo morro redondo de Lambarê, pelo penhasco de Santo Antônio, pelas baterias caídas de Angostura e pelo cais de Palmas, onde nosso Exército residiu de setembro a dezembro de 1868. Ali, paramos para encontro com o vaporzinho *Cecília*, cuja máquina se quebrou enquanto levava uma fração do 35º Batalhão [de Voluntários da Pátria][21] de Concepción a Humaitá. Subimos essas pessoas a bordo e continuamos nossa rota.

Vimos os miseráveis vilarejos de Villeta, de Villa Franca e de Villa Oliva. A noite caiu antes que alcançássemos o Tebiquari.

22 de março

Chegamos a Humaitá pouco depois de meia-noite. Quando amanheceu, Salustiano estava a bordo.

Às 6h15, montamos a cavalo, passamos em revista a pequena divisão de Voluntários que Salustiano tinha posto em prontidão sob o comando de Francisco Lourenço. Assim, à maneira de passeio, fomos na direção de Parecuê. Através de muitos pântanos, alcançamos o matagal de laranjais, onde Caxias acampou de março a agosto de 1868. Vimos também, um pouco mais longe, o acampamento de Herval, no qual subsistem barricadas de terra erguidas para protegê-lo das bombas de Humaitá.

23 de março

Passeava na direção de Curupaiti e, depois de patinar num horrendo pântano coberto de grossos matos, chegamos a uma grande trincheira que fora estabelecida pelos brasileiros contra [a fortificação de] Humaitá depois da ocupação de Curupaiti. Recusamos passar por ela e voltamos na mesma direção.

Foi uma manhã fresca de céu ainda sem nuvens. São tristes esses lugares de Humaitá. Da margem do rio até se perder a visão, o relevo é plano como uma mão, quase inteiramente coberto por pântanos escondidos pelo mato.

A uniformidade da paisagem é levemente interrompida por raros laranjais, matagais e magras árvores isoladas na planície.

24 de março

Recebemos exemplares do *Jornal do Commercio* do Rio, datados até o dia 6 [de fevereiro]. Não sei por qual meio chegaram.

Galvão apresentou-se. Vinha de Assunção, pelo *Alice*. Tinha permanecido lá para formar parte de uma comissão que inventariou valores e documentos encontrados nas bagagens de Lynch. Em moeda, eles não valem mais do que 15 contos de réis; mas há documento segundo o qual ela teria transferido 120 contos de réis ao Banco da Inglaterra pelo intermediário de MacMahon. Além disso, no decurso do ano passado, ela comprou vastas porções de terra em diferentes lugares do Paraguai. As compras, feitas por meio de papel-moeda que López imprimia, não poderiam ser reconhecidas como válidas.

Não vieram comunicados de Paranhos e, como Galvão me disse que não poderiam tardar, posterguei quaisquer deliberações sobre as questões de Lynch até que os recebesse.

25 de março

Além de ser hoje o dia da Anunciação, é aniversário da Constituição brasileira. Portanto, tivemos missa e te-déum na pequena e miserável choupana de madeira que serve de capela. A igreja está em ruínas por causa dos bombardeios.

Durante a noite, o *Presidente* passou por aqui. Voltou de Buenos Aires, aonde fora entregar ofícios diplomáticos de Paranhos. Deixaram-nos o *Diário do Rio de Janeiro* e *A Reforma*, datados até o dia 10 de março.

26 de março

Não me recordo de nenhum acontecimento digno de nota.

27 de março

Idem.

28 de março

Quando acordei (por volta das seis horas), Larue comentou que o *Bonifácio* havia chegado com Sua Alteza o Príncipe Philippe.[22] Realmente, não esperava por ele; em primeiro lugar, porque acreditava que as notícias de Cerro Corá o dissuadiriam de vir; e, em segundo, porque supunha que os paquetes que deixaram o Rio no dia 15 [de março] não chegariam ao Paraguai antes do fim do mês.

Vesti-me rapidamente e encontrei Philippe conversando com Salgado. Propus-lhe fazer comigo meu habitual passeio a cavalo, e fomos ao *Estabelecimiento*. Depois do almoço, enviei-o para ver Resquín com escolta de Salgado. Seria uma curiosidade para ele.

29 de março

Fomos a cavalo até Parecuê.

Fiquei ocupado preparando a correspondência para o Rio. Depois do almoço, Philippe foi caçar com Larue, apesar do sol ardente. Voltou na hora do jantar. Disse ter mergulhado no lago, até o peito, para buscar os sete marrecos que matou.

Infelizmente, ele fala muito baixo, o que, juntando isso a seu português incorreto e a seu sotaque italiano anasalado, me faz perder boa parte de seus discursos.

30 de março

Às cinco horas da manhã, embarcamos Francisco Lourenço nos vapores *São José* e *Alice*. Foram com ele o 46º [Batalhão de Voluntários da Pátria] e metade do 35º. Não houve discursos ou vivas quaisquer: Francisco Lourenço estava de mau humor, e os comandantes dos corpos são oficiais de linha, que, em geral, são menos inclinados a pronunciar discursos eloquentes do que os de Voluntários da Pátria.

À tarde, recebi a visita de Torrent (ex-ministro argentino no Rio). Ele ficou para jantar. Logo depois, Philippe saiu para caçar, mas a caída da noite o fez voltar de mãos vazias.

31 de março

Embarcamos o 42º Batalhão [de Voluntários] e o resto do 35º no *Isabel*. O comandante do 42º, major José Rego Barros, lançou vivas aos combatentes.

Depois disso, Galvão e eu percorremos o interior da ruína de Humaitá. Começamos pela parte superior, onde parapeitos e fossos se confundem com pântanos que se alastram até o rio. Após almoçar, Philippe foi à caça dos marrecos e, durante o jantar, contou ter ido além de Pasopocú. Ali, subsistem as paredes do casebre blindado onde López morou de maio de 1866 a março de 1868.

ABRIL

1º de abril

Continuamos percorrendo o interior das fortificações. A divertida data de hoje não foi esquecida, e não sei quem conseguiu fazer que o doutor Dória acreditasse na chegada do Barão do Bom Retiro, no *Annicota*, para substituir Paranhos na missão especial. Dória, que é muito tagarela, começou a espalhar o boato imediatamente. O *Annicota* nem sequer tinha aparecido!

O mencionado doutor foi à caça com Philippe, mas o vento permitiu que matasse apenas duas codornas. Em torno das duas da tarde, de fato, levantou-se vento violento do Leste que sacudiu a poeira e manteve-se até a noite com força. Houve depois muita chuva.

Eram as primeiras gotas de água que víamos desde o dia 16 de março.

2 de abril

Choveu de manhã, e o tempo permaneceu cinzento durante todo o dia, o que impediu Philippe de ir à caça e, assim, de trazer boa quantidade de codornas e de narcejas.

Por volta das onze horas, apresentou-se o famigerado *Annicota*, enfim. Com grande surpresa, soubemos que o capelão do vapor morreu durante a viagem. Foi um súbito ataque de apoplexia, ao que parece.

Em contrapartida, tivemos a satisfação de receber o *Diário do Rio de Janeiro* e *A Reforma*, datados até o dia 18 de março. Também vieram cartas do dia 19, nas quais se comentam as impressões do Rio sobre a recepção da grande notícia de Cerro Corá. Essas cartas vieram do Rio pelo paquete francês *Gironde*; e, de Montevidéu, seguiram pelo *Annicota* sob os cuidados de Gondim.

3 de abril

Houve missa. Depois do almoço, Philippe foi à caça. Decidimos que o 41º Batalhão [de Voluntários da Pátria] partiria pelo *Marcílio Dias* no dia 8 e que o 39º sairia no *Galgo* para Porto Alegre, caso o agrupamento do *Presidente*, do *Bonifácio* e do vapor fretado *Emily* não ocorresse antes do dia 15 ou 16.

A esse respeito, disse a Pinheiro Guimarães que seria, provavelmente, a última brigada de Voluntários organizada por mim. Assim, disse que, se ele desejasse, estaria pronto para passar o comando desses embarques. Ele aceitou imediatamente.

Não houve outro acontecimento, a não ser a recepção de uma correspondência sem grande interesse de Vitorino dia 28 [de março].

4 de abril

Philippe foi à caça durante a manhã e voltou à tarde, devido à chuva.

O coronel Hermes chegou de Assunção no vapor *Belmonte*. Havia saído de Corumbá no dia 28 [de março] no vapor *Onyx*.

5 de abril

De manhã, fui com Philippe até Pasopocú, para ver a antiga casa de López: são duas casinhas hoje muito miseráveis e protegidas por imensos espaldões de terra revestidos de grama. As famílias que antes moravam aqui, depois de terem sido levadas por López até Caraguatai – ou, inclusive, até mais longe –, retornam e, agora, vegetam em companhia de dois oficiais e de alguns soldados de cavalaria brasileiros.

À noite, eram sete horas, o *Galgo* chegou trazendo jornais e cartas do Rio datados até o dia 21 de março. Também recebi as cartas de Bushy do dia 22 de fevereiro. As cartas do Imperador e do ministro da Guerra relatam que a permissão para voltar ao Rio me foi concedida oficialmente; contudo, ainda não recebi os comunicados oficiais e não entendo o porquê.

6 de abril

Considerando que, de uma forma ou de outra, esses comunicados não poderiam tardar em chegar, resolvi adotar medidas no sentido de meu regresso como se eles tivessem chegado: escrevi a Vitorino e a Paranhos, para marcar encontro em Assunção no dia 11 [de abril]. O major César Augusto Brandão, que acabava de chegar no *Galgo*, ficou encarregado de levar a comunicação. Mandei-o numa das canhoneiras.

7 de abril

A proximidade de minha partida deu lugar a grande quantidade de assuntos pendentes, o que me impediu de tomar nota dos acontecimentos dia após dia.

8 de abril

Às cinco horas da manhã (antes do amanhecer), embarcamos o 41º Batalhão [de Voluntários da Pátria] da Bahia no *Marcílio Dias*. Foi coisa rápida e sem demonstrações patrióticas. À noite, chegou o *Cuiabá*. Tinha saído do Rio no dia 25 [de março]. Não trouxe nenhuma carta ou jornal, somente uma mala da província do Rio Grande do Sul, que foi recebida em Montevidéu.

9 de abril

O [vapor] *Pavón* passou por aqui. Trazia a bordo o doutor Mariano Varela de Buenos Aires, que enviou seu secretário para cumprimentar-me. Varela desculpou-se por não poder deixar sua cabine em razão de febre intermitente. Imediatamente após a visita, apresentou-se Buschenthal vindo do mesmo vapor, ao que parece. Querendo pôr termo aos assuntos diplomáticos, contou-me que as negociações de Paranhos com Varela não produziram resultado e que não chegariam a nenhum lugar.

Durante o dia, recebi também a visita de um juiz de Direito de Cuiabá, cujo nome esqueci, que me foi recomendado por Salgado. O juiz partirá para Buenos Aires no vapor *Galgo* e, dali, para o Rio.

10 de abril

Às 6h30, ouvimos a missa da Paixão de Cristo. Em seguida, embarcamos no *Rosário*, que, devido à lentidão de sempre, somente zarpou às oito horas. Pouco depois, encontramos o vapor *Espora* que descia o curso do rio trazendo consigo a tropa argentina. Por volta das onze, enquanto terminávamos de almoçar, passamos por Tayi; à tarde, por Pilar, que estava encoberta por laranjais; e, então, pela embocadura do Tebiquari. A noite caiu. Passei quase o tempo todo lendo o *Marie Stuart* do senhor Gauthier.

11 de abril

Quando saí no convés, às seis horas, passávamos por Palmas. Foi somente depois das onze que chegamos a Assunção. Rapidamente, vieram a bordo José Auto e Lomba. Desembarcamos no lugar de sempre e fomos a cavalo até nossa legação. Fazia um sol escaldante e havia muita poeira.

Na legação, encontramos Paranhos com o doutor Adolfo Rodrigues, que é o ministro plenipotenciário da República Oriental. Tive muitas reuniões: primeiro com Paranhos; depois com Vitorino e Câmara; e, finalmente, com Lóizaga.

À noite, organizamos um banquete para Câmara.

12 de abril

O dia foi de repouso relativo. Fomos visitar a mãe de López, que encontrei com suas filhas. Elas haviam engordado consideravelmente desde Concepción. Continuavam muito bem-dispostas para queixar-se de López e do abandono no qual se encontram atualmente.

À tarde, Paranhos e eu fomos a cavalo até a igreja de Recoleta, onde está o cemitério de Assunção.

À noite, a mãe de López e sua filha Dona Rafaela vieram visitar-nos, muito perfumadas.

13 de abril

Às seis horas, voltamos a embarcar no *Rosário* e descemos o rio sem incidente algum. Fez um tempo esplêndido até a noite, quando trovoada e chuva refrescaram consideravelmente o ar.

14 de abril

Durante a noite, chegamos a Humaitá. Desembarcamos por volta das seis horas. O tempo permaneceu encoberto. Choveu um pouco. Como era quinta-feira santa, fomos à missa depois do almoço. O coronel Hermes cantou para nós.

A capela, embora ampliada pelo Frei Fidélis, apenas podia conter os músicos e 15 ou vinte mulheres paraguaias que vieram para a ocasião.

15 de abril

Idem, idem, idem.

Philippe, que foi caçar nos pântanos apesar de ser hoje sexta-feira santa, contou-me ter sentido uma febre intermitente durante a noite. O doutor Ribeiro colocou-o em dieta, o que não o privou de quase nada, porque é um rapaz extraordinariamente sóbrio.

Senti bastante tristeza ao escrever minha última ordem do dia,[23] que não me satisfez, embora Taunay me tenha dito que ela estava "muito boa, com pensamentos muito felizes".

16 de abril

Acordei tarde. Às 7h30, houve missa cantada e, depois do almoço, embarcamos, sucessivamente, a brigada de Pinheiro Guimarães, composta pelos batalhões 27º, 33º e 44º nos três vapores *Vassimon, Bonifácio, Presidente*. No *Cuiabá*, que zarpa para Porto Alegre, embarcamos o 39º. Tudo isso terminou antes do meio-dia.

À tarde, ocupei-me, novamente, de um monte de queixas e dos trabalhos com o coronel Hermes, que ficou a mando de toda esta papelada depois de Câmara tê-lo transformado em ajudante geral.

17 de abril

Foi domingo de Páscoa. Era o dia marcado para deixar este pedaço de terra quase virgem chamado República do Paraguai, país no qual a natureza não foi mesquinha. É um lugar de clima temperado, de belos caudais, de relevo acidentado e moderadamente vasto e de uma raça de homens notavelmente dotados de esforço físico. É um país que, até 1864, ofereceu aos viajantes aspectos graciosos e originais, devido ao isolamento do resto do mundo e a uma existência puramente agrícola, do tipo mais primitivo. Esses cinco anos de guerra sangrenta, inseridos em outros 150 de despotismo mais ou menos teocrático, destruíram tudo e reduziram este país, por enquanto, à maior irrelevância monótona e deplorável.

Às seis horas (já era de dia), ouvimos missa e, depois disso, embarcamos no *Galgo*. Em demonstração de amizade especial, os oficiais da guarnição formaram uma linha da igreja do quartel-general até à beira do rio. O coronel Antônio Augusto disse algumas palavras de agradecimento em nome dos Voluntários da Pátria, em decorrência da atenção que lhe dei; alguns outros remeteram-me as felicitações por escrito. Enfim, às 7h15, zarpamos ao som de vivas. Salustiano e Lomba decidiram escoltar-nos no *Camarão*, mas foram rapidamente dispensados.

Passamos pelo Riacho del Oro, pelo Curupaiti, pelo arroio Quiá, pelo Curugá, pelo Cerrito e, às 10h30, paramos em Corrientes. Então, descemos para visitar o bom Torrent, que nos escoltou até os aposentos do Governador da província (doutor Santiago Vaibien, um jovem oficial superior muito distinguido que participou na campanha do Paraguai até maio de 1868). Em seguida, passamos por praças e ruas da cidadezinha. Tudo me pareceu muito deserto em contraste com a multidão de militares que pululam em Assunção. Contudo, Corrientes parece-me muito mais decente e civilizada: sintomáticas disso são as elegantes cartolas que trafegam nas ruas (o que não se vê no Paraguai) e as damas vestidas em roupa de seda (cor de folha seca), conforme a última moda de Paris. Quando fiz notar esse contraste ao ajudante do senhor Governador, ele retrucou imediatamente, com orgulho digno da velha Castela: "É que isso já faz parte da República Argentina!".

Para poder reembarcar, tivemos que aceitar o enfadonho discurso do Governador. Enquanto isso, do alto de um promontório vizinho, duas pequenas peças de artilharia esforçavam-se para disparar tiros de saudação.

Ao meio-dia e meia, estávamos a bordo e começamos a descer o imenso Paraná. O tempo manteve-se bom, e a lua levantou-se esplendorosamente. À noite, cruzamos o paquete argentino *Goya*.

Vagamos pela República Argentina, espaço que contrasta hoje com o Paraguai e no qual as riquezas naturais não são proporcionais à extensão colossal. O feitio violento e pouco razoável dos filhos da Argentina fez jorrar muito sangue durante longos anos. É um país no qual o excesso de desordem e de falta de autoridade terminou por estabelecer, hoje, uma assegurada liberdade e, com ela, um desenvolvimento progressivo de sua civilização, que, aliás, parece destinada, caso não seja tolhida, a constituir uma nação importante e, talvez, temida por seus vizinhos.

18 de abril

Durante a noite, ultrapassamos três transportes que haviam saído de Humaitá vinte horas antes de nós.

De manhã, houve um nevoeiro que, felizmente, cedeu lugar a um belo dia ensolarado, às nove horas. Continuamos navegando no dédalo que é o Paraná. Do lado do Chaco, o terreno é baixo e deserto, mas, à esquerda, do lado de Entre Rios, é alto em certo espaço, de modo que não vimos, do vapor, senão o penhasco que desce até o rio. Esse relevo tirânico continua até a cidade de Paraná, à qual chegamos às três horas e que está situada na margem de uma longa coxilha. Deixamos a cidade, que é esplendorosamente branca, quando o sol se punha.

19 de abril

Quando acordei, chegando a Rosário, soubemos a estranha notícia do assassinato de Urquiza[24] no dia 11 [de abril]. Quem nos contou isso foi o ajudante da capitania dos portos.

Por volta do meio-dia, percebemos o encouraçado *Barroso*, que voltava lentamente do Brasil. Em seguida, entre uma e duas horas, encontramos o *Werneck*, que então se deteve. Seu comandante veio a bordo e nos trouxe cartas e jornais datados até o dia 4 [de abril].

Passamos por Martim Garcia e, às sete horas [da noite], ancoramos em frente a Buenos Aires. Salgado julgou ser perigoso ir até o porto à noite.

20 de abril

Portanto, às seis horas da manhã, retomamos o movimento e, às nove, o vapor parou novamente no que dizem ser o porto (porque, na verdade, Buenos Aires não tem porto natural ou artificial: a costa está aberta a todos os ventos).

O pedaço de mar que deveríamos cruzar para alcançar o quebra-mar estava muito agitado e, como nenhuma embarcação de terra veio buscar-nos, decidimos entrar apenas quatro de nós na canoa: Salgado, o doutor Ribeiro, Philippe e eu.

Encontramos somente Amorim Mauá no quebra-mar. Na entrada da rua, no entanto, apresentou-se ofegante Carvalho Borges. Parece que nos esperaram ontem até as nove horas.

Depois do almoço, fui encontrar-me com os fotógrafos que tanto me requeriam. Às duas horas, visitamos a Casa del Gobierno Nacional e, dali, por sugestão de Borges, o Governo Provincial, onde fomos recebidos muito amigavelmente pelo Governador doutor Emilio Castro.

De retorno à legação, fui até a casa do doutor Bartolomé Mitre, que me recebeu com seu *alter ego* Elizalde. Mais tarde, demos uma volta a pé com Borges e terminamos pela visita à catedral. Enfim, à noite, fomos ao Teatro Colón a convite de Sarmiento. Nos instalamos no camarote do governo para assistir ao *Trovatore*.

21 de abril

Às onze horas, visitamos o museu que pertence ao governo da província e que é dirigido por um alemão, muito sábio, chamado Barmeister. Em seguida, recebi o corpo diplomático composto por M. M. de la Croce, ministro da Itália; Lemaire (ou Lemaitre), da Rússia; España, da Espanha; Amelot, encarregado de negócios da França; e Macdonnell, da Inglaterra, que estava acompanhado de um secretário chamado Sartorius.

Depois disso, passeamos a cavalo. Foi o Governador Castro quem me ofereceu o cavalo. Borges buscou cavalos de aluguel para Philippe e para Torres. Sarmiento quis absolutamente nos enviar sua escolta de cavalaria, que é esplêndida, com sua barda amarelo-canário e suas plumas azuis e brancas. O capitão da escolta, um ex-*gaúcho* que participou na campanha do Paraguai, pôs-se a meu lado para servir de guia.

Fomos de Palermo até Belgrano, simpático vilarejo onde há uma bela pista de corrida. Voltamos a tempo de vestir-nos para jantar com Sarmiento, que nos convidou para tanto ontem.

A mesa era luxuosa. Fizeram-me sentar entre Sarmiento e o ministro da Fazenda, Gorostiaga, que é muito eloquente e competente em matéria de política europeia. À esquerda de Sarmiento, sentou-se Borges; em frente, o ministro do Interior, Vélez Sarsfield; à direita deste, Philippe; e à esquerda, Bartolomé Mitre, que tinha, à direita, o Governador Castro.

Terminamos de jantar às dez horas e fomos ao Teatro de la Victoria, sem Sarmiento: encenaram *La zarzuela* e *Las dos coronas*. Traguei apenas um ato e fui dormir.

22 de abril

O Governador Castro quis muito que fôssemos ver sua estrada de ferro predileta. Tive de visitar com ele as oficinas de conserto (que não têm nada de mais) e, depois, o estabelecimento onde a água potável é filtrada. Então, o trem levou-nos até San José de Flores, vilarejo que se parece com Belgrano, embora esteja do outro lado da cidade e tenha pista de corrida.

Tudo isso durou até as três horas [da tarde]. Às quatro horas, tivemos de ir ao quebra-mar, onde nos esperavam três ministros e o vice-presidente da República, doutor Adolfo Alsina. Às cinco, o *Galgo* zarpou para Montevidéu.

23 de abril

Chegamos às quatro horas da manhã e, às sete, as autoridades brasileiras começaram a vir a bordo. Gondim quis absolutamente que, para o desembarque, esperássemos o deslocamento da guarda de honra para o quebra-mar. Esperamos então até as oito horas.

A guarda não permitiu que os carros se aproximassem, de modo que não nos viram, e tivemos que ir a pé até a legação. Ao meio-dia e meia, visitamos a sede do governo e, ali, o presidente e seus ministros acompanharam-nos a pé ao te-déum organizado pela colônia brasileira. Ao longo do trajeto, as tropas estiveram em prontidão, o que atraiu muita gente à catedral.

Às três [da tarde], o presidente veio visitar a legação no intuito, acho eu, de discutir comigo, cara a cara, a respeito do estado político pouco tranquilizador deste país.

Também recebi a visita do almirante americano Lamman, que estava acompanhado de seu Estado-Maior. Às quatro horas, Philippe e eu montamos a cavalo com o secretário da legação (J. de Almeida Vasconcelos). Voltamos às seis horas para o jantar, que se deu entre brasileiros. Às 8h30 [da noite], fomos ao Teatro Solís encontrar o presidente no camarote de governo. A comédia de costumes *Una broma de Quevedo* foi encenada.

24 de abril

Às 7h30, houve missa na catedral; dali, fomos à quinta de Buschenthal, que nos propôs, ontem, um almoço em família. Além de Philippe e eu – e Gondim, Vasconcelos, Salgado e Taunay, que vieram comigo –, os convidados eram Mauá, o ministro da Espanha senhor M. Creus, e o dos Estados Unidos, Kirk. O almirante americano e seus oficiais apresentaram-se depois do almoço, para visitar os jardins.

O encontro durou até as onze. Depois disso, passamos rapidamente pela legação antes de embarcar a uma hora; então, o *Galgo* zarpou em meio à salva de tiros de canhão e vivas de todas as nações: brasileira, oriental, italiana, americana, inglesa, espanhola e francesa.

25 de abril

Não avistamos terra em todo o dia. Fez bom tempo. De manhã, o mar corria sob brisa do Sul. Não estava agitado. À tarde, houve calmaria completa, e todos decidiram repousar, embora Galvão e Taunay não parecessem gozar de conforto completo, conforme demonstraram suas expressões faciais. Nossa tropa, habitualmente muito risonha, ficou notavelmente silenciosa. Nessa calmaria, ocorreu o seguinte incidente: entre outros buquês que me deram em Buenos Aires, havia um embrulhado nas três bandeiras aliadas. Quis levá-lo para o Rio e, portanto, coloquei-o na mesa de jantar. Na hora do almoço, percebi que somente restava a bandeira brasileira: as duas outras haviam desaparecido.

Quando manifestei o ocorrido, responderam-me, em coro e em tom de júbilo: "O doutor foi quem as tirou: acabou-se a aliança!" Protestei contra essa amostra de ódio inveterado dos brasileiros contra seus aliados.

26 de abril

Quando saí ao convés, por volta das sete horas, o Brasil estava à vista. À esquerda, via-se a província do Rio Grande do Sul, na forma de uma faixa de areia amarela e completamente estéril. Isso antes das montanhas abruptas da província de Santa Catarina. Há um grande contraste entre o relevo estéril dos gaúchos e o que eu chamaria de verdadeiro Brasil, ou o que os gaúchos chamariam de terra dos baianos.

O litoral gaúcho desapareceu rapidamente. Durante todo o dia, acompanhamos, de longe, as alturas catarinenses com seus picos perdidos nas nuvens. Foi somente quando a noite caiu que ultrapassamos a saliência conhecida como cabo de Santa Marta.

Fez bom tempo, o mar estava calmo, mas uma espécie de pesada onda atlântica produziu grande balanço do navio, o que se deve, também, ao tipo de embarcação no qual estamos. Não houve enjoo da tripulação, mas a agitação manteve-me acordado à noite, em meu leito.

Por volta do meio-dia, percebemos, no horizonte, uma fumaça que se deslocava para o Sul. "Parece procurar o Rio Grande", disse-me Salgado.

"Não nos aproximaremos a ponto de falar?" "Não, senhor." Saí ao convés, e, poucos minutos depois, Salgado veio dizer-me: "Parece ser o *Alice*. E dirige-se para nós." "Dirija-me até ele."

De fato, era o *Alice* e, quando se aproximou o bastante, percebemos que vinha com seu comandante, nosso velho amigo Silveira Maciel. Quando o vapor se aproximou, o comandante interino veio aqui por meio de uma canoa destacada entre as duas embarcações. Dada a agitação geral, esperava receber notícias interessantes. Não foi o caso, de forma alguma: o comandante deu-me uma estúpida carta oficial do Arsenal de Guerra. Abri-a mais por dever de consciência do que por pensar que tivesse algo singular para mim. De fato, era uma lista de remédios para o Paraguai e outra ainda mais insignificante para as tropas do Mato Grosso.

Dei a carta a Torres, pedindo que pusesse uma capa oficial com o nome do general Câmara. Então, passei a interrogar o homem da canoa: "Não traz cartas?" "A correspondência particular de Vossa Alteza ficou com o Maciel, em Santa Catarina." "Nem jornais?" "Não." "Absolutamente nada?" "Nada." "A brigada do coronel Pinheiro já chegou toda a Santa Catarina?" "Ontem, às quatro horas, chegaram no *Bonifácio* e no *Vassimon*." "E os outros dois?" "Não os vi." "Que dia saiu da Corte?" "No dia 21." "Não havia novidade?" "Nada." "E o *Marcílio Dias*, onde estava?" "Não sei." "Então, por aqueles dias não saiu nenhum vapor?" "Um dia depois que eu, saiu o *São José*, ia a Santos. Levava batalhões." "E, no dia 15, não saiu nenhum paquete?" "Não sei." "Pois pode largar."

"Que estúpido!", disse quando ele partiu, e Salgado respondeu: "Essa gente é mesmo estúpida; não se interessa. Só se interessa pelas libras esterlinas. Se Vossa Alteza perguntasse como estava o câmbio, decerto que ele sabia!"

Tal foi a conversa que tivemos com o *Alice*, no meio do oceano, ao meio-dia e meia de 26 de abril de 1870. Essa conversa tomou-nos um quarto de hora, e continuamos nossa rota sem outros acontecimentos.

A tripulação continuou muito silenciosa, quase que incomodada, creio eu, pelo balanço do navio. Aproveitei a ocasião para escrever as cartas que deixei de lado há tempos. À noite, folheava um romance que Taunay me deu – ele sempre tem bom número deles. Trata-se de um estúpido caderno traduzido pelo inglês Percy Saint John num francês completamente selvagem: *non novi*!

27 de abril

Quando saímos ao convés, entre seis e sete horas, estávamos na bonita baía de Santa Catarina, que é graciosamente circundada por morros insulares e continentais. Rapidamente, paramos na cidade de Desterro.

Os quatro vapores da brigada de Pinheiro Guimarães estavam lá. Então, apresentou-se o presidente de província interino, um jovem rapaz longilíneo, o doutor Manuel Vieira Tosta. Ele é filho do ministro da Guerra. Vinha escoltado pelo chefe de Polícia e por seu secretário, um combinando com o outro. O primeiro disse chamar-se Barbosa, e o outro (que é o mesmo que encontrei no ano passado), Cesário dos Santos.

Enfim, o fiel Maciel trouxe-me pacote enviado por Isabel datado do dia 21 [de abril], que abri imediatamente. Em seguida, tivemos de aceitar a proposta do presidente para almoçar no palácio. Eram mais de oito horas quando desembarcamos. A brigada de Pinheiro Guimarães estava em prontidão na praça.

Na frente da igreja (que estava fechada, não sei o porquê), havia um altar do qual ouvimos missa à luz do dia. Dali, fomos à igreja de São Francisco ouvir o te-déum organizado pela Câmara Municipal. Foi uma longa sessão, com sermões.

Às onze horas, enfim, almoçamos no palácio. Às duas [da tarde], reembarcamos e partimos.

28 de abril

Durante a manhã, vimos a ilha montanhosa de São Sebastião, que pertence à província de São Paulo.

O balanço do navio produziu grande enjoo, ao qual não escapei, embora não o tenha ressentido tanto quanto os outros. Boa parte de nossa tripulação não saiu das cabines durante todo o dia. Eu também passei todo o tempo deitado em minha cama, mas encontrei disposição para jantar com os poucos que tiveram forças para levantar-se: Bonifácio, Salgado e o doutor.

O aniversariante do dia não passou despercebido. Bonifácio e Ribeiro disseram-me algumas palavras a esse respeito, e o doutor Dória veio ao convés, com taça alçada, para oferecer-me os parabéns em nome dos colegas que sofriam de enjoo. Foi uma declaração digna de minha admiração.

29 de abril

É claro, quando amanheceu, estava de pé, admirando o litoral esplêndido do Município Neutro. A semelhança dos morros me fez pensar, por um momento, que já estávamos perto do Pão de Açúcar; mas, rapidamente, percebi que tínhamos de ultrapassar a restinga e suas ilhotas iluminadas pelo belíssimo sol.

Confesso que não reparei que horas eram quando entramos na Baía [de Guanabara] e recebemos as salvas de Santa Cruz. Rapidamente, vieram a nossa frente não sei quais encouraçados (o *Lima Barros*, acho eu, e mais uns outros), e, depois, a *Galeota Imperial*. Suas tripulações vieram a bordo do *Galgo*, e somente desembarcamos algumas horas depois.

Notas

1. Francisco de Assis e Oliveira Borges (1806-1879), Barão e Visconde de Guaratinguetá. Comerciante e cafeicultor. Nas ponderações de Afonso Arinos de Melo Franco, foi um dos homens mais ricos do Brasil Imperial, com herança avaliada em 0,5% do meio circulante brasileiro. Ver: MOURA, Carlos Eugênio Marcondes. *O Visconde de Guaratinguetá: um titular do café no Vale do Paraíba*. São Paulo: Secretaria da Cultura, Ciência e Tecnologia, 1976; e ARINOS DE MELO FRANCO, Afonso. *Rodrigues Alves. Apogeu e declínio do presidencialismo*. Rio de Janeiro: José Olympio, 1973.
2. Referência à residência de Luís Carlos Felipe Rafael de Orléans, Duque de Nemours, pai do Conde d'Eu. Após o falecimento de Maria Amélia, esposa de Luís Felipe I da França, seu filho, o Duque de Nemours, mudou-se para a Bushy House. Permaneceu em exílio na Inglaterra, portanto, desde a queda de Luís Felipe I. Ver: RANGEL, Alberto. *Gastão de Orléans, o último Conde d'Eu*. São Paulo: Companhia Editora Nacional, 1935.
3. Em 6 de janeiro de 1870, o Conde d'Eu decidiu voltar para a Vila do Rosário. Para a ocasião, assinou a ordem do dia número 42. Cf. Apêndice, p. 299.

4. Respectivamente, são batalhões das províncias de Minas Gerais, da Bahia e de Pernambuco. Ver: AHEx, Relatório do Ministério dos Negócios da Guerra de 1872.
5. No original, dias 27 e 28 de janeiro sem anotações. Porém, sabe-se que em 27 de janeiro, o Conde deu instruções a Jardim e a Salgado sobre a exploração do rio Jejui. Cf. Apêndice, p. 301.
6. Sobre teor da ordem do dia, cf. Apêndice, p. 302.
7. Referência à Batalha de Monte Caseros, na qual as tropas imperiais impingiram derrota definitiva a Juan Manuel de Rosas, então presidente da Confederação Argentina, na Guerra contra Oribe e Rosas.
8. Referência à obra de Joaquim Manuel de Macedo, publicada em 1869.
9. Antônio Cláudio Soído (1822-1886). Defendeu o Império na Guerra contra Oribe e Rosas e na Guerra do Paraguai. Ver: VALLE, Eurípedes. *O Estado de Espírito Santo e os Espírito-Santenses*. Vitória: A1, 1997.
10. Referência à obra de Joaquim Manuel de Macedo, *As vítimas-algozes*, publicada em 1869. "Simeão, o crioulo" é o título do primeiro capítulo.
11. Francisco Correia Vasquez (1839-1892). Ator e dramaturgo fluminense. Ver: MARTINS DE SOUSA, Silvia Cristina. "Um Offenbach tropical: Francisco Correia Vasquez e o teatro musicado no Rio de Janeiro da segunda metade do século XIX". *História e Perspectivas*, Uberlândia: pp. 224-259, jan./jun., 2006.
12. Trata-se do 42º Batalhão de Voluntários da Pátria de Pernambuco. Ver: AHEx, Relatório do ministério dos Negócios da Guerra de 1872.
13. Trata-se do 41º Batalhão de Voluntários da Pátria da Bahia. Ver: AHEx, Relatório do ministério dos Negócios da Guerra de 1872.
14. Trata-se do 30º Batalhão de Voluntários da Pátria de Pernambuco. Ver: AHEx, Relatório do ministério dos Negócios da Guerra de 1872.
15. Solano López foi capturado e morto em 1º de março de 1870. Sobre a narração do episódio pelo historiador Francisco Doratioto, cf. Apêndice, p. 303.
16. As menções a Felipe Camarão e a Henrique Dias referem-se a personagens da Insurreição Pernambucana, de 1645, contra a presença holandesa no Brasil. A versão patriótica do embate ressaltou as características indígenas e africanas de, respectivamente, Camarão e Dias. Por sua vez, Pedro Ivo e Joaquim Nunes Machado foram líderes da Revolução Praieira, de 1848, ocorrida no Recife contra a presidência conservadora do Conselho de Ministros.
17. Trata-se do 26º Batalhão de Voluntários da Pátria do Ceará. Ver: AHEx, Relatório do ministério dos Negócios da Guerra de 1872.
18. Sobre teor da carta, cf. Apêndice, p. 303.
19. Trata-se do 39º Batalhão de Voluntários da Pátria do Rio Grande do Sul. Ver: AHEx, Relatório do ministério dos Negócios da Guerra de 1872.

20. Referência ao aniversário de nascimento da Imperatriz Teresa Cristina, casada com Dom Pedro II em 1843. Ver: Barão do Rio Branco. *Efemérides brasileiras*. Rio de Janeiro: IHGB, 1916, p. 190.
21. Trata-se do 35º Batalhão de Voluntários da Pátria de São Paulo. Ver: AHEx, Relatório do Ministério dos Negócios da Guerra de 1872.
22. Luís Felipe Alberto de Orléans (1838-1894), Conde de Paris. Neto de Luís Felipe I, tornou-se herdeiro do trono francês quando seu pai, o Duque de Orléans, faleceu em 1842. Participou da Guerra de Secessão junto às tropas de Abraham Lincoln e contra, portanto, os Estados Confederados do Sul. Em 1873, renunciou ao trono em favor do pretendente legitimista, o Conde de Chambord. Ver: KEEGAN, John. *La Guerre de Sécession*. Paris: Éditions Perrin, 2009.
23. Sobre a última ordem do dia, cf. Apêndice, p. 305.
24. Justo José de Urquiza y García (1801-1870). Governador de Entre Ríos de 1842 a 1852, entre 1860 e 1864 e de 1864 a 1870. Foi presidente da Confederação Argentina entre 1854 e 1860. Ver: BOSCH, Beatriz. *Historia de Entre Ríos*. Buenos Aires: Plus Ultra, 1991.

Posfácio

Lilia Moritz Schwarcz

Uma batalha sem galhardia ou vinco: o Diário do Conde

Diários são sempre documentos complexos. Aliás, a despeito da popularidade que ganhou, com o tempo esse tipo de registro literário gera, com muita frequência, polêmica, quando não contestação. A prática de redigir documentos de fundo pessoal, de tão comum, virou "gênero", e inaugurou um tipo de literatura marcada pela experiência individual e pela exposição parcial do cotidiano. Segundo Michel Foucault, em *Arqueologia do saber*, diários conformam modalidades de narrativa próprias ao contexto de fins do século XVIII e inícios do XIX, quando se criam textos baseados na "realidade do indivíduo", que faz da sua vivência uma modalidade de reflexão. Isso num momento em que o sujeito surgia apartado de seu estamento – como *in dividus* – e em sua plena virtualidade.

Pois bem, se tudo isso é muito interessante, ficará ainda mais se adicionarmos três elementos. Em primeiro lugar, diários seriam relatos não ficcionais, embasados no registro "real" daquele que lega um documento impactado por seu cotidiano. Por isso mesmo, essas fontes são, na maioria das vezes, organizadas pelo calendário monótono dos dias, disfarçando as marcas de sua intenção. Tudo se passa como se a cronologia conduzisse a vida daquele sujeito, não sua própria forma de orquestrar o dia a dia. Em segundo lugar, o fermento desse tipo de material seria feito da confidência do "segredo"; se pautaria na ordem do registro confessional, que é, no limite, um resquício de lembrança, bem guardado por cada um. Mas há ainda um terceiro aspecto a destacar. Nem todo diário permanece atual e interessante, para além daquele que o escreveu. Só poucos deles mantêm a vivacidade de sua época, o inusitado do testemunho. Se é fato que há diários de anônimos que se transformaram em verdadeiras fontes para a compreensão (ou surpresa) de seus momentos históricos, os mais procurados ainda são aqueles redigidos por personalidades, que cumpriram algum papel especial em meio às circunstâncias em que viveram. Eles viram artífices de seu momento; vítimas de seu tempo; engenheiros de seu contexto; agentes de sua época.

Nesses casos, pois, os diários revestem-se de particular apelo, mas também de ambiguidade. Apelo, pois podem narrar – a partir de uma esquina, que é a da pessoa, em sua observação individual – grandes eventos comuns a todos aqueles que viveram em contexto coevo. Ambiguidade, uma vez que, a despeito de se apresentarem como sendo da ordem do privado, são muitas vezes públicos, até porque aquele que escreve sabe que será lido: que lega um documento para a posteridade, para ser "memorável". São vários os diários de grandes nomes da história que mudaram destinos, alteraram percepções gerais, criaram crateras na superfície lunar da política. Na verdade, aí se trava uma batalha entre os lados privado e público do documento. O vencedor nunca é um *ou* outro, mas um *e* outro. Essas são fontes pessoais fadadas a se tornarem peças de Estado ou da nacionalidade.

Mais raros, porém, são os registros que, guardando essa última característica, permanecem desconhecidos. Ora, como a intenção de seus autores é muitas vezes ganhar a celebridade (ou a imortalidade), não poucas vezes fazem com que seus diários sejam "descobertos". Presidentes suicidas ou moribundos deixam seu "caderninho" perto do leito; atrizes largam seus registros, estrategicamente, ao alcance dos olhos de familiares ou serviçais; reis mantêm seus diários em local conhecido; e artistas esquecem de esconder aquilo que nasceu para ser de "todos".

Mas o material que temos aqui é da ordem da contradição. Conde d'Eu virou figura difícil de ser enquadrada, ao menos na história do Brasil. Vindo a esse Império americano para se casar com a Princesa herdeira do trono e das esperanças falhadas em um Terceiro Reinado, ele acabou ficando por aqui – pelo menos até o 15 de novembro – e assumindo diferentes figurações. Príncipe Consorte por matrimônio, ele aguardou por uma função como um nobre romântico, formado para desempenhar uma ação de peso e que lhe legasse a própria posteridade. A ocasião, algumas vezes reclamada, veio com a Guerra do Paraguai, quando o Conde é destacado para ocupar um lugar de comando nesse evento, após a ruidosa resignação de Caxias.

Nesse contexto, a guerra que parecia curta tornara-se longa e já se arrastavam quatro pesados anos, com o Estado afundando-se em gastos inimagináveis e perdas humanas das mais significativas. Mais ainda, a guerra que começara popular tornara-se muito desgastada, marcando o apogeu mas também o começo da decadência do Segundo Reinado.

Quando nosso Conde se dirige ao cenário da guerra, já não havia muita galhardia e heroísmo a encenar. Tratava-se, sobretudo, de caçar López e encerrar a contenda, a essas alturas conhecida, pelos jornais jocosos, como "Tríplice Infâmia". Por isso o diário começa em março de 1869, época em que López já batia em retirada, em que várias cidades paraguaias estavam ocupadas pelas tropas imperiais, e quando um protocolo assinado em Buenos Aires, entre os governos argentino e brasileiro, extingue a figura poderosa do comandante em chefe das forças aliadas. Nesse momento, também, já havia ocorrido a Campanha da Dezembrada, quando batalhas violentas – em Itororó, Avaí e Lomas Valentinas – impingiram a vitória dos grupos aliados.

É por isso que em janeiro desse mesmo ano Caxias declarara o final da guerra, retirando-se para Montevidéu: tudo sem a autorização do governo imperial. O calendário de fatos segue, por sinal, ligeiro. Em fevereiro, o comandante Caxias chega ao Rio de Janeiro, e já em março é concedida sua demissão do cargo. Paradoxalmente, nesse mesmo ano, torna-se o único Duque que o Império brasileiro conheceu.

Nesse exato contexto o Conde d'Eu é nomeado comandante em chefe das forças brasileiras já acampadas no Paraguai. Em termos militares, é forçoso reconhecer, não havia muito a fazer: talvez ocupar o território vencido e a terra arrasada. Seria necessário, igualmente, formar o governo provisório do Paraguai, tomar alguns postos e organizar a retirada. Tanto que o próprio general Osório se afasta definitivamente do Paraguai em novembro de 1869, após as Batalhas de Peribebuí e Campo Grande, sendo recebido como herói pátrio, dignificado por seus atos de bravura e perseguido pela fama de ter o "corpo fechado". Dizia-se que as balas só batiam em seu poncho e caíam ao chão.

O ano de 1870 se inicia em clima de desmontagem. Em fevereiro regressam os primeiros batalhões de Voluntários da Pátria, mas faltava a dádiva última para que simbolicamente a guerra estivesse enterrada. É em março que Solano López é morto pelas tropas brasileiras, em Cerro Corá. Aí estava o último destroço da guerra, para alguns; dádiva maior, para outros. Fim de capítulo e começo de outro. Nosso Conde volta ao Rio de Janeiro, depois de breve escala em Desterro – e o nome mal parece coincidência –, mas sem as glórias que pretendia alcançar.

Na chegada o ambiente era outro. A Guerra do Paraguai dividira humores e abrira espaços para a formação de setores de oposição ao regime, como os grupos abolicionistas e o Partido Republicano. Depois da libertação dos escravos pelos Estados Unidos, em 1865, o Império brasileiro, junto com Cuba, seriam as últimas nações do hemisfério ocidental a admitir esse regime em seus territórios. As pressões viriam de todos os lados, e mesmo a assim chamada "vitória" não redimiria ou temperaria os humores acelerados da época.

Já nosso personagem retorna sem o brilho que sua patente lhe garantiria. Ao contrário, as luzes do Império começavam a rarear, e o casal Consorte também soçobraria nessa maré agitada. A imagem do Conde ficaria muito machucada pela representação do "caçador de López", e mesmo o luxo de seu uniforme, com o vinco bem marcado, não daria conta de contrabalancear o ruído que vinha das ruas e dos movimentos sociais.

O leitor tem, pois, em mãos um *Diário* paradoxal. Se seu autor procura trazer para si a nobreza de sua posição, e a relevância de seu comando, o cotidiano de desmanche parece desmenti-lo.

Hora de entrarmos nas páginas deste *Diário* de um ano – dos dias de Campanha – que, graças ao trabalho notável e meticuloso de Rodrigo Goyena Soares, agora podemos ler na íntegra e em excelente tradução para o português.

Diário do tempo

Como vimos, esse diário se resume ao período em que o Conde d'Eu ficou em ação: no cenário já frágil da guerra. Nobres são feitos para guerrear e para arbitrar em situações de litígio. E essa era, e não era, a circunstância de nosso perfilado. De um lado, ele chegava, finalmente, à arena de combate. No entanto, ganhava o posto a partir da demissão voluntária e individual do antigo comandante Caxias, e num contexto de poucas glórias. Era como cuidar "da mudança da casa", depois de decisão tomada. Por isso, o *Diário* não tem muito de grandioso, a despeito do bom estilo de seu autor.

Não poucas vezes o Conde d'Eu enche páginas e mais páginas falando do tempo. Reclama do frio, desfaz da chuva constante e anuncia alvissareiro a chegada do sol. "*16 de julho. Choveu por intervalos. 17 de julho. Idem. 18 de julho. Idem. 19 de julho. Idem.*"

É certo que é a condição climática que determina a estratégia do dia, e por isso justifica a anotação. É isso, aliás, que ocorre em 20 de julho, quando lemos: "Devido à melhoria das condições climáticas, tive a esperança de colocar, em breve, João Manuel em marcha; [...] embora tenha feito reservas sobre a necessidade de esperarmos o bom tempo e sobre o agrupamento de gado." Ou então: "O sol estava escaldante. Durante o dia, entediou-me ter de fazer constantes discursos aos corpos de oficiais que vieram apresentar-se. Soube, não obstante, que essas alocuções tiveram grande êxito."

No entanto, e mesmo assim, nota-se um comandante "entediado" com o pouco movimento das tropas e, ademais, com o estado das populações que encontra. Não poucas vezes maldiz os militares paraguaios, e com igual frequência os brasileiros. Se considera o "aspecto geral" do Exército imperial bom, não deixa de criticar, no dia 16 de abril, o "detestável corte dos nossos uniformes", mostrando sua lembrança francesa de moda e caimento, como a imensa preponderância de mulatos que "de forma geral, não oferecem bons espécimes para a humanidade, embora haja tambores-mores negros que são magníficos". Essa é a época do darwinismo racial, que dividia a humanidade a partir de espécies, e nosso Conde parecia informado sobre as teorias da degenerescência, que recaíam sobretudo em cima das raças mistas, consideradas "espécies decaídas".

Os paraguaios também não saem bem "na fita". No dia 4 de novembro, por exemplo, além de avaliar o tempo, assim se refere às famílias paraguaias: "Tomei banho. Fez um tempo muito frio, mas, ainda assim, esplêndido. Chegaram, mais uma vez, famílias de Curuguati. Não sei por qual razão eram de estirpe superior àquelas que vemos habitualmente. Algumas mulheres usavam lenços de seda e de lã. Deveriam ser objetos importados da Europa. Foram interrogadas sobre como conseguiram obter esses objetos. Não conseguimos arrancar desses seres estúpidos senão esta explicação: 'É o único que sobrou; todo o resto foi tomado por López. Nenhum outro acontecimento ocorreu.'"

Além de desfazer de López, sempre que possível (e aliás em consonância com os discursos imperiais da Corte), o Conde não se contém e chama os próprios paraguaios de "seres estúpidos". Pelos detalhes nota-se, portanto, um comandante irritado com o aspecto pouco dignificante do cotidiano da guerra: um exército mal preparado, militares sem graça e um dia a dia marcado por "nada a fazer". Em 4 de março, "antes do completo amanhecer, às 5h10, marchamos em direção à beira do rio e, às 6h45, embarcamos no *Conde d'Eu*. Seguiram-se todos os movimentos preparatórios habituais. [...] Estava de péssimo humor, amargurado pela presença do coronel Fidélis. Fui obrigado a levá-lo comigo, conforme ele havia solicitado. Tinha antipatia por ele, porque não conseguia parar de pensar no fato de que, caso outra pessoa houvesse comandado nossa vanguarda, teríamos alcançado López em Iguatemi no dia 25 de novembro. [...] Além disso, Fidélis é o mais velho entre os coronéis do Exército, de forma que, quando se apresentou, o mandei sentar à mesa, a minha esquerda (a direita pertence a Bonifácio desde sempre). Enfim, a companhia tornou o almoço silencioso e fastidioso".

Uma rotina fastidiosa, com companheiros pouco inspirados, lota a rotina de D'Eu, que parece sempre sonhar com seu troféu, o qual, aliás, chegaria nesse mesmo dia. Permitam-me pois trazer aqui a notícia da caçada final de López, por sinal o único momento mais longo (e até exuberante) deste *Diário*: "Haviam-se passado alguns minutos quando (as cabines ficam na altura do cais) percebi Fidélis, que me chamava por sinais, como para que eu veja uma curiosidade. Desembarquei e, então, de todos os lugares ouvi: 'Morreu López!' e outras vociferações trocadas com o *Davidson*. O esquisito proprietário do vapor disse-me então: 'Se a notícia for certa, Vossa Alteza dá licença que se mande tocar o hino nacional?' 'Pois sim, certamente.' Enfim, fizemos o *Davidson* deter-se, e o mensageiro dessa notícia desceu do *Conde d'Eu*. Era um gaúcho de cabelos grisalhos, sujos e sem elegância, de modo que perguntei: 'Você é oficial?' 'Capitão.' 'Que corpo?' 'Dezoito.' 'Como se chama?' 'Pedro José Rodrigues.' 'E traz ofício?' 'Trago; para o general Vitorino.' Tomei-o de suas mãos. De fato, era ofício de Câmara para Vitorino escrito a lápis, numa folha de papel aberta. O ofício foi escrito de Aquidabã e datava de 1º de março. A bordo, fiz a leitura do ofício em voz alta, o que foi tumultuado por vivas e por abraços que me obrigaram a fazer a releitura [...] Contou poucos detalhes positivos, a não ser o fato de que López fora morto com golpes de lança por um cabo do 19º [Batalhão] de infantaria chamado Chico Diabo. Escrevi algumas linhas a Vitorino, a Paranhos, ao Imperador e a Isabel. [...] Propuseram ir a Assunção, para levar a notícia, o que foi aceito, embora haja no *Davidson* um segundo-tenente de infantaria enviado pelo coronel Antônio Augusto para encontrar-se com Paranhos nesse intuito. [...] Quando o vapor se pôs, novamente, em movimento, os oficiais do Estado-Maior mandaram trazer champanhe e declamaram vivas patrióticos com as taças alçadas. Ao cabo de pouco tempo, dirigiram-se ao que trouxe a notícia: 'Viva o senhor capitão! Viva o senhor capitão!' (acho que eles esqueceram o nome de Pedro Rodrigues). 'Não', exclamou um outro, 'viva o senhor major!', e todos os outros repetiram: 'Viva o senhor major!' Pedro Rodrigues tomou para si a promoção e voltou-se para mim, estendeu-me a mão, desajeitado como todos os gaúchos, e disse como forma de agradecimento: 'Desculpe Vossa Alteza: a culpa não foi minha.' De bom grado, aceitei o aperto de mãos, mas deixei no ar a promoção surrupiada." O ambiente era de festa, e não parecia bom momento para o Conde ter a "promoção surrupiada". Afinal, essa era sua missão e sua dádiva maior. Chegaram então a Concepción, onde nosso autor recebeu cumprimentos e apertos de mão. Havia também uma festa, "organizada não sei por quem", o aguardando, com direito a quadrilha, polca e uma "palomita": uma dança, segundo D'Eu, "paraguaia muito parecida ao lundu brasileiro" e que fora expressamente pedida por ele.

O Conde dormiu satisfeito e preparou-se para voltar. Fosse qual fosse a "missão", ela estava agora encerrada e era hora de retornar para a Corte, quase civilizada, do Brasil, encontrar sua Consorte Isabel e quiçá planejar o futuro. Mas a sorte é por vezes madrasta e nosso personagem não teria o destino que traçara para si e sua esposa. Essa é porém outra história. Já esta nossa, que vamos fechando por aqui, termina quando se encerra a guerra.

O tempo passou tão rápido que nosso Conde se desculpa por ter que saltar vários dias de seu *Diário*. O retorno foi rápido e sem glamour. No dia 29 de abril nosso autor chegava ao Rio de Janeiro.

Como o diário sempre guarda a perspectiva de seu dono, seguimos aqui, com os olhos do Conde d'Eu. A partir de seu ângulo a chegada deveria ser um ritual grandioso. Mas, até mesmo ele, amornou as expectativas: "É claro, quando amanheceu, estava de pé, admirando o litoral esplêndido do Município Neutro. A semelhança dos morros me fez pensar, por um momento, que já estávamos perto do Pão de Açúcar; mas, rapidamente, percebi que tínhamos de ultrapassar a restinga e suas ilhotas iluminadas pelo belíssimo sol. Confesso que não reparei que horas eram quando entramos na Baía [de Guanabara] e recebemos as salvas de Santa Cruz. Sem demora surgiram a nossa frente não sei quais encouraçados (o *Lima Barros*, acho eu, e mais uns outros) e, depois, a *Galeota Imperial*. Suas tripulações vieram a bordo do *Galgo*, e somente desembarcamos algumas horas depois."

Fim do *Diário* mas não da aventura. A partir daí tudo corre ligeiro na agenda do Império. É por isso que esse documento, não parecendo, à primeira vista, essencial, é fundamental para compreender os rumos do Segundo Reinado, que a partir daí iria entrar em rota de colisão.

Se já não fosse muito, é preciso elogiar ainda (e sobretudo) o excelente trabalho, sob forma de notas e atualizações, de Rodrigo Goyena Soares, que literalmente tira leite de pedra, e situa seu leitor num contexto ainda escorregadio. Para terminar, uma excelente cronologia ajuda a entender o momento da guerra em que se localiza este *Diário* e a acompanhar seu desenrolar final. É como se víssemos nosso Conde tentando lidar com os impasses de uma Guerra já sem galhardia.

Diários são mesmo peças únicas e guardam o sabor de uma história que, como seus personagens, é afeita a avanços e recuos; acertos e contradições; vezes e reveses.

APÊNDICE
NOTAS, CARTAS E ORDENS DO DIA

1869

[nota 42, p. 202]

A ordem do dia foi escrita nos termos seguintes: "Ordem do dia número 1. Comando em chefe de todas as forças brasileiras em operações na República do Paraguai. Quartel-general em Luque, 16 de abril de 1869. Nomeado por decreto imperial de 22 de março próximo passado comandante em chefe de todas as forças brasileiras em operações contra o governo do Paraguai, assumo neste dia tão espinhoso cargo. Nas heroicas tropas que se acham reunidas sob o meu comando tem posto o Brasil suas mais caras esperanças. Cabe-nos por um último esforço conseguir plenamente o fim que pôs à nação brasileira as armas na mão, restituir a nossa querida pátria a paz e a segurança indispensáveis ao pleno desenvolvimento de sua prosperidade. Tendo em mente tão sagrados objetivos, cada um de nós cumprirá sempre seu dever. Volta hoje o aniversário do dia em que, guiado por um general de inexcedível heroísmo, efetuastes, em presença do inimigo, uma das mais atrevidas operações militares. As inúmeras provas de bravura e de resignação que, depois como antes deste dia sempre memorável, têm dado o Exército, a Armada, os Voluntários da Pátria e a Guarda Nacional têm feito brilhar as armas brasileiras de uma glória imorredoura. O Deus dos Exércitos não há de permitir que seja perdido o fruto de tantos sacrifícios e de tanta perseverança. Ele coroará mais uma vez os nossos esforços e os de nossos leais aliados: um triunfo definitivo firmará em quatro nações os benefícios da paz e da liberdade; e vitoriosos tornaremos a ver o céu ameno da pátria. Camaradas! Pronto me achareis sempre a advogar perante os poderes do Estado os vossos legítimos direitos. Obrigado, quando menos o esperava, a vir tomar o lugar dos generais cuja experiência vos tem conduzido por entre as provas de uma prolongada guerra, confio que encontrarei em cada um de vós a mais cordial cooperação. Ela me habilitará a cumprir com todas as obrigações da árdua comissão que me tem imposto minha entranhada dedicação à grandeza do Brasil. Viva a nação brasileira! Viva Sua Majestade o Imperador! Vivam os nossos aliados! Gastão de Orléans, comandante em chefe."

Ver: VISCONDE DE TAUNAY. *Diário do Exército. 1869-1870: de Campo Grande a Aquidabã e a Campanha da Cordilheira*. Rio de Janeiro: Editora Biblioteca do Exército, 1958, p. 145.

[nota 74, p. 104]

A nota de López foi concebida nos termos seguintes: "Quartel-general, 29 de maio de 1869. Já faz algum tempo que os desertores e prisioneiros do Exército aliado têm vindo dizer que, naquele campo, foi abençoada a bandeira nacional da República do Paraguai, e eu não quis acreditar nisso. Quando soube que V.A.I. havia assumido o comando do Exército aliado, confiando em sua fidalguia, seu cavalheirismo e sua nobreza de sentimentos – que não posso senão atribuir a um Príncipe que tanto deve a seu nome e ao de sua aliança –, tranquilizei-me acerca do uso que se pudera fazer da bandeira pátria, que tanto generoso sangue custou a seus leais filhos. Não me importei mais, assim, com os delírios que supostamente deram lugar ao ato sacrilégio de sua bênção, caso dessa forma se tivesse praticado. No entanto, amanheceu hoje à frente de minha linha a descoberta de corpos de cavalaria e de infantaria do Exército aliado, tremulando o sagrado pavilhão da pátria que V.A.I. combate. Será fácil para V.A.I. medir, na honra de seus sentimentos, a profunda pena que, como magistrado e soldado, isso me causou. Venho agora rogar a V.A.I. que queira ter a dignidade de mandar entregar a minha linha, entre hoje e amanhã, essa bandeira, assim como de proibir, de agora em diante, a agitação das cores nacionais nas fileiras de seu mando, já que sequer os desgraçados prisioneiros foram respeitados. Prestando-se V.A.I. a essa solicitação, como espero, haverá mantido o brilho de sua dinastia e prestado grande serviço à humanidade, visto que me livrará da dura e repugnante necessidade de ter de fazer efetiva a condição estabelecida para este caso na nota de 20 de novembro de 1865, enviada ao Exmo. brigadeiro-general D. Bartolomé Mitre, Presidente da República Argentina e predecessor de V.A.I. no comando em chefe do Exército aliado, que nesta República tem considerável número de prisioneiros. Tenho a honra de saudar V.A.I. com minha distinguida consideração. – Francisco S. López – A S.A.I. o Conde d'Eu, general em chefe do Exército aliado."

A nota foi respondida pelo Conde d'Eu nos termos seguintes: "Comando em chefe de todas as forças brasileiras em operações na República do Paraguai. – Quartel-general em Piraiú, 29 de maio de 1869. O abaixo assinado, comandante em chefe de todas as forças brasileiras em operações na República do Paraguai, recebeu a nota que lhe dirigiu em data de hoje o marechal Francisco Solano López. Nesta nota manifesta este que já faz algum tempo que os desertores e prisioneiros do Exército aliado têm dito haver-se benzido, no acampamento aliado, a bandeira nacional da República do Paraguai, e que não quis acreditá-lo; mas que hoje de manhã apareceu na frente de sua linha uma descoberta de corpos de cavalaria e infantaria do Exército aliado, tremulando nela a insígnia da nação paraguaia. Acrescenta o senhor marechal López que, lhe tendo causado esse fato profunda pena como magistrado e como soldado, roga ao abaixo assinado que mande entregar na sua linha, até amanhã, essa bandeira, e proibir que, de agora em diante, flamejem as cores paraguaias nas fileiras ao mando do abaixo assinado, já que nem sequer os desgraçados prisioneiros foram nunca respeitados. Conclui dizendo que, prestando-se o abaixo assinado a este pedido, como espera o marechal Lopez, terá prestado um grande serviço à humanidade, pois dispensará este da dura e repugnante necessidade de fazer efetiva a condição estabelecida na nota de 20 de novembro de 1865, endereçada ao excelentíssimo senhor general D. Bartolomé Mitre, então Presidente da República Argentina e comandante em chefe dos Exércitos aliados, os quais, diz o senhor marechal López, têm grande número de prisioneiros da República do Paraguai. O abaixo assinado não tem presente a referida nota de 20 de novembro de 1865; embora, porém, a tivesse, não lhe seria possível dar com a brevidade exigida solução à nota a que ora responde, pois, em virtude das estipulações que vigoram entre as nações aliadas, não é ele general em chefe dos Exércitos aliados, como supõe o senhor marechal López, e para qualquer deliberação carece pôr-se de acordo com os comandantes das forças argentinas e orientais, aos quais, assim como ao governo imperial, dá nesta data conhecimento da nota do marechal López. Limitar-se-á, por ora, a fazer observar que o aparecimento da bandeira paraguaia nas fileiras aliadas tem sua explicação no fato, publicamente mencionado em numerosos documentos oficiais, de que a presente guerra nunca teve fins hostis à existência da nacionalidade paraguaia, e que considerável número de paraguaios têm-se manifestado desejosos de cooperar com as forças aliadas para a pacificação de sua pátria. O abaixo assinado também não pôde deixar sem reparo a alegação feita pelo marechal López de que os desgraçados prisioneiros nunca foram respeitados. A humanidade com que os prisioneiros paraguaios, quer feridos, quer sãos, têm sido invariavelmente tratados pelos aliados, gozando, hoje em dia, a maior parte deles, de plena liberdade, contrasta com as crueldades exercidas nos súditos das nações aliadas, os quais tiveram a infelicidade de cair no poder do marechal López, e que aos centenares têm sofrido diferentes gêneros de morte, como consta não só das declarações dos que escaparam, como dos próprios documentos oficiais paraguaios. Ao concluir, o abaixo assinado chama sobre o senhor marechal López a inteira responsabilidade de qualquer argumento de maus-tratos com que porventura este julgue dever agravar a sorte dos prisioneiros de guerra, sob o pretexto mencionado na nota que ora fica respondida. – Gastão de Orléans, Conde d'Eu."

Ver: VISCONDE DE TAUNAY. *Diário do Exército. 1869-1870: de Campo Grande a Aquidabã e a Campanha da Cordilheira*. Rio de Janeiro: Editora Biblioteca do Exército, 1958, pp. 57-59.

[nota 75, p. 106]

A réplica de López foi escrita nos termos seguintes: "Quartel-general, 3 de junho de 1869. Tenho a honra de avisar a V.A.I. o recebimento da resposta, de 29 de maio passado, a minha nota da mesma data. Foi recebida no dia 30 por minha linha. Peço desculpas a V.A.I. pelo engano de haver-me referido a V.A.I. como o general em chefe do Exército aliado, não sendo senão o de todas as forças brasileiras em operações na República do Paraguai, e agradeço o rápido conhecimento dado sobre aquela comunicação aos senhores comandantes das forças argentinas e orientais, com as quais V.A.I. precisa tecer acordo, não podendo por isso dar, com a rapidez exigida, uma solução à nota. Contudo, o fato de a bandeira nacional ter sido somente alçada pelas tropas que partem do quartel-general de V.A.I. e a circunstância agravante de que, hoje mesmo, aparece em sua imediação a mesma bandeira içada em um mastro servirão, ainda, como desculpas ao sentido da presente carta. Além do mais, V.A.I. insiste em limitar-se, por ora, à observação de que o surgimento da bandeira paraguaia nas fileiras aliadas tem explicação no fato de que a presente guerra nunca teve por escopo a hostilidade à existência da nacionalidade paraguaia e de que considerável número de paraguaios se mostrou desejoso de cooperar com as forças aliadas para a pacificação da pátria. Como V.A.I. não tem à mão minha nota de 20 de novembro de 1865, permito-me entregar-lhe uma cópia. Por ela verá V.A.I. que, desde aquela época, me havia proposto a evitar, no decurso da guerra, a irritante tropelia de ver alçada a bandeira nacional da República nas fileiras inimigas. Desde aquela época, notei que estas não se furtavam a promover meios para que esta guerra internacional, que começava, degenerasse em luta civil, como era desejo dos poderes aliados, há tempos atrás, tendo em vista os progressos do país. Desde então, os aliados trabalharam, mais do que nunca, de forma aberta e empenhada, para aquele fim, fosse reunindo, com elogios por volta de si, algumas muito poucas dezenas de homens que, nascidos neste país, viviam fora, estranhos a ele; fosse subornando com dinheiro os desertores; ou, ainda, fosse obrigando os prisioneiros a empunhar as armas contra sua pátria. E estes são os homens, em cujas mãos põem-se a bandeira da qual desertaram de bom grado ou à força! E, depois que estes desgraçados caíram aos milhares, combatendo sua bandeira natal, ao resto de suas últimas centenas lhe é permitido alçar o sagrado pavilhão, que cobre os restos veneráveis de tantos mártires da pátria? E qual é a representação deste símbolo da soberania nacional nas fileiras inimigas? E é agora, mais do que nunca, que os governos aliados se encontram – não direi com direito, mas tampouco escusados – em condições de permitir, em suas fileiras, a bandeira que por tantos anos vêm combatendo. E a um Príncipe da casa de Orléans cabe realizar e justificar esta ignomínia! V.A.I. sabe que, se o Paraguai está em guerra, não a deve senão às potências aliadas que a ele se opõem. E fazendo-se traidores e entregando-se à mercê destes aliados é como alguns desgraçados filhos deste solo podem cooperar com a pacificação desta República? E estes aliados são os pretensos pacificadores? Aliaram-se com esse fim? E para esse fim? E é somente para isso que os poderes aliados concorrem com todo o armamento, o mantimento e o equipamento para aquilo que V.A.I. chama de considerável número de paraguaios? E estes gastos não são já suficientemente compensados com o sangue que estes desgraçados derramam dia a dia ou um outro virá em caso de compensação exigida? Permita-me V.A.I. não discutir aqui os fins desta guerra contra a existência da nacionalidade paraguaia, mas sim afirmar que nunca jamais esta ficará à mercê de seus inimigos, como parece pretender V.A.I. ao mencionar a mísera condição de alguns desnaturalizados paraguaios, que se encontram nas fileiras aliadas. V.A.I. não deve esquecer que, se é verdade que tem encontrado almas frágeis e sujeitas à força e à corrupção, tem ainda à frente, com o Presidente da República, outros mais dignos para combater. Quanto à inteira responsabilidade das condições estabelecidas em minha nota de 20 de novembro, fico sossegado, porque um juízo mais competente dirá se ela deve pesar sobre quem, em previsão, as estabeleceu quatro anos antes, para evitar os horrores – mais uma vez, por respeito à humanidade, não as pratico –, ou sobre quem, sobrepondo-se à prática de quatro anos de guerra e com tácito respeito à última das condições, quis provocar e obrigar sua execução. Não me ajusto ao estilo que V.A.I. adotou em sua resposta, porque eu sei que não é próprio da conhecida ilustração da casa real de Orléans, mas devido apenas às circunstâncias em que V.A.I. se encontra. Porém tenho conhecimento do que dizem os desertores acerca dos diferentes gêneros de morte que têm sofrido centenas de súditos aliados em meu poder e, no que concerne aos documentos oficiais paraguaios, os lerei com muito interesse, quando venham às minhas mãos, em algum momento. Tampouco acredito necessário corresponder a V.A.I. sobre o que me chega relativo ao tratamento dos aliados a seus desertores, prisioneiros e paraguaios escapados. Tenho a honra de saudar V.A.I. com minha distinguida consideração. – Francisco Solano López."

Ver: VISCONDE DE TAUNAY. *Diário do Exército. 1869-1870: de Campo Grande a Aquidabã e a Campanha da Cordilheira*. Rio de Janeiro: Editora Biblioteca do Exército, 1958, pp. 64-66.

[nota 78, p. 110]

A nota do Conde d'Eu foi escrita nos termos seguintes: "O abaixo assinado, comandante em chefe de todas as forças brasileiras em operações na República do Paraguai, acusa recebida a nota que lhe dirigiu o marechal Francisco Solano López em data de 3 do corrente mês e a qual acompanhou cópia da dirigida em 20 de novembro de 1865 pelo mesmo marechal ao excelentíssimo senhor brigadeiro-general doutor Bartolomé Mitre. Como solução, não só àquela nota como à de 29 de maio próximo passado, cabe ao abaixo assinado remeter ao senhor marechal López a resposta que os generais aliados resolveram, de comum acordo, dar-lhe. Julga também o abaixo assinado dever juntar a este documento a proclamação endereçada ao povo paraguaio pelos generais aliados em 29 de março do corrente ano, e a alocução pronunciada na mesma ocasião pelo brigadeiro-general doutor Emilio Mitre, comandante em chefe do Exército argentino. Bem assim, remete cópia de uma nota que com este fim lhe foi dirigida em 12 do corrente pelo mesmo brigadeiro-general. O abaixo assinado deve declinar dos agradecimentos que lhe endereça o marechal López por haver comunicado a sua primeira nota aos Srs. comandantes das forças argentinas e orientais, pois, dando-lhes dela conhecimento, apenas cumpriu o rigoroso dever de lealdade que esperaria deles em circunstâncias idênticas. Quanto à nota dirigida pelo marechal López ao excelentíssimo senhor general dom Bartolomé Mitre, o abaixo assinado julga-se dispensado de fazer quaisquer observações sobre as matérias que ela contém, pois a ilustração, talento e sentimentos elevados de tão distinto general não deixam dúvida de que fosse por ele em tempo oportuno dada a mais completa resposta. O abaixo assinado também julga alheio a sua missão discutir os bem conhecidos motivos e fins da presente guerra, e os outros pontos que o marechal López aprouve mencionar na sua nota de 3 de junho. Como, porém, este parece ignorar a origem dos documentos paraguaios que o abaixo assinado citou na sua resposta dada à nota de 29 de maio, dirá que esses documentos, encontrados nos diferentes acampamentos conquistados pelas forças aliadas sobre as do marechal López, já foram publicados nos periódicos dos países aliados, sentindo o abaixo assinado não tê-los à mão para incluí-los na presente nota. – assinado, Gastão de Orléans."

A nota final, assinada pelo Conde d'Eu, por Emilio Mitre e por Henrique Castro, foi escrita nos termos seguintes: "Os generais aliados tomaram em consideração as notas de 29 de maio e 3 de junho que foram dirigidas ao comandante em chefe das forças brasileiras pelo marechal Francisco Solano López, e de comum acordo resolveram dar-lhe a seguinte resposta: Estas notas nada mais são, quanto ao espírito, de que uma repetição da que, com data de 20 de novembro de 1865, foi pelo mesmo marechal dirigida a Sua Excelência o senhor brigadeiro-general doutor Bartolomé Mitre, naquela época comandante em chefe dos Exércitos aliados. Como então, ameaça agora o marechal López imolar a todos os cidadãos das nações aliadas que tiveram a desgraça de cair prisioneiros das forças que obedecem a suas ordens. Servia então de pretexto para tão atroz ameaça, cuja execução nada pôde aliás justificar, uma série de imputações tão odientas quanto infundadas, tais como haverem os aliados reduzido à escravidão grande número de prisioneiros paraguaios, obrigando outros a tomarem armas contra a sua pátria, e terem os generais aliados tramado uma tentativa de assassinato contra a pessoa do marechal López. Hoje este pretexto se firma no fato de haver sido arvorada a bandeira paraguaia por forças desta nacionalidade que pelejam ao lado dos Exércitos aliados. Os generais aliados pensam que a ocasião é inoportuna para novamente exporem as circunstâncias que produziram aquele fato e o pensamento que ele representa. Este pensamento, corolário dos fins que os governos aliados têm em vista prosseguindo na guerra a que os provocaram as gratuitas agressões do marechal López, foi manifestado em mais de uma ocasião e ressalta, uma vez mais, da proclamação dirigida pelos generais aliados ao povo paraguaio em data de 29 de março do presente ano. Os generais aliados não podem por conseguinte aceder à singular exigência contida nas notas que motivaram a presente resposta. Se tal fizessem, creriam lançar uma mancha sobre a dignidade de suas respectivas nações e exorbitar das faculdades que lhes foram conferidas pelos seus governos. Quanto à ameaça que faz o marechal López, o mundo inteiro já sabe como têm sido tratados os cidadãos das nações aliadas que, antes e depois da declaração da guerra, caíram em seu poder. A maioria deles, torturados uns, fuzilados e alanceados outros, jaz desde muito na eternidade, e os generais aliados têm a triste convicção de que os que existirem, se alguns existem ainda, irão brevemente reunir-se com aqueles mártires, qualquer que seja a solução que pelos mesmos for dada a esta questão e, assim a dão por terminada, enquanto não for tomada outra resolução pelos governos aliados, a cujo conhecimento foi levado este assunto. Piraiú, a 12 de junho de 1869. – Assinados. – Gastão de Orléans. – Emilio Mitre. – Henrique Castro. – (Por tradução, conforme. – Alfredo d'Escragnolle Taunay)."

A resposta a MacMahon foi escrita nos termos seguinte: "Acuso recepção da nota que V. Ex. me dirigiu em data de 1.º do corrente mês, comunicando-me que, pelo Ministério dos Negócios Estrangeiros do marechal Francisco Solano López, lhe fora dado conhecimento de uma correspondência trocada entre o mesmo marechal e eu como comandante das forças brasileiras em operações nesta República e que, vendo por esta correspondência com profundo pesar que a posição dos prisioneiros e súditos aliados, ora em poder daquele governo, era de iminente perigo, e levado por motivos de humanidade e com o fim de evitar qualquer sucesso deplorável que, acrescentaria, segundo V. Ex. julga a esta desgraçada guerra os horrores de um sistema de represália mútua, ofereceu àquele governo a sua intervenção como representante de uma potência amiga e neutra com o fim de evitar, se fosse possível, tão deplorável resultado, e que, no entretanto, tem pedido em nome do governo dos Estados Unidos que nenhuma medida rigorosa de qualquer natureza fosse por ora adaptada contra prisioneiros de guerra e súditos das potências aliadas. Acrescenta V. Ex. que, tendo a intervenção assim oferecida sido pronta e francamente aceita pelo senhor marechal López, se dirige a mim para pedir-me, como único meio que lhe ocorre de obter o fim humanitário que tem em vista, que eu consinta que a bandeira paraguaia não apareça mais naquela parte dos Exércitos aliados que se acha sob minhas ordens. V. Ex. me permitirá que eu julgue sem importância na presente questão o fato de se acharem ou não sob minhas ordens as forças que fazem tremular a mencionada bandeira, pois, em assunto que tem tão estreita ligação com as estipulações internacionais que unem as nações aliadas, nenhum dos governos aliados poderia tomar qualquer deliberação sem acordo dos demais. Pela resposta que os mesmos generais resolveram dar às exigências do marechal López sobre esse assunto, e que sem dúvida será comunicada a V. Ex. pelo governo do mesmo marechal, verá V. Ex. que os generais aliados não julgaram compatível com a dignidade de suas nações, nem com os poderes que lhes foram confiados, aceder à exigência apresentada pelo marechal López. Teria sido grato aos generais aliados esperar que a presença do representante de um governo tão ilustrado, como é o dos Estados Unidos, contivesse os instintos sanguinários de há muito manifestados nos atos do governo do marechal López, e impedisse odiosas represálias que nada pode justificar. A missão que me foi confiada pelo governo Imperial sendo puramente militar, devo abster-me de aceitar a discussão que V. Ex. quer estabelecer sobre a legitimidade do governo do mesmo marechal. Resta-me manifestar o meu pesar por ter-me visto no caso de recusar um pedido feito por um agente do governo dos Estados-Unidos. Apresento a V. Ex. os meus protestos de consideração. – Assinado, Gastão de Orléans."

Ver: VISCONDE DE TAUNAY. *Diário do Exército. 1869-1870: de Campo Grande a Aquidabã e a Campanha da Cordilheira*. Rio de Janeiro: Editora Biblioteca do Exército, 1958, pp. 76-78.

[nota 82, p. 122]

O protocolo para a constituição do Governo Provisório do Paraguai data de 2 de julho de 1869. Francisco Doratioto recorda a esse respeito que "na disputa pelo domínio do futuro Governo Provisório, formaram-se dois grupos políticos. Um liderado por Juan Francisco Decoud e outro por Cándido Barreiro. Este último, primo de Solano López, cujo governo representara na Europa, voltara a Assunção no mês de fevereiro, e aglutinou as tendências conservadoras do passado, às quais se somaram, também, o coronel Iturburu e alguns legionários, adversários de Decoud. Barreiro e Iturburu tornaram-se um polo de concentração de elementos sobreviventes do regime de Solano López, como ex-oficiais, antigos funcionários graduados, estudantes que foram enviados ao exterior, e de legionários descontentes com a hegemonia do outro grupo. O segundo círculo, liderado por Juan Francisco Decoud, tinha caráter inovador e reformista, com ideias liberais, e dele também faziam parte legionários que compartilhavam tais ideias. Os dois grupos políticos eram conhecidos, respectivamente, como barreiristas e decouistas. […]. Não houve acordo entre esses dois grupos políticos paraguaios em torno da constituição do Governo Provisório. Paranhos comunicou-lhes que era necessário formar-se uma comissão de quatro cidadãos paraguaios, dois de cada facção, para encaminharem a constituição de um governo de coalizão, para negociar com os governos aliados, sob pena de instalar-se um governo militar em Assunção. Tratava-se, na verdade, de uma pseudoameaça para acelerar a constituição de um governo paraguaio, pois o enviado imperial não tinha a intenção de facilitar à Argentina o aumento de sua influência no Paraguai, de vez que seria impossível constituir um governo militar exclusivamente brasileiro. Paranhos indicou para a comissão os barreiristas Félix Egusquiza, ex-representante de Solano López em Buenos Aires, e Bernardo Valiente; e os decouistas Carlos Lóizaga e o próprio coronel Juan Francisco Decoud. Este último declinou de participar da comissão, ao mesmo tempo que indicou José Días Bedoya, homem com trânsito nos dois grupos, fato que agradou ao Império. Já Lóizaga recusou-se a participar, por ser inimigo de Egusquiza, o que reduziu a comissão a três membros".

Ver: DORATIOTO, Francisco. *Maldita guerra. Nova história da Guerra do Paraguai*. São Paulo: Companhia das Letras, 2002, pp. 423, 424.

[nota 85, p. 129]

As instruções do Conde d'Eu aos comandantes dos dois corpos do Exército foram mandadas nos termos seguintes: "Ao general Osório. Devendo Vossa Excelência marchar deste acampamento na noite do dia 31 para ir ficar junto ao povoado de Paraguari com o corpo de exército de seu comando, procurará no dia seguinte marchar até onde julgar possível na direção de Pirajubi pela estrada mais próxima à cordilheira de Ibitirapé. Como Vossa Excelência não ignora, a uns 9 mil metros de Paraguari, entronca-se com esta estrada a que, por cima da Cordilheira, conduz diretamente a Valenzuela. Vossa Excelência deve, logo que for isso possível, mandar explorar essa subida conhecida por uns pelo nome de Mbopicuá e por outros pelo de Bocajaté, devendo uma força ligeira internar-se por ela até onde não encontrar resistência, de modo a se conhecer não só os obstáculos naturais que ofereça semelhante caminho, como qual a força que o inimigo nela conserve. A esta exploração deve acompanhar o capitão de engenheiros Jerônimo Rodrigues de Morais Jardim para tomar as competentes notas. Poucas são as notícias adquiridas acerca desse caminho, sendo que a maior parte das informações o dão como intransitável para viaturas. Se, porém, se verificasse não serem exatas tais informações e que ele desse passagem sem grandes inconvenientes, por ele deverá Vossa Excelência seguir, pois, por ali, se reduz a dois mil metros a distância total de Paraguari a Valenzuela, e, se deste modo pudéssemos chegar rapidamente a este último ponto, nos colocaríamos desde já na retaguarda do inimigo, conseguindo assim o objetivo principal de nosso movimento. No caso contrário, que é o mais provável, Vossa Excelência deve mandar ocupar, com a possível rapidez, a entrada do desfiladeiro de Sapucaí, não internando, porém, nele sua retaguarda sem que esteja à vista a vanguarda do 2º Corpo de Exército, que sairá deste acampamento 24 horas depois de Vossa Excelência. A força que marcha às ordens de Vossa Excelência compreende: a 3ª Divisão de infantaria, a 3ª Divisão de cavalaria e mais o 2º Regimento pertencente à 1ª da mesma arma, a ala direita do Batalhão de engenheiros, a parte disponível do Corpo de transporte, a legião paraguaia auxiliar que se acha neste acampamento, o 2º Regimento de artilharia e mais uma bateria de foguetes e uma de quatro peças ligeiras pertencentes ao 1º Batalhão da mesma arma. O comandante-geral de artilharia receberá nesta marcha as ordens de Vossa Excelência. As Brigadas 7ª e 9ª da 1ª Divisão de infantaria ficam neste acampamento às ordens do brigadeiro José Auto da Silva Guimarães. – Gastão de Orléans."

"Ao general Polidoro. Vossa Excelência anunciará as ordens convenientes para que amanhã ao meio-dia se apresente aqui um dos corpos da 2ª Divisão de cavalaria. Vossa Excelência, com a infantaria que ora se acha no acampamento do Taquaral, os cinco corpos da 2ª Divisão de cavalaria, a ala esquerda do 1º regimento de artilharia e o corpo de pontoneiros, se moverá na madrugada do dia 1º, de modo que as forças combatentes venham a ficar, ao amanhecer, à esquerda deste acampamento, nas imediações da estrada que conduz de Piraiú a Ascurra. Para maior rapidez de marcha, a infantaria virá pelo trilho de ferro. As outras armas, porém, devem vir pela estrada de rodagem, com o fim de não se arruinar com o trânsito da via férrea; e bem assim o transporte e bagagens, os quais deverão ficar na direita deste acampamento, à entrada da estrada que segue para Paraguari. Ao anoitecer do mesmo dia 1º, todas as forças ao mando de Vossa Excelência marcharão para Paraguari, e no dia seguinte até onde se achar a retaguarda do 1º Corpo de Exército. Desde o dia em que Vossa Excelência marchar do Taquaral, os batalhões 11º, 30º, 35º, 53º e 54º, e bem assim os três corpos de cavalaria que não marcham com Vossa Excelência, e que devem ficar reunidos debaixo das ordens do coronel Carlos Bethbezé de Oliveira Néri, passarão a receber as ordens do brigadeiro José Auto da Silva Guimarães. Os batalhões 30º, 35º e 54º, a cavalaria disponível e as 12 bocas de fogo do 4º Corpo de artilharia farão, ao mando do coronel Carlos Bethbezé de Oliveira Nery, uma demonstração contra a posição inimiga de Cabanas, para a qual se darão ulteriores instruções e que terá lugar no referido dia 1º – Gastão de Orléans."

"Ao coronel Mallet. Vossa senhoria receberá as ordens do Excelentíssimo senhor Visconde do Herval para a marcha que tem de empreender amanhã o 2º regimento de artilharia, a bateria de foguetes e uma bateria de quatro peças de montanha de sistema Whitworth, pertencente à 1ª bateria de artilharia a pé. A ala esquerda do 1º regimento marchará no dia 1º às ordens do excelentíssimo senhor comandante do 2º Corpo de Exército. O resto do 1º batalhão ficará por ora guarnecendo o reduto do Piraiú. Esta força, e bem assim as do 4º Corpo que se acham no Taquaral e em Areguá ficarão, logo que V. S. marchar daqui, às ordens do brigadeiro José Auto da Silva Guimarães. Os comandantes das ditas forças devem tomar providências para que tanto as 12 bocas de fogo de montanha do 4º Corpo, como as seis de montanha, sistema La Hitte e as de sistema Whitworth que ficam em Piraiú ao cargo do 1º Batalhão, se possam mover com a maior rapidez no caso em que as tropas, ao mando do mencionado brigadeiro, tenham por sua vez de empreender a marcha. Vossa Senhoria dará, pois, ordem para que os comandantes das ditas forças requisitem do mesmo Excelentíssimo brigadeiro os animais e objetos de arreamento que para esse fim julgarem convenientes. – Gastão de Orléans."

"Ao general José Auto. O brigadeiro José Auto da Silva Guimarães fica provisoriamente no comando das forças destinadas a proteger não só a linha férrea na sua extensão desde Luque até o último ponto em que ela funcionar, como também a lagoa Ipacaraí, forças que se comporão das brigadas 7ª e 9ª de infantaria, do 1º Corpo de Exército, e batalhões 11º, 30º, 35º, 53º e 54º, pertencentes ao 2º, de três corpos de cavalaria e de frações do 1º Batalhão e 4º Corpo Provisório de artilharia. A missão destas forças é: em primeiro lugar, impedir, a todo transe, a destruição da linha férrea, não só na parte em que ora funciona, como até Paraguari, logo que este último trecho for posto em estado de servir, e depois concorrer para o último ataque às atuais posições do inimigo, quando forem as mesmas ameaçadas à retaguarda pelo resto do Exército. A direção geral das ditas forças pertence ao comandante em chefe do Exército argentino general doutor Emilio Mitre, segundo o que se convencionou na conferência de 7 do corrente mês, e cuja ata acompanha por cópia as presentes instruções. Na execução, porém, do que indicar o general Mitre deve o brigadeiro José Auto da Silva Guimarães cingir-se restritamente aos pontos essenciais estabelecidos na dita ata. Não deve, portanto, empenhar um ataque decisivo nos desfiladeiros da Cordilheira que se estende em frente a Piraiú e o Taquaral, antes que do comando em chefe do Exército brasileiro tenha recebido o aviso de haver chegado o momento oportuno. Excetua-se, contudo, o caso em que o som do canhão indique achar-se empenhado o grosso do Exército em um combate geral. No caso de ter-se de verificar o dito ataque, compete ao general Mitre determinar a direção que deve levar e a repartição mais conveniente das forças aliadas, parecendo por ora, pelas explorações a que já têm procedido o coronel Camilo Mércio Pereira e o capitão Amarante, que a direção mais vantajosa é a das subidas que conduzem aos povoados de Altos e Atira e às quais se chega pelo caminho que atravessa o braço da lagoa em frente à estação do Taquaral. Na previsão deste caso e dos reconhecimentos que previamente possa convir fazer, é, pois, muito necessário reunir os meios para poder-se transpor rapidamente o arroio Piraiú, quer em frente a Piraiú, quer em frente ao Taquaral e qualquer que seja o estado de elevação de suas águas. Para o caso do ataque, a artilharia, que entrar em ação, compor-se-á das 12 bocas de fogo do 4º Corpo Provisório estacionado no Taquaral e de mais seis canhões de montanha, sistema Whitworth, e seis de calibre 4, sistema La Hitte, material este que fica em Piraiú a cargo do 1º Batalhão de artilharia. Deve, pois, este material ser provido dos animais e arreamentos necessários, requisitando-se do comando de Assunção para serem tais objetos fornecidos logo que ali existirem. O brigadeiro José Auto da Silva Guimarães se corresponderá com o comando da guarnição de Assunção para todo o objeto de serviço que exigir a cooperação de ambos os comandos, e dele requisitará diretamente os objetos que se tornarem necessários às forças do seu comando. Fica igualmente autorizado a corresponder-se diretamente, quer para transmissão de notícias importantes, quer para as requisições indispensáveis ou remessa de praças doentes, com o governo Imperial, com o comando em chefe das forças navais e com os representantes diplomáticos ou outros funcionários brasileiros existentes nos Estados do Rio da Prata. A comissão de engenheiros, junto ao comando ora criado, compor-se-á dos capitães Américo Rodrigues de Vasconcelos e Manuel Peixoto Corsino do Amarante, competindo especialmente a estes oficiais, debaixo das ordens do referido brigadeiro, a direção das obras de fortificação que se tornarem necessárias, o preparo dos meios de transpor o arroio, o melhoramento das estradas e a exploração das picadas que conduzem acima da Cordilheira. – Gastão de Orléans."

Ver: VISCONDE DE TAUNAY. *Diário do Exército. 1869-1870: de Campo Grande a Aquidabã e a Campanha da Cordilheira*. Rio de Janeiro: Editora Biblioteca do Exército, 1958, pp. 113-117.

[nota 93, p. 140]

Não são poucas as controvérsias a respeito da atuação do Conde d'Eu na Guerra do Paraguai. Em 2002, Vasco Mariz foi designado pelo presidente do Instituto Histórico Geográfico Brasileiro (IHGB), Arno Wehling, para representar a entidade em conferência interamericana de institutos históricos em Assunção. Enquanto esperava momento adequado para proferir seu discurso, Mariz notou uma senhora paraguaia dirigir-se a crianças, aos gritos, pedindo-lhes que cessassem as brincadeiras, porque, caso contrário, o Conde d'Eu viria apanhá-las.

Ver: MARIZ, Vasco. *Depois da glória. Ensaios sobre personalidades e episódios controvertidos da história do Brasil e de Portugal*. Rio de Janeiro: Civilização Brasileira, 2012, pp. 305-310.

O bicho-papão no qual o Conde se converteu aos olhos paraguaios em muito se relaciona à historiografia sobre a Batalha de Peribebuí. Juan Bautista Gill Aguinaga, retomando os relatos de Juan Crisóstomo Centurión, coronel paraguaio que lutou na guerra, conta que, por ordem do Conde d'Eu, o coronel Pablo Caballero teria sido amarrado pelos pés e pelas mãos a rodas de canhões e esticado até ter o corpo esquartejado. Os outros oficiais paraguaios teriam sido degolados, também por decisão do genro de Dom Pedro II.

Ver: GILL AGUINAGA, Juan Bautista. *Excesos cometidos hace cien años. Historia Paraguaya*. Assunção: Academia Paraguaya de Historia, 1968, vol. XII, pp. 22, 23.

Ainda menos lisonjeira para o Príncipe Consorte foi a versão do brasileiro Júlio José Chiavenato. Além das degolas, o *sádico* Conde d'Eu, na expressão do autor, teria mandado fechar o velho hospital de Peribebuí, mantendo em seu interior mulheres, enfermos e crianças, para depois incendiá-lo.

Ver: CHIAVENATO, Júlio José. *Genocídio americano: a Guerra do Paraguai*. São Paulo: Círculo do Livro, 1988, pp. 147-151.

A esse respeito, Francisco Doratioto retoma as ponderações de Juan Crisóstomo Centurión, alinhando-se àquelas de Taunay, que teria confirmado as degolas; teria, e não confirmou, porque Doratioto cita Taunay por intermédio de outra fonte. Quanto ao incêndio do hospital, Doratioto exime o Conde d'Eu de culpa, visto que teria sido causado por bombardeios pretéritos ao avanço das colunas.

Ver: DORATIOTO, Francisco. *Maldita guerra. Nova história da Guerra do Paraguai*. 2ª edição. São Paulo: Companhia das Letras, 2002, pp. 410, 411.

O silêncio do Conde d'Eu, em seu diário, seria suspeito caso não encontrasse eco na leitura que Taunay faz do episódio de Peribebuí. No *Diário do Exército* e nas *Memórias*, Taunay não menciona as degolas e não atribuiu o massacre de mulheres e de crianças ao Conde d'Eu.

Ver: VISCONDE DE TAUNAY. *Diário do Exército. 1869-1870: de Campo Grande a Aquidabã e a Campanha da Cordilheira*. Rio de Janeiro: Editora Biblioteca do Exército, 1958; e _____. *Memórias. Vol. VI*. São Paulo: Edições Melhoramentos, 1946, pp. 344-348.

A análise da ordem dos acontecimentos traz luz a respeito da Batalha de Peribebuí. Parece difícil acreditar na ação sádica do Conde d'Eu quando recordamos as duas intimações feitas no dia 11 de agosto no sentido de evacuar mulheres e crianças do centro fortificado de Peribebuí. O plano de ataque previa, primeiramente, a ação da artilharia e, em seguida, o envio das colunas de infantaria e de cavalaria. Nesse sentido, o Conde d'Eu sabia que a metralha atingiria, indiscriminadamente, civis e militares paraguaios. O plano efetuou-se como previsto: o bombardeio abriu o avanço aliado, o que resultou na destruição das edificações de Peribebuí, inclusive do velho hospital do qual fala Chiavenato. O movimento das tropas aliadas é igualmente esclarecedor quanto às supostas degolas ordenadas pelo Conde d'Eu. Após o bombardeio, que durou das 6 horas às 8 e meia, avançaram os regimentos de Vitorino e de Tibúrcio em direção ao centro fortificado; e, às 8 horas e 45 minutos, entraram os primeiros soldados brasileiros e argentinos na praça de Peribebuí. Entre os oficiais brasileiros, Mena Barreto, Tibúrcio e Vitorino foram aqueles que lideraram o sufocamento das forças inimigas. Pouco depois, caiu morto Mena Barreto em presença de Tibúrcio e de Vitorino. Foram então aprisionados o coronel Pablo Caballero e o chefe político de Peribebuí, Patrício Marecos. É provável que, nesse instante, Vitorino e Tibúrcio tenham ordenado a degola dos oficiais paraguaios. Pelos relatos de Taunay, o Conde d'Eu teria somente alcançado a praça após a cessação completa do conflito. Assim também o Príncipe narrou, de seu próprio punho, a morte de Pablo Caballero. Em 29 de agosto de 1869, o Conde d'Eu escreveu a Dom Pedro II: "Caballero [...] tinh[a] entregado as espadas aos ajudantes de campo do Herval, e assim mesmo os mataram a sangue-frio; a pretexto de vingar a morte de João Manuel [Mena Barreto], e os enterraram depressa, para eu não ver! Só mais tarde é que eu soube."

Ver: AHMI – Maço 146, doc. 7056, carta do Conde d'Eu a Dom Pedro II, sem lugar, 29/8/1869.

Os supostos métodos sádicos do Conde d'Eu tampouco encontram sustento na historiografia argentina. Miguel Ángel de Marco, principal historiador argentino sobre a Guerra do Paraguai, não menciona o episódio das degolas e, muito menos, a ação sanguinária do genro do Imperador.

Ver: DE MARCO, Miguel Ángel. *La Guerra del Paraguay*. Buenos Aires: Emecé, 2007, pp. 324, 325.

Para alguém que solicitou participar na guerra reiteradamente, com vistas a angariar popularidade para si e para a Coroa, a prática de degolas não seria a melhor maneira de constituir as bases de um terceiro reinado. O assassinato de oficiais paraguaios, supostamente ordenado pelo Conde d'Eu em meio ao combate, viria forçosamente a público, o que macularia o sobrenome real. Vingar Mena Barreto seria pouco diante do terremoto político que poderia causar a degola de oficiais inimigos. As mortes seriam manipuladas pelo Partido Conservador para arrancar os louros que o Conde d'Eu, julgado liberal, colheria com a vitória no Paraguai.

As críticas à atuação do Conde d'Eu também se referem à Batalha de Campo Grande, ocorrida no dia 16 de agosto de 1869. Acusou-se o Príncipe Consorte de ter liderado as tropas brasileiras contra indefesas mulheres e crianças paraguaias. Hoje, o 16 de agosto é o Dia da Criança no Paraguai, em referência à batalha mais conhecida pelo nome de Los Niños (ou Acosta Ñu) do que pelo de Campo Grande. A respeito do embate, Doratioto recorda que "a diferença entre o número de mortos paraguaios e aliados demonstra que Campo Grande/Acosta Ñu foi um banho de sangue. Este foi iniciado por Solano López, ao enviar ao combate adolescentes, disfarçados de adultos, despreparados e com armas obsoletas, e continuado pelos soldados brasileiros embrutecidos por anos de guerra, cansados de um inimigo que não se rendia, não recuava, se mantinha em combate mesmo quando a morte era certa."

Ver: DORATIOTO, Francisco. *Maldita guerra. Nova história da Guerra do Paraguai*. São Paulo: Companhia das Letras, 2002, p. 418.

Incriminar Solano López ou os soldados brasileiros pelos excessos de Campo Grande é esforço que, em contexto bélico, contribui com pouco, à exceção de muitas polêmicas. Parece-nos difícil, contudo, supor que o Conde d'Eu, em pleno combate, tenha ordenado a matança geral. Pelo contrário, por intermédio de seus relatos e daqueles de Taunay, no *Diário do Exército*, sabe-se que o Príncipe Consorte não participou do embate corpo a corpo: a praxe de Príncipes e de reis nas guerras do século XIX não era enfrentar-se diretamente com o inimigo.

O segundo trecho da carta que o Conde d'Eu enviou a seu sogro em 29 de agosto é revelador no que diz respeito à atuação de Vitorino e de Tibúrcio na guerra. Na pouco documentada Batalha de Caguijuru, do dia 18 de agosto de 1869, na qual houve 260 mortes e 400 prisioneiros, conforme os relatos de Taunay em seu *Diário*, ocorreram novas práticas pouco auspiciosas para o Exército brasileiro. Nas palavras do Conde d'Eu, "no combate do dia 18, a coisa ficou pior. O Vitorino, de acordo com o Tibúrcio, mandou lancear todos os 15 oficiais [paraguaios], que se tinham entregado! Alguns, dizem que pediam de joelhos pela vida e davam vivas ao Brasil: foi horrível".

Ver: AHMI – Maço 146, doc. 7056, carta do Conde d'Eu a Dom Pedro II, sem lugar, 29/8/1869.

O Conde d'Eu não participou da Batalha de Caraguatai. Segundo seu diário e o de Taunay, dos três caminhos que partiam de Campo Grande, o Conde d'Eu empreendeu o da esquerda, e Vitorino, que se encontrou com as forças inimigas, o do centro. As degolas do dia 18 de agosto, portanto, não poderiam ter sido ordenadas pelo Príncipe Consorte.

Para maior discussão sobre a ideologização historiográfica do Conde d'Eu na Guerra do Paraguai, ver: MAESTRI, Mário. *Peribebuí, a capital mártir: história, historiografia e ideologia na Guerra do Paraguai*. Estudos Ibero-Americanos. PUCRS, v. 39, n. 1, pp. 32-53, jan./jun. 2013.

[nota 95, p. 145]

O episódio do refreamento interposto por Almeida Castro ao cavalo do Conde d'Eu deu origem ao quadro de Pedro Américo intitulado "Batalha de Campo Grande". Embora vislumbrasse na *realidade* uma inspiração, e não a escravização do pintor, Pedro Américo empreendeu verdadeiro trabalho de garimpagem para compor sua obra. Colecionou uniformes e armas militares, usou retratos fotográficos dos personagens em tela, visitou os paraguaios presos no Rio de Janeiro e procurou obter relatos das testemunhas oculares. Retratada apenas dois anos e meio após o embate, em 1871, a cena foi matéria de polêmica quando da Exposição Geral de Belas-Artes de 1872. À época da composição da obra, indagou-se a respeito da veracidade do comportamento de Almeida Castro, ajudante de ordens do Conde d'Eu. Pedro Américo enviou carta a Galvão, para legitimar os fatos. O Ministério da Guerra, pensava o pintor, não compraria a obra caso não fosse fiel aos acontecimentos de Campo Grande. Galvão esquivou-se da pergunta com resposta lacônica: "Compete-me declarar que fui testemunha presencial na Batalha de Campo Grande" (*apud* PEREIRA, 2013, pp. 119-120). É possível, portanto, que Pedro Américo tenha recorrido diretamente ao Príncipe Consorte para compor seu quadro, sem que isso signifique embargo da imaginação pictórica. Taunay, em suas *Memórias*, também narrou o episódio. Contou que a obra de Pedro Américo era inverossímil nas posições dos oficiais, que o cavalo do Príncipe não teria o esguio corpo e pescoço daquele de Pedro Américo e que Frei Fidélis não estava presente na hora do combate. Almeida Castro, a pé, e não a cavalo, teria, sim, sofreado o passo do Conde d'Eu.

Ver: VISCONDE DE TAUNAY. *Memórias. Vol. VI.* São Paulo: Edições Melhoramentos, 1946, p. 359.

Para maior discussão a respeito da composição e do sentido político do quadro *Baralha de Campo Grande*, ver: PEREIRA, Walter Luiz. *Óleo sobre* tela, olhos para a história. Memória e pintura histórica nas Exposições Gerais de Belas-Artes do Brasil Império (1872-1879)*. Rio de Janeiro: 7Letras: Faperj, 2013; e MORITZ SCHWARCZ, Lilia, KLUCK STUMPF, Lúcia e LIMA JÚNIOR, Carlos. *A Batalha do Avaí. A beleza e a barbárie: a Guerra do Paraguai pintada por Pedro Américo*. Rio de Janeiro: Sextante, 2013.

Pedro Américo juntou a seu quadro, por ocasião da Exposição Geral, a descrição seguinte: "No alto e ao mesmo tempo no vértice da pirâmide formada pelas figuras principais, está Sua Alteza, cujo cavalo é rigorosamente sofreado pelo capitão (hoje major) Almeida Castro, que já traz ferida a mão esquerda, e o animal que cavalga prestes a sair de combate. À direita do Conde, o coronel de engenheiros doutor R. Eneias Galvão, brada ao capitão Almeida Castro que largue as rédeas que tem presas, dando-lhe ao mesmo tempo voz de prisão por ordem de Sua Alteza. No fundo, e no mesmo plano vertical que passa pelos olhos do observador e pela destra do general em chefe, vê-se o major Benedito de Almeida Torres; e um pouco à frente, mais à esquerda do observador, o capitão (hoje major) de engenheiros doutor A. E. Taunay, tendo em sua retaguarda o tenente-coronel Moraes e mais além o clarim-mor do Exército, que também é retratado. Na extrema esquerda vê-se, na parte superior do quadro, o capitão de mar e guerra João Mendes Salgado, precedendo um corpo de infantes, que carrega corajosamente por cima da macega incendiada; na parte inferior, o venerando frei Fidélis d'Ávila, em cujos braços expira exangue o bravo e jovem capitão Arouca, ferido de uma bala paraguaia. À direita do painel, e um tanto de longe, avista-se o general Pedra em luta com o bárbaro que tentara perpassá-lo com a lança; mais ao longe no terceiro e quarto planos, brasileiros e inimigos na mais encarniçada luta; e um pouco à frente de Pedra, quase no primeiro plano, muitos inimigos que resistem, ou fogem aos golpes de nossos soldados. As figuras paraguaias foram tiradas, mais ou menos exatas, mais ou menos modificadas pelas exigências da composição, dos muitos prisioneiros, e outros paraguaios, que estiveram nesta capital. As armas e os uniformes brasileiros, bem como todos os objetos paraguaios, foram fielmente copiados do natural. (Para maiores esclarecimentos, consultem-se as primorosas descrições, apreciações ou análises do painel, que correm impressas.) O quadro pertence ao Ministério da Guerra."

Ver: Arquivo da Academia Imperial das Belas-Artes. Acervo do Museu Nacional de Belas-Artes, Rio de Janeiro. Descrição resumida do quadro por Pedro Américo. Catálogo da Exposição Geral de 1872.

[nota 100, p. 152]

As instruções deixadas a Vitorino foram as seguintes: "Tendo eu de operar com o 1º Corpo do Exército contra o inimigo pelo lado do Norte, e para isso de fazer minha base de operações na Vila do Rosário, cabe a Vossa Excelência, na qualidade de comandante interino do 2º Corpo do Exército, a direção das operações que as forças brasileiras têm ainda de executar para estabelecer o domínio das armas aliadas e com elas a autoridade do Governo Provisório nas regiões de Leste desta República. Nestas regiões, dois pontos principais oferecem-se como objetivos dos nossos movimentos, Vila Rica e São Joaquim. Segundo todas as probabilidades, quer no distrito de Vila Rica, quer no de São Joaquim, o inimigo já não mantém forças, ou, se aí porventura conserva alguns destacamentos, devem eles ser diminutos e incapazes de nos opor sérias resistências. Sabe-se como efeito que, na fuga a que o reduziu a derrota infligida por Vossa Excelência a sua retaguarda na picada de Caraguatai, seguiu ele em direção ao Norte e, segundo as últimas notícias, estacionava com o resto de seu Exército, quando muito de 2 mil homens e de vinte bocas de fogo, em San Estanislao, vinte léguas ao Norte deste ponto de Caraguatai, e tendo já feito seguir parte de sua bagagem para Caraguatai, ponto situado ainda muito mais ao Norte. Não é, pois, admissível que de aí ainda destaque qualquer força respeitável para São Joaquim e muito menos para Vila Rica. Sobre a operação de Vila Rica, como Vossa Excelência não ignora, já providenciei determinando que para aí se dirigisse uma expedição ao mando do brigadeiro honorário José Gomes Portinho. Pertencendo, porém, todas as forças que compõem esta expedição ao 2º Corpo do Exército, de Vossa Excelência passarão, dora em diante, a receber ordens e instruções de conformidade com o que mais adiante exporei no presente ofício. Neste sentido, oficio desde já ao brigadeiro José Gomes Portinho. A ocupação de São Joaquim não é menos urgente do que a de Vila Rica e, com esta, depende unicamente de se reunirem os meios necessários para sustentar, quer os homens, quer os animais naquelas regiões tão distantes de qualquer base de operações. Vossa Excelência, pois, as fará empreender, logo que existir em Caraguatai uma reserva de gado e outros víveres suficiente para assegurar, pelo menos por 15 dias, a alimentação de 3 mil homens, e milho para sustentar, por igual tempo, a cavalhada de dois corpos de cavalaria. Tendo-me o general Mitre oferecido cooperar para esta expedição com oitocentos homens do Exército argentino, bastará que a força expedicionária de nossa parte seja de 2.500 homens, sendo compreendidos neste número os dois corpos de cavalaria mais bem montados de que Vossa Excelência disponha e bem assim uma bateria do 1º regimento de artilharia e o batalhão de pontoneiros. O piquete de vaqueanos, comandado pelo major Saguier, deve marchar igualmente nesta expedição. Vossa Excelência confiará o comando das forças ao oficial superior que disso lhe parecer mais digno por sua antiguidade e habilitações, ou por outras circunstâncias. Os fornecedores, quer de víveres, quer de forragens, já têm ordem de reunir, com a brevidade possível, os gêneros na quantidade que indiquei e os meios de condução necessários para com eles acompanhar a força expedicionária. Vossa Excelência dará ordem para que tais meios de condução, à medida que os gêneros forem sendo consumidos na marcha, regressem para aqui, escoltados por alguma força de cavalaria, e, depois de ter recebido novos gêneros, sigam novamente a levá-los às forças expedicionárias. Escusado é lembrar a Vossa Excelência a conveniência de arrebanhar, para consumo da força, todo o gado pertencente ao inimigo, que consta ainda existir por aquelas paragens. São Joaquim, segundo as últimas notícias que pude adquirir, dista de Caraguatai umas vinte léguas; o caminho mais direto segue daqui em direção a Carajaó e perto deste ponto, que deixa a direita, atravessa o arroio Hondo numa ponte. Entre Carajaó e São Joaquim há uma serra que dizem ser bastante íngreme e consta que o inimigo, até poucos dias, aí mantinha um destacamento de algumas centenas de homens, cujo número, porém, nunca poderá ser superior a mil. Contudo, se ele porventura estivesse em posição de oferecer séria resistência aos nossos, Vossa Excelência, vindo a saber disso, marcharia daqui com as forças que julgasse convenientes. São Joaquim consta achar-se rodeado de matos. Pouco além, porém, começa o campo em que está situado Ihú, ponto em que foram retiradas por ordem de López grande número de famílias distintas de Assunção. Chegada a força expedicionária a São Joaquim, um dos dois corpos de cavalaria deve seguir, quanto antes, para Ihú, daí conduzir as famílias que a isso se prestarem por Caguaçú a Vila Rica e por Ibitimi a Piraiu donde dará parte a Vossa Excelência e aguardará suas ordens. Ocupadas São Joaquim e Ihú, ficou o inimigo absolutamente cortado de Vila Rica e, portanto, já sem objeto a ocupação, por parte de nossas forças, deste último ponto. O brigadeiro Portinho então, deixando apenas a força que julgar necessária para estabelecer e manter a comunicação da Vila Rica com a Encarnação de modo a se poderem por aí receber as tropas de gado e cavalos, seguirá, com o resto de sua força, a fazer junção com a que se achar em São Joaquim. Esta ordem deve-lhe ser levada pelo mesmo corpo de cavalaria que de São Joaquim seguir para Vila Rica, Ihú e Caguaçú. De São Joaquim segue, segundo informações do húngaro Wisner, pelo lugar denominado Borda do Monte, uma antiga picada a Curuguati. Esta picada supõe-se que, pelo abandono resultante da presente guerra, esteja mais ou menos cerrada. Logo que a nossa força chegar a São Joaquim, deve esta picada ser reconhecida e trabalhar-se em abri-la novamente, não indo, porém, além da distância de 6 léguas da entrada do mato antes de haver certeza de que o 1º Corpo do Exército, por seu lado, já avança sobre Curuguati e passou de Santo Estanislao. Enquanto se abre esta picada, a cavalaria deve ficar estacionada nos campos de Ihú, para aí aproveitar os pastos. Vossa Excelência, com o resto da força a seu mando, avançará também de Caraguatai sobre São Joaquim, logo que tiver reunido os necessários meios de alimentação do mesmo modo que indiquei para a primeira força expedicionária. Como Vossa Excelência vê, o sustento da tropa e da cavalaria é o único problema a solver para as operações que nos restam a fazer e o ponto essencial que deve guiar as resoluções de Vossa Excelência. Enquanto a tropa se conserva aqui, Vossa Excelência cuidará, conforme for possível, na substituição dos objetos de abarracamento, fardamento, armamento, ferramentas e munições, gastos durante as operações passadas. Ao comando de Assunção vou dar ordem para que os depósitos sitos naquela satisfaçam os pedidos que forem enviados por Vossa Excelência. Para isso pode Vossa Excelência mandar os batalhões alternadamente a Piraiú, onde receberão aquilo de que carecerem. Este serviço, porém, não deve ser motivo para demorarem as operações que o interesse do Brasil exige com urgência para se poder dar quanto antes por terminada a obra de libertação deste desditoso país e para as quais, como já ponderei, o único *desideratum* indispensável consiste em assegurar os meios de alimentação. Confio também que Vossa Excelência tomará as providências mais convenientes para a conservação da cavalhada, removendo para lugares onde achem bons pastos a cavalaria que não for indispensável para o serviço. Inútil, com efeito, é empreender operações com maior número de cavalaria do que aquele que se possa sustentar com milho durante as marchas, pois a experiência nos tem mostrado que tal cavalaria, uma vez cansados os seus animais, vem a ficar sem serventia nos momentos em que seria mais precisa, frustrando-se assim os nobres desejos de seus valentes chefes e soldados. Julgo escusado entrar em mais detalhes sobre as providências a tomar para se conseguirem os fins que se tem em vista, nem sobre os meios de manter sempre segura a linha de comunicação desde Piraiú até São Joaquim, porque, não podendo eu estar presente em todas as partes, confio que o tino e dedicação, de que Vossa Excelência já me tem dado tantas provas, remediarão todas as necessidades, segundo as circunstâncias. Ao general Mitre, comandante em chefe do Exército argentino, deve Vossa Excelência, quando for ocasião, dar conhecimento dos movimentos que empreender, e especialmente do dia da partida da força expedicionária para São Joaquim, da qual, como já disse, deve fazer parte uma divisão de infantaria argentina. Escuso repetir a Vossa Excelência que as forças de seu comando devem sempre proporcionar o tratamento mais humano e consentâneo com o espírito civilizador que tem guiado na presente guerra a nação brasileira e tanto a honra, não só às famílias paraguaias que forem encontradas, como também aos prisioneiros e passados das forças inimigas. Estes, à exceção daqueles que se tornarem necessários como vaqueanos, devem ser remetidos ao comando da guarnição de Assunção para aí terem o conveniente destino; quanto às famílias que se acharem fora de suas casas, devem ser igualmente encaminhadas para Assunção. Ao terminar, chamarei a atenção de Vossa Excelência sobre a conveniência de diminuir, por todos os meios possíveis, o abuso de se afastarem praças isoladas a pé ou montadas a grandes distâncias dos acampamentos sob o título de forragearem para oficiais ou outros pretextos. Este costume tem dado lugar, nas ocasiões em que nos temos achado acampados nas proximidades inimigas, a serem, não poucas vezes, soldados nossos vítimas dos atrevidos bombeiros de López. Por fim não escapará à perspicácia de Vossa Excelência a necessidade de inutilizar todos os animais que cansarem nas marchas, para evitar que a astúcia do inimigo venha mais tarde a aproveitar-se deles. As forças do 2º Corpo do Exército que, por minha ordem, acham-se atualmente destacadas em Peribebuí, Caacupê, Ascurra e Cerro León, não têm outro fim senão guardar os depósitos de erva-mate e outros valores aí encontrados. Vossa Excelência, pois, poderá mandá-las retirar, logo que a respectiva comissão, nomeada para esse fim pelos generais aliados, tiver dado a tais valores o destino conveniente. – Gastão de Orléans."

Ver: VISCONDE DE TAUNAY. *Diário do Exército. 1869-1870: de Campo Grande a Aquidabã e a Campanha da Cordilheira*. Rio de Janeiro: Editora Biblioteca do Exército, 1958, pp. 173-175.

[nota 105, p. 159]

As instruções, redigidas nos termos seguintes, referem-se à nomeação de Vitorino para comandante efetivo do 2º Corpo do Exército: "Devendo eu internar-me no Norte desta República com o Exército de operações, lembrei-me de recorrer mais uma vez à experiência de Vossa Excelência e a sua tão comprovada dedicação ao serviço do país, confiando-lhe o comando de todas as forças que, tendo de estacionar em diferentes pontos ao Sul do Manduvirá, não podem, pela distância, estar debaixo de minha imediata ação. Tais pontos compreendem não só Assunção, Humaitá, Cerrito com Aguapei e os pontos do interior que convenha continuar a ser ocupados por nós, como Piraiú, Ascurra, Vila Rica e outros. A autoridade de Vossa Excelência estender-se-á a Caraguatai logo que aí se tiver movido, segundo as instruções que já dei a seu comandante, o 2º Corpo do Exército. Ela abrangerá não só as forças que atualmente se acham na região especificada como todas aquelas que para elas vierem, à medida que a prossecução das operações e a diminuição dos recursos do inimigo permitirem dispensar o seu concurso. Dado este caso, os dois pontos mais convenientes para Vossa Excelência mandar estacionar aquelas forças que não forem indispensáveis para a guarnição dos pontos acima mencionados são Arecutacuá e Angostura. A sua situação à margem do rio Paraguai e em terreno enxuto os torna os mais favoráveis à higiene das tropas, assim como os mais próprios para se receberem com facilidades os víveres e forragens. Dora em diante deverão, pois, obedecer às ordens de Vossa Excelência todas e quaisquer autoridades do Exército brasileiro existentes ou que vierem a existir ao Sul do Manduvirá. No intuito de que Vossa Excelência possa, com o zelo que o distingue, prover, com toda a liberdade, ao magno desiderato da fiscalização das despesas, e conseguir para os cofres públicos as economias que as circunstâncias da guerra permitirem, confiro a Vossa Excelência, além de todas as atribuições que cabem na alçada dos comandos dos corpos do Exército, mais as seguintes autorizações: demitir, segundo as conveniências do serviço, os oficiais que não exercem qualquer emprego, sem excetuar os oficiais-generais; nomear para tais empregos outros oficiais dentre aqueles que se acharem na esfera do mando de Vossa Excelência; suprimir os empregos que lhe parecerem desnecessários, fazendo recolher a seus respectivos corpos os oficiais e praças que os estiverem exercendo; conceder a oficiais e praças licenças para o Brasil, com prévia inspeção de saúde; mandar retirar para o Brasil os oficiais do Exército que não pertencem a corpos arregimentados e cujos serviços se tornarem desnecessários; conceder dispensa do serviço do Exército, mas somente a seu pedido, aos oficiais e praças da Guarda Nacional e Voluntários da Pátria; remover as forças de um ponto para outro, segundo lhe parecer conveniente; remover igualmente os doentes de um ponto para outro e mesmo para o Brasil; soltar os presos, ainda os que se acham a minha ordem, contanto que não estejam respondendo a conselho de guerra; remover o material que se acha nos depósitos do Exército, mandando para o Rio de Janeiro aquilo que não tiver mais serventia na presente guerra ou não puder ser aproveitado para a futura defesa do província do Mato Grosso. Para todos os transportes pela via fluvial, Vossa Excelência se entenderá com o comandante das forças navais. Vossa Excelência fica, outrossim, autorizado a corresponder com o ajudante-general da Corte acerca dos movimentos de pessoal e com o governo imperial ou presidencial das províncias do Rio Grande do Sul e Santa Catarina para requisitar os objetos de que carecem as forças de seu comando. Passam igualmente a receber as ordens de Vossa Excelência o comandante militar brasileiro de Montevidéu e o do Fecho dos Morros. Escuso ser mais detalhado nas presentes instruções, porque a ilustração e tino de Vossa Excelência e seu espírito de equidade dão-me a segurança de que saberá tomar as medidas mais convenientes. Espero também que Vossa Excelência, de acordo com excelentíssimo senhor Conselheiro Paranhos, não se descuidará de concorrer para que, quanto possível, sejam abastecidas de víveres e forragens as diferentes forças que têm de operar no Norte interior desta República, obrigando os fornecedores a empregar para este fim todos os meios que possam reunir e impedindo que se entreguem, como muitas vezes tem acontecido, a um desleixo censurável, por contarem com a impunidade que lhes asseguram nossas circunstâncias. – Gastão de Orléans."

Ver: VISCONDE DE TAUNAY. *Diário do Exército. 1869-1870: de Campo Grande a Aquidabã e a Campanha da Cordilheira*. Rio de Janeiro: Editora Biblioteca do Exército, 1958, pp. 184, 185.

[nota 106, p. 165]

À data, o Governo Provisório dirigiu ao Conde d'Eu ofício abaixo transcrito relativo à abolição da escravidão no Paraguai. "Os membros do governo provisório não puderam senão ver com íntima comoção de prazer o conteúdo inestimável da nota de Vossa Alteza do 12 de setembro passado. Tomada em consideração, o governo provisório consentiu em expedir o decreto conjuntamente, recomendando ao encarregado do departamento de Relações Exteriores, que, em minha resposta à Vossa Alteza, explique as circunstâncias nas quais o governo provisório determinou acompanhar este ato de administração. Ao cumprir com tamanha tarefa, apresso-me a convir que Vossa Alteza não poderia ter estado mais de acordo com os princípios e os sentimentos unânimes dos membros que compõem o governo provisório. Eles já se ocupavam do pensamento de levar a cabo a liberdade dos escravos, quando o conteúdo da nota de Vossa Alteza veio amadurecer esta ideia e acelerar sua execução. O governo, pois, desejoso de dar a Vossa Alteza uma prova eloquente de alta estima que merecem os sentimentos revelados em razão deste fato, resolveu que a cópia anexa do citado decreto, destinada a Vossa Alteza, esteja assinada por seus membros, pelos antecedentes que o constituem e pelos sentimentos que obrigam respeito. A Vossa Alteza ofereço a expressão de minha distinguida consideração. – Carlos Lóizaga.

O governo provisório da República do Paraguai, considerando: que é incompatível a existência da escravatura com os princípios de liberdade, de igualdade e de justiça que o governo proclama e propõe-se a difundir e enraizar no país; que a escravatura, instituição anticristã, é um triste legado dos tempos que passaram e que somente a tirania bárbara que pesou sobre este povo pôde perpetuar; e que, finalmente, tal propriedade exigiria, para ser respeitada, o uso de meios coercitivos e violentos, que são, em termos absolutos, impossíveis na época que atravessamos, especialmente, quando a república livre levanta-se regenerada, para marchar pelos trilhos com os quais seu alto destino a depara, decreta: Artigo 1. - A partir desta data, fica totalmente extinguida a escravatura em todo o território da República. Artigo 2. - Passados seis meses da promulgação do presente decreto, será igualmente considerado livre todo indivíduo, qualquer que seja sua condição anterior, pelo único fato de pisar o solo paraguaio. Artigo 3. - Abrir-se-á um registro, no juizado cível desta capital, no qual se registrarão a idade, o estado de saúde e a aptidão dos libertos paraguaios, para serem justa e oportunamente indenizados os senhores que se julgarem lesados pelo presente decreto. Registros idênticos abrir-se-ão nos juizados de paz dos demais departamentos; com sujeição, publique-se. Assunção, 2 de outubro de 1869. Ano primeiro da liberdade da República do Paraguai." – Carlos Lóizaga e José Días Bedoya.

Ver: VISCONDE DE TAUNAY. *Diário do Exército. 1869-1870: de Campo Grande a Aquidabã e a Campanha da Cordilheira*. Rio de Janeiro: Editora Biblioteca do Exército, 1958, pp. 196-197.

[nota 108, p. 180]

As instruções ao brigadeiro Portinho foram redigidas nestes termos: "O brigadeiro José Gomes Portinho, comandante da 4ª Divisão de cavalaria, fica incumbido de prover o fornecimento mensal de gado para a força que tem de estacionar nos departamentos de Curuguati e Iguatemi. Esta força, não podendo ser de menos de quatro mil homens, o seu consumo mensal deve ser calculado em 1.260 reses. Sendo, porém, provável que no longo trajeto de Itapua a Curuguati se perca bastante gado, quer na passagem de rios, quer mesmo por cansaço nos maus caminhos, prudente será que as remessas mensais nunca baixem do número duplo, ou seja, de 2.500 reses. Para assegurar essa remessa mensal, fica o brigadeiro Portinho autorizado a efetuar, por conta do Estado, quaisquer compras de gado, quer nas províncias argentinas de Corrientes e Entre Ríos, quer na província do Rio Grande do Sul, com certeza de que todos os seus atos serão aprovados por este comando em chefe. Para fazer conduzir o gado de Itapua até Curuguati, empregará, como julgar conveniente, os oficiais e praças da 4ª Divisão. O caminho até São Joaquim, por Vila Rica e Caguaçu, está franco e perfeitamente reconhecido. De São Joaquim ao potreiro Capivari medeiam três léguas de picada bastante estreita. O Exército, porém, cuidará de alargá-la. Do potreiro Capivari até Curuguati há ainda dez léguas brasileiras, de caminhos mais ou menos ruins que, porém, dão trânsito a carretas. Do zelo e perícia bem conhecidos do brigadeiro Portinho espera-se que escolherá sempre os condutores de gado, de modo a garantir que as reses cheguem a Curuguati com o menor desfalque possível, empregando, enfim, todos os esforços de sua inteligência para que seja desempenhado, sem interrupção nem alternativas, um serviço de cuja regularidade depende a segurança da existência de milhares de brasileiros e que, portanto, não pode deixar de ser considerado como muito relevante. Logo que uma tropa de gado tiver saído de Itapua, o brigadeiro comandante da 4ª Divisão participará ao comandante das forças ao Sul do Manduvirá e este ao comando em chefe o dia em que tiver saído a tropa, o número de reses de que se compõe, o nome dos indivíduos a cujo cargo vai, para que, no caso de se notar na chegada excessivo desfalque ou demora, se possa fazer a alguém efetiva a responsabilidade. Outro ofício igual deverá ser trazido em mão própria pelo condutor de gado. – Gastão de Orléans."

Ver: VISCONDE DE TAUNAY. *Diário do Exército. 1869-1870: de Campo Grande a Aquidabã e a Campanha da Cordilheira*. Rio de Janeiro: Editora Biblioteca do Exército, 1958, pp. 221, 222.

1870

[nota 3, p. 215]

No dia 6 de janeiro de 1870, o Conde d'Eu decidiu voltar para a Vila do Rosário. Para a ocasião, assinou a ordem do dia número 42, escrita nos termos seguintes: "Comando em chefe de todas as forças brasileiras em operações na República do Paraguai, quartel-general em Curuguati, 6 de janeiro de 1870. Ao separar-me das forças de Curuguati para ir atender a outras frações do Exército e praças de meu comando, cumpro um grato dever, louvando aos senhores oficiais e praças que nesta data compõem a guarnição da referida vila, pela resignação e disciplina com que suportaram prolongadas privações, uns de São Joaquim, outros de Capivari, alguns, enfim, nas margens insalubres do Jejui-guaçu e de Jejui-mirim. Os seus sofrimentos não foram sem resultado para a causa que defendemos. A ocupação de São Joaquim, de Ihú e de Capivari, como agora a de Curuguati, protegeu definitivamente a quase totalidade do território paraguaio contra qualquer tentativa do déspota opressor e o obrigou a abandonar os povoados e terras cultivadas para ir procurar abrigo no fundo de matas ínvias. Parte das forças, a que ora me dirijo, chegou, transpostos os rios Jejui-guaçu e Jejui-mirim, ao último povoado da terra paraguaia, o qual ainda era conspurcado pela presença de autoridade inimiga, e, assim, levou a apetecida liberdade a mais alguns milhares de pessoas de sua desventurada população. Alguns homens, por fim, ao mando do destemido tenente-coronel Antônio José de Moura, vararam audaciosos a serra de Maracaju e, atravessando a zona até o rio Iguatemi, alcançaram assim o território que por direito e antiga posse pertence ao Brasil. Bem mereceram pois da pátria as forças de Curuguati. Repugnei separar-me delas enquanto eu não as via livres dos padecimentos que lhe impôs a escassez de víveres; hoje, porém, levo a confiança de que, graças às providências tomadas, não mais se reproduzirão aqueles males. Não é lícito afirmar se a elas cumprirá, ou não, concorrer ativamente para o final aniquilamento do inimigo, pois quiçá não tarde o dia em que, avançando as forças da Concepción, veja-se o inimigo impelido para mais longe, e habilitadas se achem as de Curuguati para, por sua vez, procurar merecido descanso no litoral do rio. – Gastão de Orléans."

Ver: VISCONDE DE TAUNAY. *Diário do Exército. 1869-1870: de Campo Grande a Aquidabã e a Campanha da Cordilheira*. Rio de Janeiro: Editora Biblioteca do Exército, 1958, p. 290.

[nota 5, p. 221]

Cópias das instruções de Conde d'Eu a Jardim e a Salgado sobre a exploração do rio Jejui foram remetidas a Vitorino. As instruções vieram nos termos seguintes: "O primeiro fim da exploração é conhecer se os víveres existentes em São Pedro podem ser removidos por água até o Passo Tupium no rio Aguaraí, do mesmo modo que foram trazidos até São Pedro. Para isso, o coronel Jardim mandara previamente por terra até Tupium uma força suficiente para proteger a chegada das embarcações a esse ponto. Para a exploração por água é bom levar, além das lanchinhas do Estado, a do proprietário Bezerra, que foi o primeiro a chegar até o ponto de São Pedro. Reconhecida a possibilidade de navegação até Tupium, o depósito de gêneros, existente em São Pedro, deve ser, quanto antes, removido para aquele ponto, indo igualmente estacionar por aí toda a atual guarnição de São Pedro. Estabelecida a nossa gente de Tupium, mandar-se-á do mesmo modo uma força a Lima, continuando então as lanchas a exploração pelo Aguaraí até aquele povoado, e, no caso de ser ela bem-sucedida, removendo-se então o depósito e guarnição para Lima. Daí por fim deverão as explorações prosseguir oportunamente por água e por terra até o Passo do Aguaraí-guaçu, por onde cruza a estrada que vem do rio Verde ao Panadero. Caso se chegasse assim, como não é impossível, a estabelecer, graças à navegação, o depósito de víveres neste último passo, isto não só permitiria imediatamente a sua comunicação direta entre as forças da Conceição e de Curuguati, como também asseguraria a estas achar recursos nesse lugar, caso se verifique a expedição que tem de passar a serra de Maracaju. Quando alguma força nossa tiver chegado a Lima, se houver disponíveis duas lanchas a vapor, uma delas deve procurar subir pelos rios Jejui e Curuguati até o povoado de Santo Isidro, indo com esta expedição o vaqueano Ezequiel Ibanes. Logo que chegar à Vila de São Pedro, o capitão de mar e guerra Salgado examinará qual a quantidade de gêneros existentes no respectivo depósito, dela remeterá uma nota a este quartel-general e tomará as providências convenientes para que seja elevado a 300 mil rações o referido depósito. Outrossim, requisitará todo o material e pessoal, cuja remessa julgar útil para o melhor êxito das operações e movimentos aqui prescritos. Acompanham as presentes instruções a planta de expedição ao Norte do rio Jejui levantada, em junho do ano próximo passado, pelo tenente-coronel polaco Roberto Chodasiewcz, bem como o ofício do coronel Jardim, cobrindo a parte da exploração a que mandara proceder por terra até o Passo Tupium. – Gastão de Orléans."

Ver: VISCONDE DE TAUNAY. *Diário do Exército. 1869-1870: de Campo Grande a Aquidabã e a Campanha da Cordilheira.* Rio de Janeiro: Editora Biblioteca do Exército, 1958, pp. 263, 264.

[nota 6, p. 223]

É provável que se trate da ordem do dia número 1 de 15 de julho de 1866, escrita nos termos seguintes: "O excelentíssimo senhor marechal de campo Barão do Herval, por se haver agravado o mau estado de sua saúde, viu-se na necessidade de passar a mim o comando em chefe deste 1º Corpo do Exército brasileiro em operações contra o Paraguai, na forma por que fora determinado pelo governo imperial para os casos como este. Assumindo eu hoje o dito comando em chefe, julgo um dever de honra constituir-me perante meu ilustre antecessor em intérprete da gratidão que lhe consagra o Exército brasileiro, pelas glórias que lhe proporcionou o excelentíssimo senhor Barão do Herval dando-lhe os mais nobres exemplos de intrepidez nos combates, de subida dedicação aos deveres de seu cargo e de serenidade nas privações e sofrimentos. É sem dúvida com o mais profundo pesar que este Exército vê retirar-se de sua frente o chefe querido que lhe mostrava sempre o caminho da vitória. Aceitando eu a honra, mas difícil tarefa, de substituir a um tão distinto general, confio, para bem preenchê-la, na experiência e ilustração dos Srs. generais e oficialidade deste Exército e na dedicação do soldado brasileiro, confundindo-se debaixo desta designação tanto as praças de linha como os Guardas Nacionais e os Voluntários da Pátria, porque todos eles podem-se ufanar de ser bons e valentes soldados em defesa da honra nacional. Determino, portanto, que todas as ordens dadas por meu ilustre antecessor sejam fielmente cumpridas até ulteriores disposições. Assina – Polidoro Fonseca Quintanilha Jordão."

Ver: AHEx – Ordens do dia de 1866.

[nota 15, p. 232]

Francisco Doratioto narra o episódio da morte de Solano López nestes termos: "Em 1º de março de 1870, a cavalaria e a infantaria brasileiras entraram em Cerro Corá e houve feroz luta contra duas ou três centenas de soldados paraguaios. Solano López tentou fugir a galope, mas era facilmente identificável – era o único homem gordo em um Exército de esqueletos –, e na fuga foi alcançado e ferido mortalmente por um golpe de lança dado pelo cabo Francisco Lacerda, conhecido como Chico Diabo. O ditador acabou por cair nas margens do arroio de Aquidabã, recostado sobre o braço esquerdo, com a espada na mão direita, os pés dentro da água e o corpo sobre o terreno pouco elevado da margem esquerda do arroio. Nessa posição ele foi encontrado pelo general brasileiro, que o intimou a render-se, mas que obteve como resposta a frase 'não lhe entrego minha espada: morro com a minha espada e pela minha pátria'. O comandante brasileiro ordenou então que a espada fosse tomada por um soldado e o esforço que este fez para tomá-la, no que foi bem-sucedido, trouxe Solano López para a água, quase tendo ele se afogado. Na descrição de Câmara, em carta para sua esposa, 'ia ordenar que o agarrassem para terra, quando um soldado dispara, por detrás de mim, um tiro que o mata'."

Ver: DORATIOTO, Francisco. *Maldita guerra. Nova história da Guerra do Paraguai*. São Paulo: Companhia das Letras, 2002, p. 451.

[nota 18, p. 260]

A carta foi escrita nos termos seguintes: "Acampamento em marcha. Arroio-guaçu, 3 de março de 1870. Ilustríssimo e excelentíssimo senhor marechal Vitorino José Carneiro Monteiro. Meu prezado amigo e general. Do acampamento de López tive anteontem ocasião de escrever a Vossa Excelência noticiando rapidamente o feliz êxito da expedição e a surpresa que logrei fazer às forças inimigas que, mal chegaram a formar, foram derrotadas, entreverando-se com elas um punhado dos nossos, que as levaram de vencida até o mato, onde poucos conseguiram salvar a vida. O ex-ditador expirou a minha vista, depois de eu lhe ter intimado ordem de render-se. Camiños, seguindo-o na fuga, foi morto a seu lado. Sánchez, que o acompanhava, foi morto antes de ser reconhecido. O coronel Aguirre, os majores Vargas, Ascurra, Estigarribia, Cardoso, Insfran e Sales pereceram na peleja, assim como outros que não posso presentemente apontar. O coronel López, filho do ex-presidente, teve igual sorte, acompanhando o carro de Lynch, que fugia com os filhos menores. Muitos chefes e oficiais pagaram com o sangue e a vida a estólida resistência que nos pretendiam opor. O que me passou dizer a Vossa Excelência foi que conseguimos tudo com o insignificante prejuízo de cinco homens feridos, dois dos quais levemente. Em nosso poder, caíram prisioneiros todos os chefes que restavam a López, com exceção de Caballero, que tinha saído para os lados de Dourados com quarenta e tantos homens, quase todos oficiais, com o fim de arrebanhar gado, Delvalle e Soza, que estavam encarregados do transporte de algumas carretas, que ainda estavam na picada de Chiriguelo; Roas, que fazia a vanguarda do inimigo com oito bocas de fogo; e Aveiro, que logrou evadir-se do acampamento em meio da derrota. Tomamos 14 bocas de fogo, cujos reparos mandei queimar, não mandando lançar aquelas ao rio, por ignorar se deverão ser transportadas daqui. Em nossa companhia, acham-se as irmãs e mãe de López. Esta ia ser executada no dia em que bati o inimigo e aquelas estavam presas e deviam ter o mesmo fim. Caballero tinha sido derrotado pela vanguarda do coronel Bento Martins, sendo mortos alguns dos que lhe restavam ainda, mas conseguindo aquele escapar-se, como verá Vossa Excelência pelo ofício junto. Roas foi também derrotado por uma força de cavalaria que fiz sair a seu encontro, quando ele tentava, com oito bocas de fogo, reunir-se, mas já tarde, a López, que, por prevenção, o tinha mandado chamar no mesmo dia da derrota. Acompanham-nos prisioneiros Lynch e seus filhos e seguem-nos para Concepción as famílias de Caballero, Camiños, Gil, Jenes e muitas outras, às quais tenho dado a proteção que está a meu alcance. O coronel Bento Martins, contra toda a expectativa, chegara a Chiriguelo no dia 2, ontem, fazendo uma marcha que no meu ver confirma a merecida reputação que tem adquirido. Já mandei ordem ao coronel Chamanéco para retirar-se, ao Bento Martins para vir comigo para Concepción e fiz seguir o major Vasco, com cinquenta homens, pela estrada de Chiriguelo, atrás de algumas partidas inimigas. Não me foi possível salvar o arquivo de López. Às duas carretas lançaram-se as paraguaias e alguns soldados com uma confusão e fúria que pareceria vingança. De chegada a Concepción, darei a Vossa Excelência parte detalhada destes acontecimentos, pedindo desculpa pela forma por que fiz a primeira. Felicito muito particularmente a Vossa Excelência pelo êxito das operações e pela completa desafronta do Brasil. De Vossa Excelência, amigo e obrigado servo. – Assinado José Correia da Câmara."

Ver: VISCONDE DE TAUNAY. *Diário do Exército. 1869-1870: de Campo Grande a Aquidabã e a Campanha da Cordilheira*. Rio de Janeiro: Editora Biblioteca do Exército, 1958, pp. 276-278.

Ainda em 1º de março, José Correia da Câmara havia escrito ao marechal Vitorino carta nos termos seguintes: "Acampamento à esquerda do Aquidabã, 1º de março de 1870. Ilustríssimo e excelentíssimo senhor. Escrevo a Vossa Excelência do acampamento de López no meio da serra. O tirano foi derrotado e não querendo entregar-se foi morto a minha vista. Intimei-lhe ordem de render-se quando já estava completamente derrotado e gravemente ferido e, não o querendo, foi morto. Dou os parabéns à Vossa Excelência pela terminação da guerra, pelo inteiro esforço que tomou o Brasil contra o tirano do Paraguai. O general Resquin e outros chefes estão presos. Deus guarde. Câmara."

Ver: IHGB, Lata 107, Pasta 36.

[nota 23, p. 250]

A última ordem do dia do Conde d'Eu foi escrita nos termos seguintes: "Comando em chefe de todas as forças brasileiras na República do Paraguai. Quartel-general em Humaitá, 16 de abril de 1870. Ordem do dia número 47. Em virtude do aviso do Ministério da Guerra, que ora transcrevo, passo nesta data ao Excelentíssimo marechal de campo, Visconde de Pelotas, o comando deste Exército: Ministério dos Negócios da Guerra, Rio de Janeiro, em 19 de março de 1870;

Senhor, os gloriosos acontecimentos do 1º do corrente contra as últimas forças de Solano López, destroçadas pelas do Exército brasileiro a mando do general Câmara, hoje Visconde de Pelotas, na margem esquerda de Aquidabã, puseram o desejado termo à Guerra do Paraguai. Achando-se assim satisfeita, da maneira mais completa, a alta missão de Vossa Alteza Real no comando em chefe de todas as forças do Brasil nessa República, tive ordem de Sua Majestade o Imperador para declarar a Vossa Alteza Real que pode entregar o mesmo comando ao marechal de campo Vitorino José Carneiro Monteiro e, na falta deste, ao também marechal de campo Visconde de Pelotas; e regressar ao Império, conforme os desejos manifestados por Vossa Alteza Real ao receber sua nomeação. O mesmo Augusto Senhor manda agradecer e louvar os relevantes serviços prestados por Vossa Alteza Real no dito comando e determina que assim seja publicado em ordem do dia. Deus guarde a Vossa Alteza. Assina – Barão de Muritiba.

Não é sem profunda emoção que me despeço dos meus companheiros de armas. Este sentimento mistura-se hoje à intensa alegria de poder regressar ao seio da pátria e da família, e de fazê-lo precedendo por pouco tempo àqueles meus camaradas que ainda se acham nesta terra, e deixando assim cumpridas as esperanças que, há um ano, em igual data enunciei. Ano foi este de trabalhos para todos nós e, por vezes, de amargos desenganos: mas não findou sem deixar assegurado o descanso do Brasil e totalmente aniquilado o inimigo que se tornara incompatível com a paz e segurança de nosso país. Soldados do Exército em operações no Paraguai! Depois que a vós me dirigi em Luque, muito tivestes ainda que trabalhar, muito que sofrer para conseguir o fim que anelávamos. Vãos foram porém os obstáculos que se vos antepunham, quer os multiplicados pela astúcia e atividade de vosso adversário, quer aqueles, porventura mais temíveis, que vos opunha uma natureza quase virgem. Dezesseis mil homens teve o ditador do Paraguai em armas no ano de 1869 (*A 13 mil homens subia, segundo a declaração do general Resquín e de outros paraguaios, o Exército com que López ocupava Ascurra e Peribebuí. Calculados em três mil os soldados em que anteriormente o tinham privado as expedições dos generais Câmara, Portinho e José Manuel, e bem assim os destacamentos que ainda depois ele conservava nos distritos de Vila Rica, São Joaquim, São Estanislao, São Pedro e Conceição, ficar-se-á seguramente antes aquém do que além da verdade); eles desapareceram pelos vossos esforços, sem quase deixarem vestígios de si, não contudo sem abrir em vossas fileiras claros, embora comparativamente poucos, por demais sensíveis. A desmoralização impressa no ânimo dos soldados de López, por aquela longa série de vitórias com que, debaixo do comando dos meus beneméritos antecessores, haveis sabido enobrecer o nome brasileiro, muito contribuindo, sem dúvida, para a rapidez dos nossos triunfos neste último período da guerra. De nada valeram ao tenaz ditador mais de cem bocas de fogo que em breves meses, novamente, acumulara sua frenética energia. O território, até então incógnito, da República do Paraguai foi percorrido por vossas armas triunfantes em todos os sentidos e até nos seus extremos mais recônditos. De maio a fevereiro fizestes recuar o inimigo desde as portas de Assunção deserta, desde as barrancas com que em Itapua ele dominava o caudaloso Paraná, até aquela região ainda inculta de nosso Brasil, onde, longe de toda a habitação humana, têm suas nascentes o Apa e o Amambai. A serra de Maracaju, aquela cordilheira áspera, cujos serros medonhos atravessam em seu comprimento a República em três pontos distantes, foi por vós transposta impunemente em São Joaquim, no Espadim e no Chiriguelo. Alguns de vós sofreram os frios de julho nas margens do Tebiquari; maior número arrostou, através do distrito de Conceição, os calores opressivos de verão da zona tórrida; outros beberam a febre com as águas maléficas do Jejui. A fome por vezes não vos poupou e compartilhastes vossos sofrimentos com aqueles fragmentos do infeliz povo paraguaio que, a marchas forçadas, íeis arrancar aos ermos mortíferos. Mas vossa coragem foi sobranceira àqueles sofrimentos, como o fora às cargas de lanças e à metralha. Nesta hora de nossa separação, mais uma vez vos agradeço o muito que vos esforçastes pela causa de nossa pátria; a abnegação com que oficiais-generais, superiores, subalternos, inferiores e soldados, quer em frente aos canhões inimigos, quer em frente ao sertão, cumpristes minhas ordens; a imensa satisfação que me destes. Também as repartições não combatentes, de saúde, trabalhando a remediar os padecimentos inerente à guerra. Na expressão destes sentimentos, não esqueço a nossa benemérita Esquadra, que, privada pela natureza da nova fase da guerra de compartilhar nossos perigos, nem por isso deixou de ser-nos um auxiliar tanto mais essencial e prestimoso quanto nossas operações tiveram de abranger, de um extremo a outro, os litorais do rio Paraguai e Paraná. Muito devemos à atividade de seus dignos chefes Elisiário e Lomba, à boa vontade de seus oficiais em desempenhar o árduo quão monótono serviço de transportes. Os nossos aliados, sempre nos ajudando na medida de suas forças, novamente nos deram provas de sua constância e bravura e fizeram jus a nosso reconhecimento. Me comprazo em aqui atestá-lo. Os mais esplêndidos resultados coroaram este concurso de esforços pela mais legítima das causas. As hostes inimigas que se ocultavam detrás das gargantas da cordilheira de Ascurra, em breves dias, se dissolveram ao impulso de vossa bravura. López, conhecendo que não podia resistir pelas armas, em seu orgulho pensou vencer-nos pelo deserto e pela fome; mas, graças a vossa tenacidade, o deserto e a fome se voltaram contra ele e ceifaram às centenas seus desventurados sequazes. Não tendo ao redor de si senão bem poucos homens dos muitos milhares que ele armara, cercado pelos nossos, expirou; morreu, talvez por não compreender a generosidade do perdão oferecido, perdão que ele nunca fora capaz de outorgar. Livre de seu domínio, a população paraguaia que sucessivamente conseguistes libertar dos martírios da fome e das peregrinações forçadas, recuperou seus lares; voltou às ocupações da paz e, a olhos vistos, renasce da terrível crise por qual passou encaminhando-se, se for sabiamente guiada, para a futura prosperidade, firmada nas conquistas da civilização. Com ela foram por vós subtraídos aos mais cruéis sofrimentos aqueles de nossos compatriotas que, aprisionados à falsa fé, sobreviveram às crueldades do seu cativeiro. Não poucos cidadãos de nações amigas também foram restituídos ao mundo civilizado. As Repúblicas nossas aliadas, não menos interessadas do que nós na extinção de um poder que ainda mais talvez a elas do que ao Brasil ameaçara, na hora do triunfo unem suas expressões de júbilo às nossas, prenúncio certeiro de uma era de sólida concórdia e fraternidade. O Brasil inteiro, por fim, para quem conquistastes a paz, exulta de vossos feitos. Exulta com razão por ver afinal voltar a seu seio, trazendo os louros da vitória, não poucos milhares de seus filhos. Já perto de sete mil Voluntários da Pátria, heroicamente desempenhado o encargo que haviam tomado, atingiram as praias do Império ou para elas navegam; mais de três mil denodados Guardas Nacionais da província do Rio Grande do Sul, cumprindo igual dever com não menor valentia, encaminham-se para o solo natal (**Já embarcaram para o Brasil os batalhões de Voluntários da Pátria 17º, 23º, 26º, 27º, 30º, 35º, 39º, 49º, 41º, 42º, 44º, 46º e 53º, regulando o termo médio de um batalhão em quinhentos homens perfazem eles o indicado total de 7 mil homens; seguiram para o Brasil por terra os Corpos de cavalaria 6º, 7º, 9º, 10º, 11º, 12º, 13º, 14º, 16º, 18º, 21º, 22º, 23º e 24º; o termo médio deles é superior a duzentos homens, e portanto o total é de 3 mil homens. Ficam existindo no Paraguai com ordens, porém para seguirem na primeira oportunidade, os batalhões de Voluntários 31º, 36º, 37º, 50º e 54º, e os Corpos de cavalaria 1º, 8º, 17º, 20º, 25º e 26º). Dentro de breves dias, os mais o seguirão: e o valente e resignado Exército de linha também não tardará, assim o espero, a obter, no remanso da pátria, a compensação que tanto merecem suas prolongadas fadigas. Ao ter de separar-me de todos, resta-me a satisfação de ver que eu não podia deixá-los entregues a mãos mais sábias do que às do ínclito general a quem coube a glória, por todos os títulos por ele merecida, de escrever a última página desta guerra. No sossego da paz, restituídos ao seio da sociedade civil, sabereis concorrer com vossos concidadãos para o desenvolvimento pacífico dos elementos vitais do país e de suas liberdades, levando desta longa cruzada a lembrança da muita força que dá a união e da grande crise que a nação brasileira atravessou incólume e airosa, graças sem dúvida aos sábios laços que prendem suas diferentes frações, e uniram em um comum esforço seus filhos espalhados na vasta zona limitada pelo Oiapoque e o Chuí. Tenho procurado no exercício de minha autoridade aliviar, quanto possível, vossos sofrimentos e fazer justiça, na alçada de minhas atribuições, aos serviços de cada um de vós. Ser-me-á a mais grata das recompensas se reconhecerdes minhas intenções e delas guardardes benévola lembrança. Quanto a mim, em qualquer parte a que as circunstâncias me conduzirão, hei de, sempre ufano, conservar a consciência de que tive a honra de vos guiar ao termo de vossas provanças e a memória, seja-me lícito dizê-lo, do que convosco fiz e do muito que vos devo; e se, porventura, minha voz ainda tiver ocasião de se fazer ouvir, ninguém com mais empenho advogará vossos interesses do que vosso antigo general e constante amigo. Viva a nação brasileira! Viva Sua Majestade o Imperador! Viva a Constituição política do Império! Vivam o Exército e a Armada! Vivam os Voluntários da Pátria! Vivam nossos aliados! Assina – Gastão de Orléans."

Ver: AHEx – Ordens do dia de 1870.

Cronologia da Guerra do Paraguai

1864

Agosto

- O presidente do Uruguai, Atanasio de la Cruz Aguirre, rompe relações diplomáticas com o Império do Brasil.
- Protesto do governo paraguaio contra qualquer ocupação do território uruguaio.

Setembro

- O governo imperial ordena a ocupação dos departamentos de Salto e de Paissandu, no Uruguai.

Outubro

- Tropas brasileiras ocupam o Uruguai.

Novembro

- O presidente do Paraguai, Francisco Solano López, ordena a apreensão do vapor brasileiro *Marquês de Olinda*, que levava a bordo Frederico Carneiro de Campos, presidente da província do Mato Grosso.

Dezembro

- Cerco de Paissandu por tropas imperiais.
- Ocupação do Forte de Coimbra, no Mato Grosso, pelas tropas paraguaias.

1865

Janeiro

- Tropas paraguaias ocupam as colônias militares de Miranda e de Dourados, no Mato Grosso.
- As unidades militares dos Corpos de Voluntários da Pátria são criadas por Dom Pedro II.

Fevereiro

- Bloqueio do porto de Montevidéu pela Marinha imperial.
- José Maria da Silva Paranhos, Visconde do Rio Branco, assina acordo de paz com o governo *blanco* do Uruguai.

Abril

- O presidente da Argentina, Bartolomé Mitre, nega passagem a tropas paraguaias.
- Francisco Solano López declara guerra à Argentina e ataca a província de Corrientes.

Maio

- Assinatura do tratado da Tríplice Aliança entre a Argentina, o Brasil e o Uruguai.

Junho

- Invasão do Rio Grande do Sul por tropas paraguaias.
- Batalha do Riachuelo: em Corrientes, a Marinha paraguaia é destruída pela Esquadra imperial brasileira.
- Efetivado o bloqueio naval ao Paraguai.

Agosto

- As tropas paraguaias são derrotadas na Batalha de Jataí.
- Rendição de Uruguaiana, em presença de Dom Pedro II e do Conde d'Eu.

1866

Abril

- As tropas aliadas invadem o Paraguai
- Ocupação do Forte de Itapiru pelos aliados.
- As tropas paraguaias abandonam o acampamento de Passo da Pátria.

Maio

- O Exército aliado acampa em Tuiuti, no Paraguai.
- Primeira solicitação do Conde d'Eu para ir ao Paraguai.

Julho

- Batalhas de Itaiati-Corá, de Boqueirão e de Sauce.

Setembro

- Tropas imperiais ocupam Curuzu, no Paraguai.
- Os aliados são derrotados em Curupaiti, no Paraguai.

Outubro

- Luís Alves de Lima e Silva, então Marquês de Caxias, é nomeado comandante em chefe das tropas brasileiras.
- O Conselho de Estado nega a participação do Conde d'Eu na guerra.
- Joaquim Marques Lisboa, então Visconde de Tamandaré e comandante de Esquadra, é substituído por Joaquim José Inácio, que mais tarde viria a se tornar Visconde de Inhaúma.

Novembro

- O governo imperial prevê a alforria dos chamados "escravos da nação" que servissem nas fileiras imperiais.

Dezembro

- O militar Felipe Varela comanda a Revolução de Cuyo na Argentina.

1867

Fevereiro

- Mitre transfere o comando em chefe das tropas aliadas para Caxias e regressa à Argentina, com vistas a debelar a rebelião interna.

Março

- O Conselho de Estado volta a negar a participação do Conde d'Eu na guerra.

Maio

- Retirada de Laguna. A coluna imperial que partiu de São Paulo e de Minas Gerais invade o território paraguaio pelo lado do Mato Grosso.

Junho

- Reocupação provisória de Corumbá pelas tropas brasileiras.

Julho

- Caxias alcança Tuiú-Cuê, no extremo sul do território paraguaio.
- Mitre retorna de Buenos Aires e reassume o comando em chefe das forças aliadas.

Agosto

- A Marinha imperial ultrapassa Curupaiti.

Novembro

- Ocupação aliada de Tahí.
- Ataque paraguaio a Tuiuti.

1868

Janeiro

- Mitre retorna a Buenos Aires em decorrência do falecimento do vice-presidente da Argentina. O comando em chefe das forças aliadas é transferido a Caxias.

Fevereiro

- Belonaves imperiais ultrapassam Humaitá.
- Assunção é evacuada, e Luque torna-se a nova capital do Paraguai.

Março

- Solano López abandona Humaitá. Seu novo quartel-general é estabelecido em San Fernando.

Abril

- Corumbá é definitivamente ocupada pelas tropas imperiais.

Julho

- O Partido Conservador reassume a presidência do Conselho de Ministros, no Rio de Janeiro. O Visconde de Itaboraí é nomeado chefe de gabinete.
- Retirada paraguaia de Humaitá.

Agosto

- Caxias solicita ao ministro da Guerra, o Barão de Muritiba, a declaração de fim da guerra. Mas o Imperador ordena a continuação do conflito.

Setembro

- Tropas brasileiras tomam o arroio Surubihí.
- Tropas argentinas instalam-se em Palmas.

Outubro

- Protocolo assinado em Buenos Aires, entre os governos argentino e brasileiro, extingue a figura do comandante em chefe das forças aliadas.

Dezembro

- Chega a Angostura o novo representante dos Estados Unidos para o Paraguai, o general MacMahon, em substituição a Charles Washburn, que fora obrigado a se retirar por suposta conspiração contra Solano López.

1869

Janeiro

- Tropas imperiais, sob o comando de Hermes da Fonseca, ocupam Assunção.
- Caxias declara o fim da guerra e retira-se, sem autorização do governo imperial, para Montevidéu.
- José Maria da Silva Paranhos é enviado para Assunção em missão especial.
- O general Osório retorna ao Rio Grande do Sul para tratar de ferimento no maxilar.

Fevereiro

- Caxias chega ao Rio de Janeiro.
- Paranhos chega a Assunção.

Março

- Publicação do decreto que concede demissão de Caxias do cargo de comandante em chefe das forças brasileiras.
- Caxias torna-se Duque por decreto imperial.
- O Conde d'Eu é nomeado comandante em chefe das forças brasileiras no Paraguai.

Maio

- Início da Campanha da Cordilheira.
- Tomada pelas tropas brasileiras da fundição de Ibicuí.

Junho

- Paranhos e Mariano Varela assinam protocolo para organizar o Governo Provisório do Paraguai.
- O general Osório retorna ao Paraguai.

Agosto

- Tropas brasileiras ocupam Sapucaí, para abrir caminho em direção a Peribebuí, declarada terceira capital do Paraguai por Solano López.
- Ocupação pelo Brasil da vila de Valenzuela.
- Tomada da localidade de Altos pelas forças brasileiras.
- Batalha de Peribebuí.
- Constituição do Governo Provisório do Paraguai.
- Batalha de Campo Grande.
- Ocupação pelos aliados de Caraguatai.

Novembro

- O general Osório retira-se definitivamente do Paraguai.

1870

Fevereiro

- Regresso dos primeiros batalhões de Voluntários da Pátria ao Brasil.

Março

- Solano López é ferido e morto pelas tropas brasileiras em Cerro Corá.

Abril

- O Conde d'Eu retorna ao Rio de Janeiro após breve escala em Desterro.

Agradecimentos

A transcrição e tradução do diário de campanha do Conde d'Eu fazem parte da série de publicações comemorativas dos 150 anos da Guerra do Paraguai que foram lançadas e que ainda serão. O diário íntimo estava um pouco esquecido em Petrópolis, quando uma edição da *Revista de História da Biblioteca Nacional*, dedicando sua capa àquele conflito armado, alertou para os documentos pouco visitados do Arquivo Histórico do Museu Imperial de Petrópolis. À Biblioteca Nacional, portanto, meu caloroso agradecimento.

A Coordenação de Aperfeiçoamento de Pessoal de Nível Superior (Capes) e a Fundação Carlos Chagas Filho de Amparo à Pesquisa do Estado do Rio de Janeiro (Faperj) tiveram papel importante na consecução desta tarefa. As inúmeras viagens a Petrópolis, entre julho de 2013 e agosto de 2014, contaram com o apoio dessas instituições; a elas, também, meu sincero agradecimento.

A equipe do Arquivo Imperial não poderia ter sido mais gentil. Da neblina matinal aos almoços descontraídos, a colaboração foi constante. Agradeço ao diretor do Museu Imperial, Maurício Vicente Ferreira Júnior, e, muito especialmente, a Thais Martins Lepesteur e a Neibe Machado da Costa pela paciência e atenção de sempre. Os pesquisadores do Museu Imperial sentem e sentirão a falta de vocês, não tenho dúvida.

Não poderia deixar de mencionar os valiosíssimos comentários e sugestões de Matias Spektor e de João Daniel de Almeida. Dois grandes pesquisadores, cada um a seu modo. A Matias agradeço por fazer olhar além do umbigo. A João Daniel, por dar vocação. Aproveito, ainda, para agradecer a amável colaboração e o apoio de João de Orléans e Bragança, bisneto do Conde d'Eu.

Referência incontornável para quem se interessa pelo Brasil Imperial, Leslie Bethell muito gentilmente aceitou fazer a orelha deste diário. A ele, então, meu sincero registro de agradecimento.

Devo também meus elogios e reconhecimentos ao impecável trabalho da Editora Paz e Terra e, muito especialmente, a Andreia Amaral, Leticia Feres e Ana Clara Werneck.

Igualmente importantes, para dizer o mínimo, foram três interlocutores sempre muito acessíveis. Em primeiro lugar, meu caro Ricardo Salles, que assina o prefácio do diário. Seus conselhos lúcidos e sempre ponderados foram imprescindíveis. É a ele que dedico estas páginas, com gratidão, admiração e amizade. Em segundo lugar, Lilia Moritz Schwarcz, que bem completa o diário com um entusiasmante posfácio. Sem este, a publicação teria menos cor. A seu talento e a sua simpatia, portanto, este sincero agradecimento.

Por fim, agradeço imensamente a dedicação de Paulo Alberto da Silveira Soares, que tem sido tudo, inclusive pai.

Lista de ilustrações e créditos do caderno de fotos

1. *Batalha de Campo Grande*, Pedro Américo, 1871. Museu Imperial/Ibram/MinC, Petrópolis.
2. Conde d'Eu com militares e diplomatas. Meyerhoff, Vila do Rosário, 13/1/1870, Museu Imperial/Ibram/MinC nº 49/2014.
3. Conde d'Eu em campanha militar no Paraguai. Rio de Janeiro, [s.d.], Litografia do Imperial Instituto Artístico, Museu Imperial/Ibram/MinC nº 49/2014.
4. Princesa Isabel ao piano. Acervo do autor, fotógrafo desconhecido, [s.l.], [s.d.].
5. Parada no Largo do Paço no dia do casamento da Princesa Isabel com o Conde d'Eu. Arsénio da Silva, Rio de Janeiro, 15/10/1864, Fundação Biblioteca Nacional.
6. Marechal Solano López, presidente do Paraguai. Fotógrafo desconhecido, [s.l.], [s.d.], Museu Imperial/Ibram/MinC nº 49/2014.
7. Dona Juana Carrillo de López, mãe do marechal Solano López. Fotógrafo desconhecido, [s.l.], [s.d.], Museu Imperial/Ibram/MinC nº 49/2014.
8. Trincheira da Batalha do Tuiuti. Esteban Garcia, Bate & Cia. W, Tuiuti, Paraguai, 24/4/1866, Fundação Biblioteca Nacional.
9. Bateria do coronel Mallet. Esteban Garcia, Bate & Cia. W, Tuiuti, Paraguai, 24/4/1866, Fundação Biblioteca Nacional.
10. Casas de comércio em Lambaré, Paraguai. Fotógrafo desconhecido, Lambaré, [s.d.], Fundação Biblioteca Nacional.

11. Ferrovia de Luque, Paraguai. Fotógrafo desconhecido, Luque, 1869, Fundação Biblioteca Nacional.

12. Vista de Assunção, Paraguai. Fotógrafo desconhecido, Assunção, 1869, Fundação Biblioteca Nacional.

13. Palácio de Los López. Agostini Forni, Assunção, 1870, Fundação Biblioteca Nacional.

14. Mulheres e crianças paraguaias atendidas por médicos e enfermeiros brasileiros. Fotógrafo desconhecido, [s.l.], [s.d.], Arquivo Nacional.

15. Paraguaios empobrecidos devido à guerra. Fotógrafo desconhecido, [s.l.], [s.d.], Fundação Biblioteca Nacional.

16. Hospital paraguaio durante a guerra. Fotógrafo desconhecido, Assunção, 1869, Fundação Biblioteca Nacional.

17. Acampamento das forças brasileiras. Fotógrafo desconhecido, [s.l.], [s.d.], Fundação Biblioteca Nacional.

18. Tropas imperiais em missa na Igreja do Rosário. Fotógrafo desconhecido, Vila do Rosário, janeiro de 1870, Fundação Biblioteca Nacional.

19. Revista militar do Conde d'Eu. Fotógrafo desconhecido, Lambaré, [s.d.], Fundação Biblioteca Nacional.

20. O 40º Batalhão de Voluntários da Pátria em frente à igreja erguida por frei Fidélis d'Ávila. Fotógrafo desconhecido, [s.l.], [s.d.], Fundação Biblioteca Nacional.

21. Arco triunfal do Arsenal da Marinha. Marc Ferrez, Rio de Janeiro, 1870, Fundação Biblioteca Nacional.

22. Projeto de Louis Rochet para a construção de uma coluna de bronze no Largo do Paço. Desenho de J. Guiaud, [s.l.], [s.d.], Fundação Biblioteca Nacional.

23. Capa do jornal *Vida Fluminense* de 30/4/1870. Desenho de Ângelo Agostini, Rio de Janeiro, [s.d.], Fundação Biblioteca Nacional.

24. Templo da Vitória, construído no Campo da Aclamação. Marc Ferrez, Rio de Janeiro, julho de 1870, Fundação Biblioteca Nacional.

25. Marca d'água: "Uma idéa das posições que occupão os belligerantes no Paraguay." Mapa de autoria do capitão de engenheiros **Conrado de Niemeyer**, em comissão na vanguarda do Exército Brasileiro, setembro de 1867, Fundação Biblioteca Nacional.

ÍNDICE ONOMÁSTICO

A luneta mágica 40, 225
A Reforma 29, 41, 42, 44, 48, 49, 56n, 57n, 243, 246
Abajibá 191
Abraham Lincoln 43, 261n
Adolphe Thiers 25
África 133
Agostinho Maria Piquet 78
Águas Virtuosas de Campanha, Lambari 26
Ajos 180
Alagoas 63, 77
Alejandro Magariños Cervantes 68
Alexandre Gomes de Argolo Filho, Visconde de Itaparica 201n
Alfredo Taunay 13, 64, 66, 76, 81, 110, 115, 129, 139, 199n, 200n, 204n, 227, 228, 250, 255, 256, 257, 272, 274, 276, 279, 280, 285, 286, 287, 288, 289, 290, 295, 297, 298, 299, 300, 302, 305
Almeida Castro 139, 145, 289, 290
Alto Paraná 63, 78, 87
Alvarenga Peixoto 70
André Rebouças 18, 24, 31, 35, 46, 54n, 55n, 56n, 217
Anfrísio Fialho 42
Angostura 16, 79, 80, 128, 205n, 242, 295, 316
Antônio Augusto de Barros Vasconcelos 81, 234, 235, 236, 251, 269
Antônio da Silva Paranhos 205n
Antonio de la Cruz Estigarribia 174, 200n, 304
Antônio Feliciano de Castilho 233
Antônio Ferreira Viana 155, 209n
Antônio Gonçalves de Carvalho 223
Antônio Jacinto Pereira Júnior 94
Antônio Tibúrcio Ferreira de Sousa 14, 66, 75, 79, 124, 132, 140, 199n, 226, 227, 231, 236, 238, 287, 288
Apipu 169
Areguá 92, 100, 101, 103, 107, 113, 116, 117, 156, 283
Arroyos y Esteros 153
Arsenal da Marinha 47, 48, 64, 66, 228, 322n
Arsenal de Guerra 47, 49, 257
Ascurra 36, 103, 111, 114, 129, 130, 140, 142, 146, 147, 282, 295, 304, 306, 308
Assunção 11, 16, 23, 30, 34, 36, 43, 44, 55n, 56n, 61, 62, 63, 75, 79, 80, 81, 82, 84, 86, 88, 89, 90, 93, 94, 95, 96, 99, 104, 105, 106, 107, 108, 109, 110, 114, 116, 117, 120, 122, 123, 127, 128, 130, 143, 148, 150, 154, 156, 157, 158, 159, 161, 168, 170, 180, 181, 185, 190, 196, 197, 198n, 200n, 205n, 209n, 213, 222, 226, 227, 228, 230, 231, 232, 234, 237, 240, 243, 247, 249, 251, 269, 280, 281, 284, 285, 286, 293, 294, 295, 298, 307, 315, 316, 317, 322
Atanasia Escato 241

Bahia 46, 49, 57n, 81, 117, 119, 179, 202n, 206n, 207n, 248, 260n
Balaiada 19
Barão de Mauá 67
Barão de Muritiba 34, 36, 39, 44, 46, 49, 50, 51, 53n, 54n, 55n, 306, 316
Barão do Amazonas 67
Barão do Triunfo 83, 139, 203n
Baronesa de Suruí 63

Barra do Piraí 26
Barra Mansa 26
Batalha de Angostura 16, 205n
Batalha de Campo Grande 39, 208n, 209n, 265, 287, 288, 289, 318
Batalha de Itororó 16, 189, 201n, 205n, 208n, 265
Batalha de Jemappes 19
Batalha de Pavón 75
Batalha de Tuiuti 11, 201n, 203n, 209n, 313, 315
Batalha de Valmy 19
Batalha do Jataí 68, 83, 200n, 313
Batalha do Riachuelo 76, 199n, 312
Batalha dos Guararapes 45
Batovi 115, 202n
Belgrano 109, 206, 254
Bento Luís da Gama 86
Bernardino Caballero de Añasco y Melgarejo 208n
Bernardino Rivadavia 71, 201n
Buschenthal 248, 255
Bushy House 51, 259n
Batalha de Curupaiti 11, 17, 19, 63, 80, 207n, 313
Baía de Guanabara 11, 47, 259, 270
Batalha de Peribebuí 13, 34, 39, 138, 155, 207n, 208n, 265, 285, 286, 317
Batalha de Avaí 16, 29, 201n, 205n, 209n, 265, 290
Batalha de Lomas Valentinas 16, 36, 205n, 265
Bartolomé Mitre 10, 19, 21, 40, 63, 71, 72, 73, 82, 84, 85, 86, 87, 89, 91, 93, 94, 95, 96, 97, 98, 99, 100, 103, 104, 106, 110, 112, 114, 115, 116, 118, 120, 121, 126, 127, 128, 129, 131, 146, 149, 151, 152, 157, 158, 186, 198n, 200n, 201n, 253, 254, 273, 277, 278, 312, 314, 315
Bernardo de Sousa Franco 22, 23, 24, 29, 53n
Buenos Aires 21, 23, 40, 42, 43, 46, 52n, 56n, 67, 69, 70, 72, 73, 74, 75, 82, 86, 87, 89, 90, 91, 104, 117, 121, 122, 127, 197n, 198n, 200n, 201n, 206n, 241, 243, 248, 253, 256, 261n, 265, 281, 287, 314, 315, 316

Caacupê 113, 138, 141, 142, 143, 149, 157, 295
Cabo de Santa Marta 65, 256
Cádiz 67
Cahú 136
Câmara de Deputados 186, 204n
Câmara Municipal 48, 258
Campo da Aclamação 48, 72
Campo Ocioso 166, 219
Campos de Aramburu 232
Cándido Barreiro 122, 218, 280
Cándido Batista 112
Cándido Bustamante 68
Cándido Ferreira 81, 85
Capilla Duarte 153
Capitão Lassance 66, 187, 191
Capivari 36, 55n, 56n, 169, 172, 174, 181, 184, 187, 188, 195, 212, 214, 216, 299, 300
Carabanchel 88, 204n
Carimbataí 175, 191, 194
Carlinhos Luís de Andrade Neves 132
Carlos Lóizaga 241, 249, 281, 297, 298
Carlos Resin 131, 132, 139, 145, 171, 183, 207n
Casa del Gobierno Nacional 253
Catamarca 21
Cavañas 119
Caxambu 27
Ceará 66, 199n, 206n, 260n
Centro Liberal 30, 42, 198n
Cerro Corá 11, 34, 203n, 232, 240, 244, 246, 265, 303, 313, 318
Cerro León 102, 103, 105, 111, 115, 116, 128, 130, 131, 215, 295
Cerro Porteño 109, 130, 206n
César Augusto Brandão 247
Cesário dos Santos 258
Chaco 75, 77, 79, 95, 236, 252
Chico Diabo 234, 269, 303
Clube da Reforma 30, 32
Clube Radical 32, 33, 198n
Colegio Militar de la Nación 46
Colônia do Sacramento 200n
Comando-Geral de Artilharia 20, 23, 26
Comissão de Melhoramentos do Exército 18, 20, 23, 26

Companhia Neerlandesa das Índias Ocidentais 45
Concepción 186, 213, 214, 224, 225, 232, 234, 235, 236, 237, 239, 242, 249, 269, 300, 304
Conde de Paris, Príncipe Philippe 43, 244, 245, 246, 247, 250, 253, 254, 255, 261n
Confederação Argentina 75, 260n, 261n
Conrado Bittencourt 82, 159
Conselho de Estado 10, 20, 23, 24, 26, 27, 31, 52n, 313, 314
Conselho de Ministros 29, 39, 45, 200n, 260n, 315
Constantino de Sousa 189
Córdoba 46, 199
Correia de Couto 86
Corte 10, 11, 15, 16, 17, 18, 26, 27, 28, 30, 32, 33, 34, 40, 43, 44, 46, 47, 50, 208n, 257, 268, 269, 296
Costa Pucú 135, 136
Cuarepoti 160, 163, 164, 220, 222, 236, 237, 240
Cuiabá 75, 104, 230, 232, 248, 250
Cururu-coró 169, 172

Desterro 47, 50, 64, 65, 66, 69, 258, 266, 318
Diário do Rio de Janeiro 42, 49, 57n, 212, 243, 246
Diogo José dos Reis 94
Dom Pedro II 10, 16, 17, 18, 19, 20, 23, 24, 26, 27, 28, 31, 35, 47, 52n, 53n, 55n, 56n, 198n, 200n, 261n, 285, 287, 288, 312, 313
Domingo Faustino Sarmiento 40, 45, 46, 71, 84, 152, 193, 201n, 253, 254
Dona Maria Bernarda Câmara 83
Doutor Gitahy 80
Doutor Roque Pérez 120, 123, 126
Duque de Caxias 61, 198n
Duque de Nemours 24, 28, 55n, 259n
Duque de Saxe-Coburgo-Gota 10, 198n

Eduardo Wandenkolk 154, 208n, 226
Egito 93

Elisa Alicia Lynch 96, 99, 100, 147, 197, 205n, 242, 243, 304
Elisiário Antônio dos Santos 80, 156, 159, 160, 186, 198n, 204n, 307
Émile Ollivier 51
Émile Zola 51
Emílio Luís Mallet 94, 100, 117, 129, 134, 137, 138, 140, 141, 145, 153, 204n, 219, 236, 240, 283
Emilio Mitre 82, 277, 278, 279, 284, 292, 294, 314
Enrique Castro 81, 87, 127, 215, 278, 279
Entre Ríos 46, 74, 75, 94, 252, 261n, 299
Ernesto Augusto da Cunha Matos 85, 204n
Escola Central 20
Escola Militar 223
Espanha 18, 23, 69, 72, 204n, 254, 255
Estado Oriental do Uruguai 108, 229
Estados Unidos 24, 43, 92, 94, 118, 202n, 205n, 255, 266, 279, 280, 316
Estancia Carolina 167, 218
Eusébio de Queirós 21
Exército 10, 11, 12, 13, 18, 19, 20, 22, 23, 24, 26, 28, 29, 30, 33, 37, 44, 45, 47, 49, 61, 68, 77, 78, 79, 80, 82, 83, 84, 87, 91, 94, 97, 98, 99, 100, 101, 103, 107, 113, 116, 118, 123, 124, 131, 132, 134, 135, 137, 138, 139, 140, 141, 142, 144, 145, 146, 147, 152, 153, 154, 157, 171, 179, 199n, 200n, 201n, 202n, 204n, 205n, 206n, 207n, 208n, 212, 223, 225, 233, 240, 241, 242, 267, 268, 271, 272, 273, 274, 276, 277, 278, 279, 280, 281, 282, 283, 284, 285, 286, 288, 290, 291, 292, 293, 294, 295, 296, 297, 298, 299, 300, 302, 303, 305, 306, 309, 313

Felício dos Santos 84
Felipe Camarão 45, 260n
Felipe Varela 21, 314
Félix Egusquiza 122, 281
Ferraz de Abreu 65
Florencio Varela 70
Floriano Peixoto 85, 202n, 203n, 218

Forças Armadas 17, 33, 35, 49, 50, 51, 128
Fortaleza de Humaitá 11, 17, 36, 243
Fortaleza de Santa Cruz 47, 49
Fortaleza de Tamandaré da Laje 49
Fortaleza de Villegagnon 47, 64
Fortunato Fortes Vidal 78
França 25, 34, 41, 43, 50, 51, 68, 72, 79, 81, 85, 94, 117, 254
Francisco Acióli de Barros Vasconcelos 231
Francisco Bonifácio de Abreu 69, 80, 95, 146, 171, 200n, 214, 233, 258, 268
Francisco de Sales Torres Homem 22, 23, 24, 25
Francisco Lourenço 133, 134, 179, 223, 230, 242, 245
Francisco Otaviano 29, 34, 42, 155, 208n
Francisco Rodrigues Pessoa de Melo 45, 232
Franco Isla 123
Frederico Severo 229, 230
Frei Camilo de Montserrat 63
Frei Fidélis 84, 93, 103, 109, 123, 140, 142, 166, 189, 222, 229, 236, 237, 250, 289, 290

General Câmara 35, 97, 257, 305
General Dumas 31, 34
General Guilherme Xavier de Sousa 28, 80, 202n
General Marques de Sá 164, 213
General Osório, Visconde de Herval 19, 29, 94, 105, 107, 201n, 265, 281, 317, 318
General Polidoro 28, 64, 69, 72, 80, 82, 84, 91, 100, 101, 103, 105, 107, 108, 112, 113, 116, 118, 119, 121, 124, 127, 129, 131, 156, 159, 163, 175, 186, 199n, 215, 218, 282, 302
General Porto Alegre 28, 44
General Urquiza 46, 252
Gonçalves da Cunha 81
Gousti 63, 64, 86
Governo Provisório do Paraguai 38, 207n, 265, 280, 317
Grenfell 74

Guabirá 187, 216
Guarda Nacional 20, 31, 81, 82, 179, 199n, 231, 217, 296
Guerra de Secessão 43, 205n, 261n

Henrique Dias 45, 232, 237, 260n
Henrique IV 34
Herculano Sancho da Silva Pedra 83, 206
Hermes Ernesto da Fonseca 80, 202n, 203n
Honorato Cândido Ferreira Caldas 231
Hospital Menino Deus 65

Ibicuí 85, 97, 112, 317
Ibitimi 151, 293
Iguatemi 36, 172, 175, 176, 180, 181, 192, 196, 212, 214, 233, 268, 298, 300
Ihú 151, 167, 183, 192, 196, 197, 218, 292, 293, 300
Ilha das Graças 65
Ilha de Cerrito 77
Ilha de Martim Garcia 73, 253
Ilha de Santa Catarina 65
Ilha de São Sebastião 64, 258
Ilha Grande 64, 65
Inácio Galvão 85
Inglaterra 51, 243, 254, 259n
Inocencia López de Barrios 240
Intendente-Geral do Exército 68
Ipunã 233
Itacuruhy 164
Itália 85, 91, 254
Itapua 109, 180, 182, 298, 299, 307

Jacinto Correia da Silva Batinelly 231
Jaguarão 101, 123, 126, 127, 128, 202n
Jarbas Muniz Barreto 85, 87
Jejui-guaçu 185, 187, 193, 300
Jequecí 212
João Alfredo Correia de Oliveira 209n
João Carlos Osório 127, 128
João de Sousa Fonseca Costa 65, 81, 82, 85, 121, 199n
João Francisco Jardim 81, 199n
João Lustosa da Cunha Paranaguá 23, 24

João Manuel Mena Barreto 13, 14, 83, 202n, 206n, 287
João Mendes Salgado 199n, 290
Joaquim Florência de Toledo Ribas 174
Joaquim Manuel de Macedo 24, 27, 30, 32, 33, 34, 40, 41, 42, 46, 49, 53n, 54n, 55n, 56n, 57n, 198n, 212, 260n
Joaquim Nabuco 48, 49, 50, 55n, 56n, 57n
Joaquim Rodrigues do Vale 229
Jornal do Commercio 49, 56n, 57n, 70, 186, 227, 243
José Auto da Silva Guimarães 82, 91, 149, 179, 184, 186, 191, 202n, 214, 215, 230, 232, 233, 240, 242, 249, 282, 283, 284, 282, 283, 284
José Dias Bedoya 122, 147, 148, 241, 281, 298
José Maria da Silva Paranhos Júnior, Barão do Rio Branco 70, 200n, 261n
José Maria da Silva Paranhos, Visconde do Rio Branco 21, 198n, 200n, 312, 316
Juan Andrés Gelly y Obes 72, 201n
Juan Francisco Decoud 122, 156, 197, 217, 280, 281
Juan Manuel de Rosas 200n, 260n
Juana Carrillo de López 240
Jules Gauthier 25, 217, 249
Júlio Vedia 82, 87, 112, 241
Junta de Justiça Militar 79
Juqueri 91, 92, 96, 97, 98, 99, 100, 103, 107, 117, 144
Justiniano José da Rocha 228

La Casa Fuerte 68
Lago Ipacaraí 119, 283
Lagoa Pires 78
Laureles 79
Leite Pereira 193
Leopoldo Antônio de França Amaral 230
Lezica e Lanús 127
Lord Clarendon 89, 204n
Lorenzo Battle 68, 200n
Luís Felipe I 9, 19, 20, 259n, 261n
Luís José Ferreira Júnior 85
Luís Macedo de Carvalho Júnior 88

Luiz Alvares dos Santos 117
Luque 12, 54n, 80, 81, 88, 92, 94, 98, 99, 107, 117, 130, 229, 241, 217, 283, 306, 315

Madri 204n, 238
Maldonado 67
Manduca Cipriano de Morais 102, 103, 104, 112, 175, 176, 184, 217
Manduvirá 63, 90, 148, 150, 153, 154, 155, 184, 295, 296, 299
Maneco Amaro 132
Manifesto ao Mundo 45
Manifesto Republicano 29
Manuel de Almeida Gama Lobo d'Eça 82, 94, 202n
Manuel de Oliveira Bueno 82
Manuel Deodoro da Fonseca 101, 202n, 203n, 205n, 208n
Manuel José Pereira Júnior 12, 117
Manuel Lucas de Sousa 92, 100, 172
Manuel Peixoto Cursino do Amarante 114, 285
Manuel Vieira Tosta 258
Maracaju 36, 37, 172, 192, 193, 194, 196, 207n, 213, 300, 301, 307
Maranhão 81, 206n
Mariano Adrián Varela 40, 70, 248, 317
Marinha 28, 29, 47, 47, 48, 63, 64, 66, 74, 77, 80, 113, 117, 166, 185, 198n, 199n, 201n, 203n, 208n, 228, 230, 241, 312, 315
Marquês de Caxias 11, 17, 24, 79, 313
Marrocos 10, 18, 23, 204n
Martín de Gainza 70
Martin Thomas MacMahon 94, 95, 96, 104, 106, 108, 118, 119, 205n, 243, 279, 316
Martins Pinheiro 63
Matías Goyburú 151
Mato Grosso 76, 86, 114, 138, 148, 208n, 226, 228, 233, 257, 296, 311, 312, 314
Minas Gerais 26, 27, 46, 47, 49, 260n, 314
Ministério da Guerra 23, 38, 57n, 289, 305
Ministérios dos Negócios Estrangeiros 63, 64, 70, 198n, 204n, 279
Molina & Cia. 212

Montevidéu 67, 69, 70, 72, 74, 91, 199n, 200n, 203n, 227, 230, 246, 248, 254, 265, 296, 312, 316
Moreno Brandão 78
Município Neutro 64, 198n, 259

Nabuco de Araújo 22, 23, 24, 29, 30, 42, 48, 52n
Napoleão III 25, 41, 51
Narangai 108
Nhu Guassú 157
Nicolás Remiglio Aurelio Avellaneda 71, 201n
Nunes Machado 45, 232, 260

Olímpio Marcelino da Silva 63

Pablo Caballero 13, 207n, 208n, 285, 287
Palácio San José 46
Palermo 72, 254
Palmas 79, 242, 249, 316
Palomares 175
Panadero 36, 175, 193, 194, 196, 197, 212, 301
Paraguari 55n, 102, 108, 109, 111, 131, 132, 206n, 281, 282, 283
Paraná 46, 73, 74, 75, 77, 79, 88, 106, 217, 252, 307
Parecuê 242, 244
Partido Conservador 17, 19, 21, 22, 24, 27, 29, 33, 39, 40, 42, 200n, 287, 315
Partido Federalista 75, 77
Partido Liberal 27, 29, 30, 32, 41, 48, 198n, 199n
Partido Nacional 40
Partido Unitário 73, 201
Pasopocú 245, 247
Passo do Espadim 196
Patinho-Cuê 91, 92, 93, 94, 95, 100, 101, 103, 107, 113, 180
Patricio Marecos 13, 287
Pedro Ivo 45, 232, 260n
Pedro Rodrigues 234, 235, 236, 269
Pedrosa 114
Pernambuco 46, 47, 49, 56n, 66, 195, 231, 260n

Petrópolis 5, 13, 52n, 56n, 64, 71, 319
Pilar 79, 249
Pimenta Bueno 21, 25, 26, 31, 32, 53n
Pinheiro Guimarães 71, 75, 85, 90, 100, 106, 109, 114, 115, 116, 118, 121, 124, 127, 129, 136, 141, 143, 178, 186, 187, 201n, 213, 235
Pinto Homem 88
Piraiú 97, 99, 102, 109, 111, 113, 116, 118, 121, 124, 126, 130, 150, 156, 157, 158, 171, 201n, 273, 279, 282, 283, 284, 293, 294, 295
Poder Moderador 29, 45
Porto Alegre 28, 44, 46, 83, 199n, 203n, 204n, 209n, 246, 250
Posta Ramírez 153
Pouso Alto 26
Praia Vermelha 35, 41
Princesa Isabel 10, 17, 18, 26, 28, 53n, 198n, 200n
Princesa Leopoldina 10, 198n
Programme de Belleville 50
Puctama 188

Rafaela López de Bedoya 240
Rainha Vitória 204n
Recoleta 249
Resende 26, 204n
Retamo 187, 216
Revolução Farroupilha 19, 199n, 201n, 202n, 203n, 204n, 205n, 206n, 207n, 208n
Revolução Napolitana 93
Revolução Praieira 45, 205n, 260n
Ricardo López Jordán 46
Rincón del Soto 76
Rio da Prata 21, 70, 74, 201n, 206n, 211, 285
Rio de Janeiro 11, 15, 19, 31, 33, 34, 35, 36, 37, 38, 40, 47, 48, 50, 51, 52n, 53n, 54n, 55n, 56n, 76, 90, 115, 165, 180, 198n, 199n, 200n, 201n, 202n, 203n, 204n, 205n, 206n, 207n, 208n, 221, 259n, 260n, 261n, 265, 266, 269, 272, 274, 276, 280, 285, 286, 289, 290, 291, 295, 296, 297, 298, 299, 300, 302, 305, 315, 317, 318, 319

Rio Grande do Sul 22, 24, 46, 66, 200n, 201n, 203n, 204n, 209n, 231, 248, 256, 260n, 296, 299, 308, 312, 317
Rômulo Montes de Oca 123
Rosário 74, 86, 160, 162, 165, 166, 167, 168, 171, 172, 173, 176, 178, 179, 180, 181, 182, 189, 190, 196, 199n, 213, 217, 219, 235, 236, 238, 240, 252, 259n
Rufino de Elizalde 73, 253
Rufino Eneias Gustavo Galvão 124, 127, 207n

Saldanha da Gama 28, 53n
Saldanha Marinho 29n
Salustiano Jerônimo dos Reis 82, 91, 109, 156, 202n, 242, 251
San Estanislao 164, 168, 176, 189, 191, 213, 214, 217, 291
San Martín 72, 91, 100, 101
Sangahú 157
Santa Catarina 65, 256, 257, 258, 296
Santa Fé 74
Santa Virgem 93
Santiago Vaibien 251
Santo Antônio 80, 242
São Borja 83, 207n, 239
São Cristóvão 63, 64
São Francisco do Sul 65
São João 114
São Lourenço 90, 91, 98, 227
Senado 25, 29, 30, 31, 33, 34, 42, 52n, 54n, 155
Sete de Setembro 154
Severiano Martins da Fonseca 83, 140, 203n
Sevilha 67
Silva Ferraz 18, 21
Silveira da Mota 63, 67, 198n
Silveira Maciel 257, 258
Silveira Martins 42
Solano López 16, 23, 27, 28, 37, 48, 61, 200n, 202n, 203n, 205n, 209n, 260n, 265, 273, 276, 277, 278, 279, 280, 281, 288, 303, 305, 311, 312, 315, 316, 317, 318
Solidônio Antônio Pereira do Lago 79
Sublevação de Cuyo 21, 314

Tablas 187, 216
Tapiracuaí 167, 168, 184
Taquaral 101, 103, 107, 113, 116, 118, 119, 120, 121, 124, 156, 282n, 283n, 284n
Tayi 79, 249
Teatro Lírico 46
Tibiquari 63
Timbó 79
Tonelero 74
Torrent 76, 77, 245, 251
Trajano de Carvalho 66
Tranquera de Loreto 87
Três Bocas 77
Tribunal Internacional 95
Trinidad 117
Tríplice Aliança 9, 10, 12, 23, 63, 205n, 208n, 312
Tupichati 153

Union Libérale 25
Uruguaiana 10, 12, 18, 68, 72, 76, 82, 83, 200n, 313

Valenzuela 135, 136, 141, 207n, 281, 282, 317
Vasco Alves Pereira 83, 85, 91, 102, 139, 144, 155, 179, 184, 203n
Vasco Antônio da Fonseca Chaneneco 94
Vélez Sarsfield 71, 254
Vice-Reino do Rio da Prata 21
Vila do Rosário 44, 55n, 56n, 259n, 291, 299
Vila Rica 151, 180, 182, 291, 293, 295, 299, 306
Villa Franca 242
Villa Oliva 242
Villeta 242
Visconde de Abaeté 21
Visconde de Guaratinguetá 215, 259n
Visconde de Itaboraí 17, 21, 26, 53n, 198n, 315
Visconde de Jequitinhonha 21, 22
Visconde de Lajes 212, 217
Visconde de Olinda 45
Visconde de Ouro Preto 42
Visconde de Sapucaí 21

Vitorino José Carneiro Monteiro 14, 37, 44, 129, 130, 132, 133, 134, 135, 136, 137, 138, 140, 143, 145, 146, 147, 151, 152, 153, 157, 159, 161, 163, 171, 175, 182, 186, 189, 196, 197, 199n, 207n, 215, 216, 217, 218, 219, 225, 230, 231, 232, 234, 236, 237, 240, 247, 249, 268, 269, 287, 288, 291, 295, 301, 303, 306

Voluntários da Pátria 16, 20, 22, 34, 35, 36, 37, 39, 42, 43, 47, 77, 83, 139, 178, 179, 199n, 202n, 205n, 206n, 208n, 215, 219, 223, 232, 242, 245, 246, 248, 251, 260n, 261n, 265, 271, 296, 302, 308, 309, 312, 318

Washington 104, 106
Wenceslao Paunero 76, 201n
Whitworth 117, 129, 131, 283, 284

Zacarias de Góis e Vasconcelos 17, 19, 22, 26, 27, 29
Zanja Honda 79

Este livro foi composto na tipologia Minion Pro Regular, em corpo 11/15, e impresso em papel off-white no Sistema Cameron da Divisão Gráfica da Distribuidora Record.